国家出版基金项目

新闻出版改革发展项目库项目

江苏省"十二五"重点图书出版规划项目

《扬州史话》编委会

主　编　袁秋年　　卢桂平

副主编　丁　毅　　刘　俊　　陈征宇

　　　　曹永森　　王根宝

编　委　夏　峰　　陈家庆　　杜　海

　　　　曾学文　　刘　栋　　王志娟

扬州史话

主编 袁秋年 卢桂平

国家出版基金项目
NATIONAL PUBLICATION FOUNDATION

扬州交通史话

李保华 著

广陵书社

图书在版编目（ＣＩＰ）数据

扬州交通史话 / 李保华著. -- 扬州 ：广陵书社，
2013.12
（扬州史话 / 袁秋年，卢桂平主编）
ISBN 978-7-5554-0051-6

Ⅰ. ①扬… Ⅱ. ①李… Ⅲ. ①交通运输史－扬州市
Ⅳ. ①F512.9

中国版本图书馆CIP数据核字(2013)第297061号

书　　名	扬州交通史话	
著　　者	李保华	
责任编辑	邱数文	
出版发行	广陵书社	
	扬州市维扬路 349 号	邮编　　225009
	http：//www.yzglpub.com	E－mail：yzglss@163.com
印　　刷	江苏凤凰扬州鑫华印刷有限公司	
开　　本	730 毫米×1030 毫米　1/16	
印　　张	14.5	
字　　数	150 千字	
版　　次	2014 年 3 月第 1 版第 1 次印刷	
标准书号	ISBN 978-7-5554-0051-6	
定　　价	45.00 元	

城市的情感和记忆

——《扬州史话》丛书总序

城市是有情感和记忆的。

特别是扬州这座历史文化名城,只要一提及"扬州"二字,无论是朝夕相守的市民,还是远离家乡的游子,或是来来往往的商旅,几乎都会流露出由衷的感叹和无尽的思念,即如朱自清先生在《我是扬州人》中所说:"我家跟扬州的关系,大概够得上古人说的'生于斯,死于斯,歌哭于斯'了。"朱先生的寥寥几笔,看似平淡,满腔的情感却在字里行间奔涌,攫人心田。可见,扬州这座城市之所以素享盛名,不仅仅在于她的历史有多么悠久,地域有多么富饶,也不仅仅在于她从前有过怎样的辉煌,现在有着怎样的荣耀,更在于人们对她有着一往情深的眷念,以及由这种眷念牵连出的耿心记忆。

情感和记忆,是这座城市另一种意义上的财富,同时也是这座城市另一种意义上的标识。

2014 年,扬州将迎来建城 2500 周年的盛大庆典。其实,更严格地说,2500 年是有文字记载的建城史,扬州人类活动的文明史远远不止于此。早在距今 5500~7000 年前,高邮龙虬庄新石器时期的先民就开始了制作陶器和选育稻种。仪征胥浦的甘草山、陈集的神墩和邗江七里甸的葫芦山也都发现3000~4000 前的商周文化遗址。我们之所以把 2014 年定为扬州建城 2500 年,是因为《左传》中有明确的记载:周敬王三十四年(前 486):"吴城邗,沟通江淮。"这七个字明确地说明了吴国在邗地建造城池,也就是我们今人时常提及的古邗城,于是,公元前的 486 年,对扬州人来说,就成为一个永久的记忆。这句话还说明了另一件永远值得记忆的历史事件,就是这一年,京杭大运河最早的一段河道——邗沟在扬州开凿了。邗沟的开凿,不仅改变了扬州社会发展的走向,也改变了古代中国的交通格局,这一点,也是人们的永久记忆。正是由于有了邗沟,有了后来的大运河,才使得扬州进入了社会发展的快速通道,成为中国古代交通的枢纽,成为世界文明发展史上一座十分重要的城市。

扬州这座城市,承载着太多的情感与记忆。于是,一批地方文史学者一直以扬州史料的搜集、整理、研究为己任,数十年坚持不懈。他们一直在探求扬州这座历史文化名城从远古走到了今天,在中国文化史上留下了哪些令人难忘的脚印? 在中国发展史上有哪些为人称颂的作为? 在当代社会生活中又有哪些发人深省的影响? 我们今人应该怎样认识扬州文化在中国文化版图上的定位? 怎样认识扬州文化的特色和本质? 以及扬州文化对扬州城、扬州人的影响又该怎样评说? 等等,这些都是极富学术含量的科研课题,也是民众极感兴趣的文史话题。日积月累,他们的工作取得了令人瞩目的成果,大量的文稿发表在各类报刊杂志上。这些成果如同颗颗珍珠,十分珍贵,却又零散,亟需编串成光彩夺目的项链。适逢2500年的建城庆典即将来临,把这些成果编撰成丛书,让世人更全面、更系统地了解扬州的历史与文化,无疑是建城庆典的最好献礼。

由此,《扬州史话》丛书便应运而生了。这套丛书的跨度长达2500年,内容涵盖了沿革、学术、艺术、科技、宗教、交通、盐业、戏曲、园林、饮食等诸多方面,应该说,扬州文史的主要方面都有涉及,是一部相对完整地讲述扬州2500年的历史文化丛书。这套丛书2009年开始组稿,逾三年而粗成,各位作者都付出了辛勤的劳动。编撰过程中,为了做到资料翔实,论述精当,图文并茂,每一位作者都查阅了大量的文献资料,吸纳了前人和今人众多的研究成果,因而,每一本书的著述虽说是作者个人为之,却是融汇了历代民众的集体记忆和群体情感,也可以说是扬州的集体记忆和群体情感完成了这部丛书的写作。作者的功劳,是将这种集体记忆和群体情感用文字的形式固定下来,将易于消逝的记忆和情感,化作永恒的记述。

《扬州史话》丛书是市委市政府向扬州建城2500周年的献礼之作,扬州的几任领导对丛书的编纂出版都十分重视,时任扬州市委副书记的洪锦华同志亲自主持策划并具体指导了编纂工作。这套丛书，也可以看作是扬州的索引和注释，阅读它，就如同阅读扬州这座城市。扬州城的大街小巷、湖光山色，扬州人的衣食住行、喜怒哀乐，历史上的人文遗迹、市井掌故，当代人的奋斗历程、丰功伟绩，都可以在这套丛书里找到脉络和评说。丛书将历史的碎片整理成时空衍变的轨迹，将人文的印迹组合成城市发展的画卷，在沧桑演化中，存储正在消亡或即将消亡的历史踪影，于今昔变迁时，集聚已经形成和正在形成的文化符号。

　　岁月可以流逝，历史不会走远。城市的记忆和情感都融汇到这套丛书里，它使得扬州人更加热爱扬州，外地人更加了解扬州，从而存史资政、熔古铸今，凝心聚力，共创未来。未来的扬州，一定是江泽民同志题词所期望的——"古代文化与现代文明交相辉映的名城"。

　　是为序。

袁秋年
2012年12月

目 录

引 言

扬州地处苏北平原,南沿长江,北接淮河,中间则是由泻湖和滩涂形成的湿地,自古即是水乡。早在约七千年前的高邮龙虬庄文化时期,竹木筏和独木舟当是斯时扬州先民主要的水运工具。"吴城邗,沟通江淮",在扬州蜀冈之下开凿邗沟以连通江淮,这是吴王夫差在灭越之后,开拓苏北的不朽业绩。此举不但使两条不相连通的大河得以往来,初步有了北上中原的通道,还在于由此兴起了一座跨越两千五百年辉煌历史的文化名城——扬州,给它以独特的不可替代的区位优势。此后,汉代吴王刘濞开凿茱萸沟向东抵海陵、如皋磻溪的运盐河以捍盐通商,淮南盐从此将扬州作为两淮海盐的转运枢纽,在使吴国"国用饶足"的同时,也促进了扬州的繁荣。东汉期间,广陵太守陈登开辟邗沟西道,展直邗沟,在便农利民的同时,也使邗沟的水运更为便捷。

隋炀帝是一个颇受人诟病的皇帝,他确实有许多可非议之处,然而他征发河南、淮北民工百余万开通济渠,先"自西苑(洛阳)引谷、洛水达于(黄)河;复自板渚(今河南荥阳汜水东北三十五里)引河通于淮"。随后又在开凿通济渠的同时,征发淮南民工十余万整治邗沟(山阳渎),从山阳(今淮安)至扬子入江,这却是中国古代帝王中无与伦比的大手笔。这是中国历史上对原邗沟西道的一次空前的大规模整治,全长三百余里,"渠广四十步,渠旁皆筑御道,树以柳"。从大业元年至六年,隋炀帝以六年时间,开拓了一条以洛阳为中心,北通涿郡、西连长安、南至余杭的水运大动脉。它纵贯海河、黄河、淮河、长江和钱塘江五大水系,使当时政治中心的中国北方和以江淮经济区为中心的南方紧紧联系在一起,为东南沿海地区的进一步开发和为今后封建王朝的发展发挥了不可估量的作用。也使扬州处于水运枢纽的区位优势愈加突出,为中唐以后扬州的经济繁荣和文化兴盛创造了必要的条件。隋炀帝对运河和扬州的贡献是非凡的,不可磨灭的。"若无水殿龙舟事,共禹论功不较多",历史早已为他作出了公正的评价。

至此,扬州凭借着临海、滨江、通运的地理位置,从中唐以后,一跃而成为仅次于京城长安和东都洛阳的大都市,获得了"扬一益二"的美誉,商贾云集,市肆林立,诗人墨客乃至海外番客纷至沓来。扬州不仅成为国内南来北往水运的中转站,也是海上丝绸之路的起讫港。从扬州运往京城的漕粮年转运量达 200 万石以上,北宋时常年保持在 600 万石,最高甚至达 800 万石,以后的王朝则常年保持在 400 万石左右。从唐到清,南粮北运的漕运制度为历代王朝所沿袭,并成为一项重要的政治措施和经济制度,位居南北要冲的扬州自然而然地成为漕运的转输中心。而盐运从唐时理财家刘晏实行盐法改革后,盐虽然仍由民制,仍由官收,但将官运官销部分改为商运商销,由官将在场所收之盐,寓税于价,转售商人。商人在缴价纳税领盐后,可自由运销,致使扬州成为场盐贮积之所和盐商汇集、盐监众多、盐船密集的运销中心。

清代是扬州经济发展步入辉煌的又一时期,与外地的经济交流往来也更为频繁,其特点是商品品种多,流量大,流向广,而尤以盐运为最。清代学者汪中对盐运曾这样形容:"是时盐纲皆直达,东至泰州,西极于汉阳,转运半天下焉。唯仪征绾其口。列樯蔽空,束江而立,望之隐若城廓。"场面极为宏阔。清代的漕运量 400 万石,虽然并未超越明代,但由于在附带土宜(地方土特产)上作了较大让步,船内的空闲之处全都成了"揽盐、揽货之地",甚至"其夹带之货多于额装之米",土宜额的不断调整增加正是百姓对市场依赖日益加深的最好反应。而扬州"襟带淮泗,镇钥吴越,自荆襄而东下,屹为巨镇,漕舻贡篚岁至京师者,必于此焉",从这个意义上说,漕运对扬州经济发展的作用仅次于盐运。

因此扬州是一个受运河恩惠至深的因水而兴的城市。"军国大计,仰于江淮",扬州正是从这"万商落日船交尾"的繁忙水运中为世界所瞩目,并在乾隆中叶成为全世界超过 50 万人口的十大城市之一。

较之水运,扬州陆运不免逊色,因为自古它即是一个以水运为主陆运为辅的城市,"车马少于船"是扬州古代交通最简明的写照。其道路素以沿运河的河堤道路和沿江岸、河荡的圩堤道路为其特色，辅之以桥梁、古渡、闸桥等配套设施，沿途设有邮传和驿站。其中最出名的当是由扬州沿运河东岸北上京城可行驰马车和骑马的土路，称为"官马大路"或"官马大道"，多用于客运，运输量也不大。交通工具也十分简陋，短途多肩挑臂扛，或使用畜力车和独轮车，长途多乘马或马车。

清咸丰五年（1855）的黄河北徙使运河缺乏水源无法连通，遂由连通南北的主干线降为区域性河道，由此导致赣、鄂、湘、浙、皖、苏六省漕粮由扬州中转港地位的丧失，继因盐的纲引制改为票盐制，使扬州又失去了长江中上游地区盐运集散地的地位和广阔的经济腹地，而津浦路的修筑，南北客货改由铁路，加之淮水漫决、灾荒频仍，扬州遂由因水而兴转而因水而衰败。

扬州现代交通的出现始于水运，清光绪二十四年（1898）航行镇江和清江浦（今淮安市淮阴区）的小轮船开始出现于扬州京杭运河中，继之又由南通实业家张謇创办的大达内河小轮公司行驶苏北夹江航线和通扬运河。与之相对滞后的是扬州现代公路的出现，其时间已延至民国11年（1922）。其间因为筑扬州至六圩的14.7里土路即几经周折，从1918年夏筹建到1922年12月13日通车，几近五年，可见创业之不易。

中华人民共和国的建立为扬州现代交通的开创和发展开拓了新的纪元，立国之初的20世纪50年代，即提出分期治理京杭运河的任务和"统一规划，综合利用，分期建设，保证重点，依靠群众"的方针。从1958年起，开始了对京杭运河第一次从徐州至扬州里运河全线的大规模整治扩建工程。其中扬州工程包括重建运河西堤、增高东堤，新开邵伯至六圩都天庙运河新线、新建邵伯船闸和施桥船闸等。继而又于80年代初进行京杭运河续建工程，续建工程于1988年年底完成。此后又于21世纪初重又进行一次整治。此次续建工程和再次整治对扬州里运河堪称是一次脱胎换骨的改造，河段经过拓宽、疏浚、裁弯后，航道底宽全部达到70米以上，枯水期水深大于2.5米，基本符合二级航道标准，可通航2000吨级顶推船队。航道上除原设邵伯、施桥船闸外，又添设了邵伯复线船闸和施桥复线船闸，进入新世纪又增设三线船闸，年通过量成倍增长。至此,京杭运河不仅成了北煤南运的通道,而且成了南水北调的输水廊道,成了扬州地区集航运、灌溉、城市供水、防洪、排涝、旅游、养殖等一系列功能于一体的综合性黄金水道,被誉为扬州的母亲河。

在治理运河的同时,扬州公路随之也得到巨大的改善,初期以改善和养护为主,建筑新路为辅。从 20 世纪 80 年代开始,扬州人民不失时机地抓住历史机遇,使一批低等级公路拓宽成等级公路,90 年代又使宁通公路率先踏上高速的行列。进入新世纪后,一个高效、快捷、安全的现代公路运输网络开始凸显,顺利实现了县县通高速和环城通高速以及干线公路改造升级的跨越。与之相适应的则是跨河跨江的现代桥梁的出现和人性化客运车站的建造。其中润扬大桥的建造堪称代表性建筑物,由此实现了融入长三角的真正跨越。

随着经济的繁荣和国力的增强,扬州终于在 21 世纪之初跨入了立体交通时代,水陆空交相辉映。2004 年 5 月 1 日宁启铁路正式开通,扬州百年铁路梦终于梦圆成真。2010 年 3 月 18 日,扬州民用机场——扬州泰州机场于江都市丁沟镇隆重奠基,2012 年 5 月 8 日,数架波音 737 和空客 A320 飞机从扬州泰州机场凌空而起,直向蓝天,实现了快速融入世界的夙愿,向中国和世界昭示扬州空港时代的到来。扬州终于从唐代的繁盛、清代的辉煌,步入了又一个超越前代的历史兴盛时期。它将在未来世界现代城市的平台上再次展示其独特而秀美的风姿!

第一章　扬州运河的诞生和发展

　　扬州是个因运河而兴旺发达的城市,运河的兴衰左右着 2500 年来扬州这座城市的命运。谈交通当然更离不开运河,因为扬州的交通运输是从水运开始的,运河是扬州水运的主干道、黄金水道、母亲河。

吴王夫差开凿邗沟是春秋时期诸侯王中的大手笔,虽然这是出于争霸的军事需要而非为民,然而却因此兴起了一座城市——扬州,并且给它带来了独特的区位优势,同时为后来的隋炀帝开辟大运河廓清了思路,奠定了基础,为封建王朝开拓了一条跨越江淮进入中原的难以替代的两千余年的经济生命线。其后运河被逐渐完善,虽迭遭兴衰,然而其伟大作用始终不可取代,夫差和隋炀帝的功绩不可磨灭。

一、运河第一锹——邗沟

扬州地处长江和淮河之间的苏北平原上。早在一万年以前,这里是长江的入海口,蜿蜒曲折的蜀冈则是它的海岸线,蜀冈脚下则为一望无际的浅水海湾。在它的东南边,长江之水日夜不停地奔向大海,同时也输送着大量泥沙,由于这里地势平缓和受到海水的顶托,一部分泥沙便向南北两翼沉积淤淀下来,北向的一支在延伸中渐渐地形成半月形滩地,最终将海湾封闭,形成湿地与泻湖。当苏北平原形成陆地之时,就留下大大小小珠串似的湖泊。大约在

龙虬庄遗址

七千年前,扬州的湿地上已经开始有古人生活的踪迹,他们在沼泽和高地上出没,时而在湿地里狩猎麋鹿、獐等野兽,时而在湖泊里捕捉鱼虾和龟鳖等水生小动物,并且知道了种植水稻的栽培技术,利用竹木筏和独木舟在湖泊中穿行和相互交往。他们是扬州土地上的先

龙虬庄先民

民，属于淮夷的一支。20世纪70年代发现的位于今高邮龙虬庄一带的新石器时代文化遗址是他们活动区域的典型代表。

　　大约在西周成王时代，淮夷或东夷已在蜀冈上建立了一个周王朝势力未能达到的方国，称为"邗"，他们占有今扬州所属市县和安徽天长、盱眙等一带地区。邗国在春秋末期为崛起于江南的吴国所灭，其兼并可能在吴寿梦称王之时已经完成。然而诚如《禹贡》所说："淮海惟扬州，沿于江、海，达于淮、泗。"偌大的苏北平原地区，只有扬州一座城市，要想北上与中原交通，必须从长江出海，进入淮河，然后进入泗水，才能进入山东地域，路途的纡远可以概见。到了雄心勃勃的吴王夫差掌权之时，为了北上伐齐的便利和称霸的需要，认为隔着长江在江南遥控是不行的，必须在长江北岸立足，乃将国都从江南迁往扬州，故《左传》有鲁哀公九年（前486）"吴城邗，沟通江淮"的记述。这里"城邗"并非仅是筑城之意，而应解读为"将邗作为都城"的意思,当然也含有将邗国的都城予以扩大之意。童书业教授在《春秋末吴越国都辨疑》一文中引用《国语·吴语》卷十九载越王勾践袭吴之役中这样写道:"'吴王夫差……会晋公午于黄池。于是越王勾践乃命范蠡、舌庸率师沿海、溯淮,以绝吴路,败王子友于姑熊夷,越王勾践乃率中军溯江以袭吴,入其郛,焚其姑苏,徙其大舟。'说'溯淮以绝吴路','溯江以袭吴',察其辞意,似吴都在淮南(扬州)长江之附近,不然,何以用师辽远如此?"这个反问是非常有力的。正因为吴王夫差于春秋末已定都江北,或将其定为第二都城,因而越王勾践才需要派范蠡入淮河,以断绝夫差的后路,同时自率中军从长江口深入到邗城地域,毁掉了邗城,迫夫差自杀。在这之前,基于同样的原因,夫差才有可能想到在长江和淮河之间挖一通道——邗沟以利舟楫,以免如他的父亲吴王阖闾于周敬王十四年(前506)攻楚那样,需舟船沿江绕行黄海进入淮河,破楚于柏举(今湖北麻城东),攻入楚都城郢。而今他只需沿邗沟北上入淮和黄河,伐齐即可获得成功,避免了一个反

扬州城北大王庙中吴王夫差、刘濞像

"冂"形的大弯。如此便捷,为什么不试一试呢?以后,吴国又多次从海上并沿邗沟北上争雄。越灭吴后,越王勾践也曾效仿夫差从海上和邗沟二路伐齐。这足以说明邗沟自筑成之日起,就成了江淮间一条重要的水运干道。

春秋时期长江的北岸线大致在今仪征西北的胥浦,扬州之东的湾头至江都宜陵一带,蜀冈下即为波涛汹涌的大江。邗城耸立于蜀冈之上,它的西南角临江,夫差所开河道由城郭的西南沿山脚下向东延伸,于城东南铁佛寺前稍向南屈曲,然后再向东达今之螺蛳弯桥,继续往东至黄金坝直达湾头,与后来的京杭大运河连接。因为此河开凿于邗城之下,故名邗沟。汉时尚未定名,称为渠水,六朝时称中渎水,也称为韩江或邗溟沟等。昔日的古邗沟遗迹犹存,从今扬州西北的螺蛳弯桥至黄金坝有一条不甚宽阔的河道,那就是古邗沟,波光云影中仍依稀可见邗沟当年的风采。

古时的邗沟受到当时科技、人力、物力的限制,同时因为出于军事的短期需要,只能因势利导、因陋就简,故夫差仅是利用江淮之间众多湖泊的折曲勾连而成,运道并不是径直往北,而是自今湾头北至邵伯30余里,从武广湖与渌洋湖之间穿过,然后入高邮北20里的樊良湖(今汜光湖),折向东北至博芝(广洋)、射阳二湖,再折向西北出淮安的夹耶,至末口(今淮安河下镇)入

古邗沟遗址

邗沟遗址今貌

淮,运道自不免迂回曲折,全程约 380 余里,比直线距离要长出四分之一。尽管不尽人意,但比起纡回海上,运输毕竟方便安全了许多。

　　毫无疑问,夫差开凿邗沟是一件极为了不起的行动,虽然这是出于争霸的军事需要而非为民,然而却因此兴起了一座城市——扬州,同时为后来的封建王朝开拓了一条跨越江淮进入中原的难以替代的两千余年的经济生命线,并继续为新的世纪服务,却是千真万确的。邗沟开凿是京杭运河历史上的第一锹(锹是铁器,此时尚未有锹,姑从民间通俗之语),这得到历史和学者们的确认,首创和奠基之功人们不会忘记,所以清代扬州诗人汪中即有诗赞夫差曰:"遗利江淮合荐祠。"而今在扬州古运河边的大王庙里,昔日的古邗沟旁,我们仍可看到吴王夫差魁伟的座像,这是扬州人民对他的纪念。

　　时至西汉,汉高祖刘邦封其兄之子刘濞为吴王,封地有三郡五十三城,时称广陵的扬州是其国都。刘濞是个颇不安分的诸侯王,他利用其诸侯国内豫章郡的铜山采铜,招致一批逃亡犯法的家伙铸钱,又利用近海的便利条件,煮黄海之水为盐,因而"国用饶足",老百姓都用不着缴纳赋税,成为当时诸侯王中国力最为强大的一位。为了繁荣经济,流通财货,吴王刘濞还积极利用境内资源,于广陵城东北 20 里向东筑了一条与邗沟相通连的运盐河道,这条河始于茱萸湾(今湾头),向东伸展至海陵仓(今泰州)及如皋磻溪。又在其东南置白浦,专门用来捍盐通商。应该说,吴王刘濞对扬州的经济发展是有贡献的,而广陵城此时已被誉为有着"周十四里半"的城池和"南驰苍梧涨海,北走紫塞雁门……柂以漕渠,轴以昆冈"的四通八达的名城。后来刘濞因发动吴楚七国叛乱而被杀,但扬州人并未全然忘记他的功绩,所以将他与春秋时的吴王夫差并列,立祠同祀,这就是今天在古运河边大王庙有两个吴王的原因。而那条由刘濞开筑的运盐河至今不曾废弃,成为扬州通向南通的主要河道,被称为老通扬河,两千多年来一直作为扬州通向黄海盐场的主要水上运道,也是京杭大运河最早的重要支流。

从邗沟开凿到三国并立,时间已经跨越 680 余年,邗沟经历了诸多的历史风云,它的不足处也逐渐显现出来。首先是邗沟的开凿并不如我们想像的那么顺直,而是像"之"字形似的曲曲弯弯,这期间颇多承平时日和大一统时期,可谁也没有想到将邗沟拉直,这当然令航船延时费力。时至东汉建安初,魏国的陈登任职广陵太守,这是一个不安现状喜欢开拓的干练而年轻的官员。他上任后碰到的首要麻烦事便是邗沟淤浅,"淮湖纡远,水陆异路,山阳不通",即从今天的高邮北至樊梁湖再东北向至博芝湖,然后再东北向至射阳湖的三湖之间运道淤塞不通。加之这段航道恰好是邗沟中最纡曲的部分,已经愈来愈不适应日益增长的航运要求。正是从这种需求出发,陈登经过勘察线路,一个大胆的念头从他的心中油然而起,即何不撇开原纡曲的航道,从樊良湖北径直北上连通淮河呢?要知道,在当时无论从技术条件和人力物力都不足的情况下,仅凭广陵太守这点权力便想拉直邗沟,开西道捷径谈何容易!然而陈登竟然就这样干了。于是我们看到了建安二年至五年(197—200),广陵太守"陈登穿沟,更凿百濑,百里渡湖"(见《水经注》卷三十)的记载。即从今天的广陵城至樊梁湖的走向不变,但从樊梁湖往北不再绕道博芝和射阳二湖,而是径直向北开新渠名百濑,沟通津湖(今界首

古末口

湖）、白马湖，复连接射阳湖北段的一小部分以达末口（在今淮安北五里）入淮。这是邗沟当时最顺直的路线，史称"邗沟西道"，吴王夫差所开邗沟，至此称"邗沟东道"。后来隋炀帝拓宽大运河，基本上就是循陈登的西线加以改建而成的。此线可以说乃是形成今日里运河的前驱航道。陈登和他的僚属及民工花了三年时间方才得以完成，其间遇到什么艰险因史载简略我们已不得而知，但以广陵太守之力当时成此工程其困难之大是可想而知的。邗沟西道的开拓不仅为日后沿线城镇的出现创造了条件，还为沿岸农田的灌溉提供了丰富而便利的水源。

陈登在广陵的第二个大贡献就是筑"陈公塘"。众所周知，有了航道并不能万事大吉，如果没有足够的水源供给，船只仍然无法航行，更谈不上给农田灌溉了。其时运河的水源除了夏秋以江水补给外，多靠天雨和丘陵地带的山水，多雨的季节好办，一到干旱和长江枯水季节，运河船只便胶浅难行，因此为运河寻找一劳永逸的水源便成为陈登必须考虑的问题了。在今天的扬州西北部的蜀冈和仪征龙河乡一带丘陵地区，曾经有几个陂塘绵延，即陈公塘、勾城塘、上雷塘、下雷塘和小新塘，合称为"五塘"。其中最古老的称为雷塘，有上、下雷塘之分，汉代叫雷陂，当年吴王刘濞曾于此筑钓台，在这里饮宴游乐，笙歌达旦。在五塘中，面积最大的称陈公塘，"周广九十余里"，即当年陈登所筑。陈登于"休暇行城之西"，发现了这座山谷，乃于"冈势峻昂"中，"依山为形，一面为堤，以受启闭"，不花太多力气便筑了这座塘。此塘三面环山，塘的东南方有长堤一道，堤上设闸门为出水口，然后沿槐子河注入邗沟。另外又沿山挖了三十六汊，用来蓄引山水。每当周围农田需要灌溉,"塘水才下其尺寸,则已赡足",其蓄水量的宏丰可以想见。其时人们称这种蓄水陂塘为"水柜",今天则称为"水库"。陈公塘以高屋建瓴之势,为运河提供了充足的水源,不仅东汉时的农田和运河受益,且惠及后人,直至明代后期由于豪强的强占才遭湮废。在唐以前,陈公塘、勾城塘和上、下雷塘的主要作用是利农,即为农田灌溉,唐以后随着运河漕运的作用加强则一变而为济运,运河得以保持四季通航。正因为"溉浸田畴,用获丰稔,民受其利",扬州人民难忘陈登的好处,就名其陂曰"爱敬陂",后人则称为"陈公塘"。陈登以一郡之守,为运河完成这样两件好事,历代罕有其匹。因此,扬州历代地方志书均将其列入"名宦",设祠祭祀,以志不忘。

二、绕湖而行的晋时邗沟

无论邗沟的东道或者西道,因为最初系利用天然湖泊,航道条件受到限制,后来虽经陈登拉直,航道不再曲折,但有些运道还须从湖中穿行,夏秋湖道多风浪,冬春则又浅涩,航行并不顺畅。三国时魏文帝曹丕曾两次渡淮入邗沟,意图入江攻吴,都不顺利,就是一个典型的例子。特别是第二次,即黄初六年(225),曹丕率水军由安徽怀县的涡口入淮,"冬十月,行幸广陵故城,临江观兵,戎卒十余万,旌旗数百里。有渡江之志。"声势颇为浩大。但面对宽广的长江,因为天寒,曹丕的船却冰冻在邗沟里无法入江,唯见大江波涛汹涌,吴人严兵固守,曹丕不得不发出"嗟呼,固天所以限南北也"的慨叹,只好怏怏撤兵。但好来不好走,回师途中正值冬季,邗沟水浅,以致到达津湖(今界首湖)时,运道浅涩,舟船胶浅在泥水中,"战船数千,皆滞不得行"。幸而中郎将蒋济想出了一个办法,就是先把船聚到一起,然后开渠作坝壅遏湖水,使积水上升以利行船,连作几道坝,使船逐坝积水前行,终于顺利到达淮河。这说明彼时的邗沟确实存在着不足之处。

所以到了晋代,邗沟的淤浅更甚,不得不对湖道进行局部整治,首先是对樊良湖运道的整治。在高邮北20里,有一个湖叫樊良湖,今天则称为氾光湖,古时的邗沟舟船必须从湖中穿过北上,但此湖风高浪急,船行常被漂没,人们视为畏途。到了晋永兴初（304—306），有一个负责财政收支的官员名叫陈敏的任广陵度支，为了保证船行的安全，他就从樊良湖的东侧开河，避开湖道的风险，然后进入津湖。到了东晋兴宁年间（363—365），"以津湖多风"的同样原因，朝廷又于津湖东南侧另开河道20里，以避湖险，"自后行者不复由湖"。经过樊良湖和津湖的两次改道，邗沟西道的中段基本实行了人工渠化，北上船只从穿湖而过一变为绕湖而过，航行自然安全多了。

邗沟进入魏晋时代，因为长江自秦汉以来开发加快，水土流失较前增多，泥沙沉积增速，长江出海口向东推进，江面变窄，邗沟的出江口逐渐闭塞，以致水源断绝。郦道元的《水经注》说："自永和中（345—355），江都水断，其水上承欧阳埭，引江入埭，六十里至广陵城。"汉朝的时候，邗沟的入江口是由江都故城（在唐蜀冈江都县西南四十六里）处，郦道元称其"县城临江"，就是说汉代的江都（广陵）城滨临长江，引江水入邗沟较易。但随着长江口的不断东迁，江面变狭，邗沟入江口逐渐为泥沙闭塞，为了解决这一难题，乃将邗沟的出江口下移于今仪征地面的欧阳，在此筑一道堤坝，称为欧阳埭，在堤坝上设水门（即启闭闸），引潮水入邗沟。潮来开启水门，引水内灌，潮退闭水门，防水下泄。这欧阳埭是临江的水门，然后从欧阳埭挖河六十里至广陵城连通邗沟。这

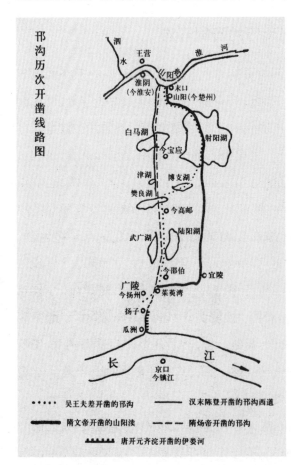

邗沟历次开凿线路图

邗沟唐以前开凿线路图

道河就是今天仪扬运河的前身，或称仪征运河。此河流淌了近1700年，虽然现今已少有舟船，但它却是扬州运河现存的最早入江通道，也是隋唐直至明清盐运和漕运的主要航道之一。

谢安像

古时扬州的地貌与今并不一致。由于明清时黄河、淮河决溢，河水流入运河，使得大量泥沙淤淀，因而形成北高南低的局面；而在汉唐时，却是南高北低，即运河河床自南向北倾斜。为了防止河水走失，同时为保持河水的一定深度以维持航运，乃于两头筑坝。于是南面仪征出江口筑有欧阳埭，而在北方入淮河处则有春秋吴王夫差筑的北神堰，至此，邗沟之水得到了较好的控制。在今江都区邵伯镇的地段，到了东晋太元十年（385），遭权臣煽构的谢安被朝廷要员排挤而出镇广陵。当时广陵城东北为蜀冈的尾闾，临近邗沟处有高地名"步丘"，步丘的地势西高东低，西高则水涸易旱，东低则水涨易涝，使地处这一地段的百姓深受其害。谢安相度地形，就发动当地群众筑一道堤坝来管束湖水，使得这一带地方从此西无旱忧，东无涝灾，得灌溉之利，"随时蓄泄，岁用丰稔"。同时因为所筑堤坝横跨邗沟，他又建埭（即早期使舟船过堤坝的设施）以利航运，使这块默默无闻的地方成为交通要道，并且很快繁荣兴旺起来，成为集镇。人们将谢安治水的功绩比为周代的召伯（古"召"通"邵"），乃将他所筑之堤命名为邵伯埭，埭旁之湖称为邵伯湖，集镇就称为邵伯镇。

邵伯甘棠树

总之,到了三国魏晋时期,人工渠化的措施,使邗沟的航运条件得到了一定改善。邗沟沟通江淮的作用日益显著和重要起来。

三、过在一时,功在千秋的炀帝大运河

从魏晋南北朝到隋王朝建立前,在长达近 370 年的时间里,除了西晋有一个短暂的统一时期外,中国基本上处在分裂和军阀割据的时代,地处长江天堑北岸的扬州只能间断发展。但在以河流为交通主要干线的古代,水运的重要作用是难以替代的。所以邗沟虽长期处在未能得到彻底的治理或局部改善的状态下,但在这期间邗沟所发挥的作用还是不能低估。例如,西晋永嘉之乱后,中国古代出现了第一次空前规模的人口南迁高潮。北方汉族人民为逃避战乱和民族冲突,纷纷举族南迁,大量人口从中原迁往长江中下游地区,史称"永嘉南渡"。中原民户渡淮南下者超过百万,南迁时间持续了将近两个世纪。从当时邗沟南下者就不下二三十万。他们大都迁移至今长江下游和太湖流域地区,带来了北方先进的生产技术和科学文化,为开发江南发挥了巨大的作用。

隋文帝杨坚在统一了北方之后,锐意南下灭陈,邗沟是他进军江南攻克建康(今南京)的路线之一。因此他屯兵广陵,寻找灭陈的战机。开皇九年(589)初,隋文帝任命杨广为行军元帅,兵分八路,全力灭陈,于建康活捉了陈后主。至此,近三百年的南北分裂局面终于在隋文帝的手中得到了统一。当年隋文帝改吴州为扬州,置总管府,任杨广为扬州总管。

公元 605 年,杨广初登皇帝位,这个富有诗人气质和宏图大略的皇帝即用他的大手笔书写了中国大运河史上崭新的一页。他首先征发河南、淮北民工百余万开通济渠,先"自西苑(洛阳)引谷、洛水达于(黄)河;复自板渚(今河南荥阳汜水东北三十五里)引河通于淮"。引河通淮的一段,系扩浚汉魏所筑的汴渠,然后从开封以东另开新渠直趋东南,经陈留、杞县、商丘、永城、泗县,至盱眙北入淮。此渠在唐代改名广济渠,为江、淮进入中原的主要通道。在开凿通济渠的同时,他又征发淮南民工十余万整治邗沟(山阳渎),从山阳(今淮安)至

扬子入江。这是对原邗沟西道的一次空前的大规模整治,全长三百余里,"渠广四十步,渠旁皆筑御道,树以柳"。从东都洛阳起,至江都止,这一条长达两千二百余里的航道,堪称是彼时世界上独一无二的绿色风景线。此后,隋炀帝又相继"诏发河北诸郡男女百余万"开发北方的永济渠以连通涿郡(今北京),之后又"敕穿江南河,自京口(今镇江)至余杭(今杭州)八百余里,广十余丈(约40米),使可通龙舟。并置驿宫草顿,欲东巡会稽"。使江南运河得到拓宽和加深。从大业元年至六年,隋炀帝以六年功夫,开拓了一条以洛阳为中心,北通涿郡、西连长安、南至余杭的水运大动脉。它纵贯海河、黄河、淮河、长江和钱塘江五大水系,使当时政治中心的中国北方和以江淮经济区为中心的南方紧紧联系在一起,为东南沿海地区的进一步开发和为今后封建王朝的发展发挥了不可估量的作用,也使扬州处于水运枢纽的区位优势愈加突出,为中唐以后扬州经济繁荣和文化的兴盛创造了必要的条件。

隋炀帝在中国历史上是个颇受争议的皇帝,他确实有不少为人诟病的地方,但也有部分属不实之词,应该予以澄清,还他的本来面目。首先需要说明的是隋炀帝修筑大运河并非心血来潮,也不纯是为了游幸享乐。这里既有政治的需要,也有发展经济、流通财货的原因。早在汉魏时期,曹操就在北方多次修挖运河,例如,为平定袁绍父子,他曾遏淇水东流进入白沟,以便军运。后来又在邺(河北磁县南)凿渠引漳水入白沟,称"利漕渠"等。此后曹魏政权又引黄河水入汴水,接着又开淮阳渠和百尺

隋炀帝

渠;西晋武帝也曾开修新渠、富寿渠、游陂渠等。而在江南,早在汉武帝时期,就曾从苏州以南沿太湖东缘沼泽地带,"开河通闽越贡赋,首尾亘震泽(太湖)东壖百余里"。到了三国时期,孙权将都城从京口迁往建业(今南京),赤乌八年(245),孙权派校尉陈勋率屯田兵三万开凿句容中道,以连接江南运河和秦淮河,使东南粮船运抵建业。由此可知,隋炀帝开凿大运河和历代的统治者一样,是为了巩固政权的需要,是为了让西北长安、中都洛阳和东南扬州紧密联系起来连成一线,适应了彼时中国经济和人才中心逐渐南移的趋势。其次,隋朝建立和统一后,关中地区的经济已经越来越难以适应当时日益增长的官民需要,尽管数量不大,但南粮北调已渐成趋势。隋炀帝曾将山东和南方的粮食、物资储运于洛阳的诸仓内就是一例。南北大运河的沟通更有利于漕粮和物资的运输,这是不言而喻的。此外在隋文帝统一中国之后,隋文帝推行的是"关中本位政策",对江南人士采取打击或鄙视排斥的态度,江南的一些豪阀望族并未真正归顺,文帝的政策使他们愈加仇恨,因此他们常常利用"南服遐远"而伺机叛乱。在炀帝任扬州总管期间,他则使用安抚的方法延纳江南人士,同时还主动拜江南佛教天台宗创始人智颛为师,这些都大大缓和了南方人对隋政权的敌对情绪。而炀帝的三次南巡,除了因为他曾任扬州总管几近十年,对扬州有一种割舍不断的情结而外,无疑还有着更为重要的原因,那就是加强对江南的控制和安抚。

无可否认,隋炀帝在开挖大运河工程中也有失误和好大喜功之处。例如,他任命的开河都护麻叔谋(麻祜)贪暴凶残,恣意虐杀民夫,运河劳役苛重,以致于死者"相望于道";南巡时奢侈豪华,"舳舻相接二百余里,照耀川陆,骑兵翊两岸而行,旌旗蔽野"。这些都是招致政敌们攻讦的极好口实。那个先反隋、后又叛唐的野心家李密在檄文中就曾这样谩骂炀帝:"罄南山之竹,书罪无穷;决东海之波,流恶难尽。"而后来流行于民间的传说,说隋炀帝开大运河乃是为了到扬州看琼花之类的故事则更属无稽。因为扬州后土祠中有关琼花一词的记载首见于宋代至道二年(996),时任扬州太守王禹偁的《琼花诗》二首之中。此刻隋炀帝距琼花变异时已死去370余年,这当然与炀帝无关。而讽刺隋炀帝看琼花的诗词直到元代才出现。

　　唐代是炀帝南北大运河开凿后的最早获利者。因为距离隋代不远,故而除了疏浚补缀而外,基本上未兴大役。但唐代却是个漕运成为国策和始有定额的朝代。如果说以前运河的作用主要是利农的话,时至唐代,即由利农一变而为通漕。在两者发生矛盾的时候,利农要服从通漕。所以唐王朝不能不重视保持运河的畅通。扬州段运河在这期间的治理则有开元年间润州刺史齐浣开瓜洲伊娄河,以及兴元年间杜亚疏浚扬州官河和宝历年间王播的开七

隋炀帝龙舟宴饮图

里港河。这些工程虽不算大,但对改善扬州段运河航运条件却值得一述。

　　长江随着上中游的开发力度日渐加大,江口日益东移,在下游的泥沙淤积也日渐增多,江中沙洲不断出现。扬子与润洲之间,在晋时有一沙洲露出水面,因为其形似瓜,故名瓜洲。到了隋代,长江的扬州北岸线已伸展到今扬州市南郊 20 里的三汊河—施家桥—小江一线。包括瓜洲在内的不少沙洲将长江隔为两支,南边是大江,北边是夹江。到唐玄宗开元年间,瓜洲越涨越大,竟然与北岸连在一起,原来隋运河的扬子出江口也被闭塞。使得江南来的漕粮不得不船抵瓜洲后,再陆运到扬子,斗米费钱十九;或绕道瓜洲西端的沙尾,迂回 60 里再从仪扬运河进入大运河。以往漕运尚未成为定例时,人们尚不觉得这是负担,而今当大批漕船必须在大江中绕道纡回瓜尾时,不仅风涛多险,漂损船物,而且延时费力,这种矛盾就十分突出了。开元二十六年(738)冬,润州刺史齐浣鉴于上述矛盾,乃移江南漕路于今镇江城西北江边的京口埭,渡江 20 里径直抵达北岸瓜洲。同时在瓜洲开伊娄河 25 里,于今三汊河附近的扬子桥连接大运河。并在伊娄河入江口建立埭堰,立斗门(即船闸)调节水

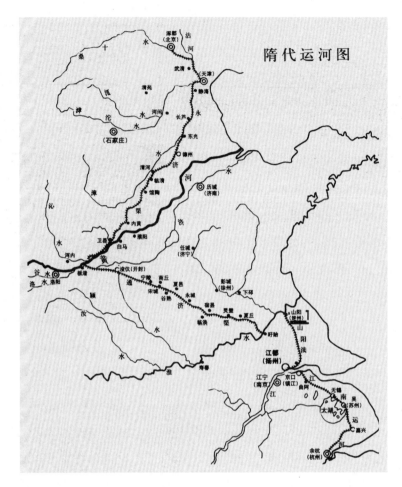

隋代运河图

位,以利航运,省去了水陆转运的环节,每年可节省运费数十万钱。从此扬州运河有了第二个出江运道,且使瓜洲成为南北漕运的咽喉要津。唐天宝七年（748），鉴真第五次东渡时,就是从崇福寺出发,"沿扬州新河（即伊娄河）,乘舟下至常州界狼山"的。齐浣的功绩得到了大诗人李白的赞赏,他在《瓜洲新河饯族叔舍人贲》一诗中写道:"齐公开新河,万古流不绝。丰功利生人,天地同朽灭。"评价相当高,可见这条运道对后来影响之大。而王安石《泊船瓜洲》诗中有句云,"京口瓜洲一水间",则写得简练而贴切。

进入中唐以后,扬州临城运河常遭淤塞。《新唐书》卷五十三《食货志》

隋炀帝陵

中说："初,扬州疏太子港,陈登(公)塘凡三十四陂,以益漕河。"陈公塘是运河的水柜,太子港为陈公塘入运河的引水渠道,说明扬州运河水源补给常遭困难,特别在枯水期会带来麻烦,所以常常要疏理陈公塘等处的积淤以蓄水,便于运河水少时应用。但这只能应急于一时,往往时间不长,又遭堙塞。唐贞元四年(788),扬州城内官河水浅,加之安史之乱以后,北方一些名门望族和商人们为逃避战乱纷纷南迁,扬州成了他们的首选之地,而扬州城内的官河两岸因交通便捷更成为他们的砌房造屋之处,甚至侵占道路营建大宅,为行人交通带来极大不便。《旧唐书·杜亚传》中说:斯时"扬州官河填淤,漕舣湮塞,又侨寄衣冠及工商等多侵衢造宅,行旅拥弊"。《新唐书·食货志》载,淮南节度使杜亚"乃浚渠蜀冈,疏勾城湖、爱敬陂,起堤贯城,以通大舟",因而"公私悦赖"。爱敬陂就是陈公塘,勾城湖又叫勾城塘,在今扬州城西北,面积稍小于陈公塘,是五塘中位居第二的水柜。杜亚重新疏浚五塘和修筑城内运河水道的堤防,使运河重新恢复畅通。

杜亚的疏浚未能保持长久。时隔三十多年之后,城内官河又遭淤塞。宝历二年(826),盐铁转运使王播因扬州运河时常旱浅,航行艰难,奏请别开新河,得到批准。王播乃从扬州罗城之南、阊门之西另开七里港河,此河曲折东北行,在今黄金坝附近的禅智寺连接大运河,

扬州宝塔湾旁的古运河碑

全长19里。工程拖了四五年,到大和四年(830)十二月,又由转运使王涯接手,到次年方才完工。尽管对七里港河的位置专家们至今没有定论,但它不可能在蜀冈之上,当时扬州城的最南端已扩展至今通扬桥至龙头关运河一线,因此七里港河只能在今扬州城之南,然后绕城向东至今大水湾附近折而向北,由今黄金坝向东过禅智寺桥与运河连通。《扬州水道记》说:"自是漕河始由阊门外,不复由城内旧官河矣。"此段运河走向已与今日扬州古运河的走向相似。晚唐诗人韦庄《过扬州》诗"二十四桥空寂寂,绿杨摧折旧官河",不仅是写晚唐战乱对扬州的破坏,同时也说明城内的运河已遭废弃,故有"旧官河"之称了。大和初年,因为天旱运河浅涸,漕船往往"捁(意为扒或掘)沙而进",使漕米受到损失,因而船工"抵死者甚众"。说明运河行进在扬州淤积的滩地上,水源补给始终是个困扰人们的问题,缺水时只有靠堰闸调节,或引江潮或塘水接济,干旱季节漕运并非十分顺畅。

四、领先世界四百年的宋代船闸技术

扬州在唐末和五代遭受了战争的极大破坏。《旧唐书·高骈传》中说:"江淮之间,广陵大镇,富甲天下。自(毕)师铎、秦彦之后,孙儒、(杨)行密继踵相攻,四、五年间,连兵不息,庐舍焚荡,民户伤亡,广陵之雄富扫地矣。"后来

古代运河舟船过堰图

甚至切断水路，或者决堤纵水，以洪水为战争武器互相攻击。唐昭宗乾宁四年（897）十一月，朱温部将庞师古驻清口，杨行密为阻挡敌军，乃"决堰放水，流潦大至"，淮南军靠纵水取胜。后来杨行密索性听任运河溃决，使运河一度失去作用。直到五代后期的周显德五年（958），周世宗柴荣才将运河修复。扬州城在唐末至五代的战乱中遭到彻底的破坏，后周将州城南移重建，新城仅及旧城之半，远不及唐时的规模。

宋代，扬州仍是淮南东路的政治经济中心，经济发展水平也远比五代十国时要高，但远不及唐代。宋人洪迈曾在《容斋随笔》卷九中说："本朝承平百七十年，（扬州）尚不能及唐之什一。"但运河的漕运量却创下了运河历史上最高的纪录，真宗大中祥符年间达 700 万石，仁宗时最高达 800 万石，徽宗崇宁元年（1102）以前，以漕米 600 万石为常，从真州和瓜洲转运至京都开封的漕粮不低于 450 万石，如此大运量的漕粮运输除了因为京城开封的航程距江南为近而外，还得益于运河的畅通和通航设施的改善。而这成绩的取得当归功于运河的进一步渠化和通航设施特别是船闸技术的进步。

隋唐开凿的扬州段运河基本上仍是在或河或湖的航道中行船，湖面广阔而多风浪，斯时位于高邮城北三里的樊良湖已与原先晋时绕行的河道连成一片，时常在此发生沉船事件。在宋王朝妥善处理好淮安以北运河入淮的沙河航道以及开凿取代淮河航道的龟山运河（淮安至盱眙）以后，宋真宗景德三年（1006），负责漕运的制置江淮等路发运使李溥拟改善高邮、宝应间的堤防以改善航道条件，他下令：凡漕船回空东下泗州时，必须搭载石料运抵樊良湖，抛于湖中，积成长堤。尽管这是权宜之计，并未彻底解决问题，但船行相对而言比以前安全。天禧三年（1019），制置江淮发运副使张纶又在高邮之北的运河东岸，接筑漕河堤 200 里至楚州（今淮安），并且在河堤上利用巨石造减水闸 10 座，用以排泄汛期和湖中突然袭来的横流。减水闸建造后效果很好，于是又从宝应至高邮间陆续建造了 12 所减水石闸，进一步提高了运河的蓄泄能力。这种石闸被称为"碶"，就是明代归海坝的前身。为此，光宗绍熙五年（1194）淮东提举陈损之说："高邮、楚州之间，陂湖渺漫，菱葑弥满，宜创立堤堰,以为渚泄,庶几水不至于泛溢,旱不至于干涸。乞兴筑自扬州江都县至楚州淮阴县(河堤)三百六十里"。(《宋史》卷九十七《河渠志》)这个建议得到了朝廷的赞同,于是里运河东岸全线始有最初有意为之的单堤,为漕船的安全航行创造了条件,亦为明代建立复堤奠定了基础。

宋代,扬州段运河上最为人瞩目的成绩是船闸技术的提高。宋代为了保持运河的一定水深和宽度,防止河水下泄,从建安(即今仪征,初称建安军,后改称真州)到淮安三百多里的航道上曾设有五座埭堰。它们分别是仪征江口的江口堰(后称真州堰)、新兴堰(位于扬州,位置不详)、茱萸堰(扬州湾头)、邵伯堰(位于江都)、北神堰(位于淮安)。船只过堰,必须从横贯运河的堤坝上拖过去,事先须在一定坡比的堤坝两侧的斜坡道上敷上泥浆和草土料,以减少摩擦增加润滑度,顶部为平缓弧形,然后卸掉船上货物,利用人力或畜力,用绞关牵拽过坝,使其滑入另一端坡道的河中。重载船只越过埭堰需要反复装卸,且船只过坝时"起若凌空,投若堕井",除延时费力而外,船舶和物资还易于损坏,迫使人们不得不想出更好的法子来代替埭堰,于是出现了用来节制水流的水工设施——斗门,也称"水门"。扬州最早的斗门出现在六朝时南朝宋的景平年间,但记载太过简略,只说有人过斗门船闸时溺水。这种单斗门船闸存在着较大的弊病,在开启闸

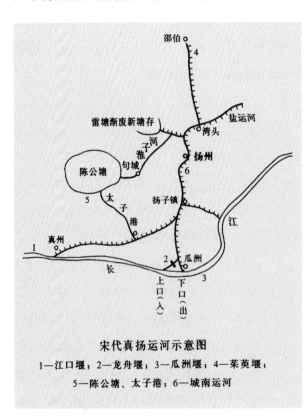

宋代真扬运河示意图
1—江口堰;2—龙舟堰;3—瓜洲堰;4—茱萸堰;
5—陈公塘、太子港;6—城南运河

宋代扬州运河

门时,由于水差产生的急流,使船只上行如爬山,下行如飞箭,很不安全。开元初,据唐《水部式》记载,在今天扬州扬子桥附近的运河埭堰上,建有"斗门二所"。即在一河段上连续设两座闸门,进行统一指挥和管理,"随次开闭"。这是我国有据可考的关于斗门船闸的最早记录。唐开元二十六年(738),润州刺史齐浣在主持开挖瓜洲伊娄河的同时,特地设置了一种二斗门船闸,这是一种具有前后两个闸门的通航复闸,以接纳江潮和节制内河之水的进出,复闸堪称是我国最早出现的船闸的雏形。潮平过船,水流不再凶险,难怪大诗人李白要赞赏不已了。他在《瓜洲新河饯族叔舍人贲》一诗的后半部分描写了伊娄河口的新船闸,写道:"两桥对双阁,芳树有行列……海水落斗门,潮平见沙沄。"这里的双桥对双阁,即指二斗门上的辅助设施。唐代的船闸尚不完善,受水流比降的影响还比较大。宋代船只经扬州运河时须经五道埭堰,上下货物多达十次,特别是漕船经过,都要先卸下漕粮,过坝后再重新装载上船,既费时费力,损坏船只,又为运粮的纲卒偷盗粮食提供了机会。所以逼使漕运官员们为改善船闸技术而开动脑筋。于是淮南转运使乔维岳创造了在船闸史上有划时代意义的二斗门船闸。

据《宋史·乔维岳传》记载,宋太宗雍熙年间(984—987),乔维岳看到漕船过埭堰的弊病,乃在淮扬运河西河第三堰的仪征(也有专家考证在邵伯)滨江之地白沙洲创建二斗门船闸,"二门相距逾五十步(一步相当于今之1.47米),覆以厦屋,设悬门积水,俟潮平乃泄之。建横桥岸上,筑士垒石,以牢其址。自是弊尽革,而运舟来往无滞矣"。这是中国历史上记载最为详尽同时也是设计最为完善的二斗门船闸,史称"西河船闸"。这种船闸设上下两道闸门,有了长达近76米的闸室,闸板为可以升降的平板门,当闸室水位与闸上下游水平时,即可分别开启上下闸门。这种船闸最大的好处在于上下闸首均设有输水系统,同时有了比较牢固稳定的闸首和闸室,在闸首上还建有工作桥连通两岸,其设计原理已与现代船闸十分相似了。宋仁宗天圣四年(1026),左监门卫大将军陶鉴掌真州水利,用"通江木闸二"替代原有的堰坝,此木闸已相当于现代的船闸。该闸以石头为基础,以木为上部结构,闸门可以随用途而启闭。江潮上涌时,开双门引潮水上溯入河,潮落时则闭闸蓄水。过船时可以用船闸平水,以减少水耗。嘉泰元年(1201)重修时全改为石质结构。此闸创建后,竟可减少冗卒 500 人,节省杂费 125 万贯,漕船载重量也从 300 石提高到 500 石,而"私船受米八百余囊,囊二石"。居然能通过装米 1600 石的私人大船,效益之明显可以概见。当这种船闸使用时,欧州四百年后方才出现,是斯时世界上最先进的船闸。

宋代的二斗门船闸受当时技术条件限制,仍须借助潮水过闸,所以这一类船闸常建在潮水河的河段上。宋诗人杨万里在《至洪泽》一诗中曾有非常形象的描绘:"急呼津吏催开闸,津吏叉手不敢答。早潮已落水入淮,晚潮未来闸不开。细问晚潮何时来? 更待玉虫缀金钗。"晚潮不来,闸吏就叉手不肯开闸,即便高级官员到来也是如此,而淮水晚潮非到夜深金钗上沾满灯花(玉虫)时不会到来,官员则要等到夜深方可过闸。可见对闸水的控制是十分严格的。

同时值得一提的是这座真州闸旁还建有"归水澳",以达到节水的目的,称为"澳闸"。所谓"澳闸",就是在船闸的旁边设置小型水库,储存高处的流水和雨水,或者接纳潮水以及提取低处积水,开小渠连通闸室,并用闸门控制。澳有两种,水位高于或平于船闸上游水位的,叫"积水澳",其作用是补充船闸开闸时的耗水;水位平于或低于闸室的低水位水库叫"归水澳",它的作用是回收和蓄积开闸时下泄的水流,不让它走入下游河中。"归水澳"中的水可利用机械方法反复提取,比如用水车将积水直接提升到闸室中使用。澳闸较之用人畜力牵挽船只过堰具有节时、省力、省水,提高运输效率的优越性,它的创建在世界航运工程史上也是一个创举。

宋熙宁五年(1072),日本僧人成寻在《参天台五台山记》中曾真实地记载了他从水路由江南经过扬州到淮河,一路上过埭堰和船闸以及需等候潮水过闸的情况。书中写道:

自京口闸过江,江行 35 里,至河口入扬州界。过瓜洲有闸一,侍潮至开闸。过2里到瓜洲堰,以牛22头(左右各11头)牵船越堰。过扬子镇,河宽2丈余。润州至扬州45里。

至邵伯闸,闸有三门。60里至高邮县,县有水,50里至宝应县,10里至黄蒲镇,80里至楚州。扬州至楚州310里。绕州城10里至闸头。候潮开进船闸门,一个时辰内进船百余只。候一昼夜开出船闸门。60里至淮阴县新开河,又60里至石梁镇闸头,潮长开闸出船至淮河口。

成寻过扬州后20年,瓜洲堰与江南的京口、奔牛同时改堰为闸。瓜洲闸与邵伯闸极为相似,为三门二级船闸,还设有水澳,以节省水量。到景祐二年(1035),又在"真、楚、泰州、高邮军为斗门十九",到重和二年(1119),在邗沟上的斗门和水闸已达数十座。这说明时到北宋末年运河堤已普遍修筑,堤上建有大量涵闸以控制水的蓄泄,一套蓄水与节水的堤闸系统逐步建立,通往瓜洲、真州、湾头、泰州、如皋的各支水道要口,均有堰闸节制。宋时苏北运河的水源仍要依靠江潮和陈公塘的蓄水,甚至有时用水车车江水入运河,但因管理

邵伯六闸绞曳过船图

不善,仍时常浅阻。

宋代,苏北运河上的闸堰并未能维持长久,金兵的南侵使北宋王朝自顾不暇,最后不得不举国南迁,选择临安(今杭州)作为都城。南迁时为防止资敌和用塘水阻遏敌人,只好毁弃真、扬运河一带的闸堰,乃至决陈公塘、勾城塘之水以阻敌。例如绍兴四年(1134),金兵南侵,宋高宗下令烧毁扬州湾头港口的闸木,以及泰州、姜堰、通州、白蒲堰和其余诸堰,又下令宣抚使毁去真扬堰闸和陈公塘堰闸,以阻挡金兵船只南下,结果使真扬运河的堰闸系统陷于瘫痪,陈、

漕船过闸图

勾二塘也遭受了一次较大的破坏。后来宋金和议,以淮水为界,南宋为保障淮南物资调运,又重新修复了真、扬间的部分闸堰和陈、勾二塘。但因京城在南,已无须苏北运河通航漕船,疏浚和修复远不如北宋那样重视和积极了。

五、一个草根老人的建言
——明代里运河的河湖分隔工程

元始祖忽必烈定大都(今北京)为京城,但大都偏于北方,"去江南极远,而百司庶府之繁,卫士编民之众,无不仰给江南",初期元王朝依靠绕道中原而又迭遭破坏的唐宋大运河,不仅航程纡远,还要走一段艰辛的水陆联运之路,即漕船从真扬运河进入淮河后,还要沿黄河上行至中滦旱站(今河南封丘),再陆运180里至淇门(今河南汲县),然后再入御河(今卫河)经直沽(今天津南)达大都。这条道路堪称劳役艰巨,延时费力。因此去弓为"弦",修筑一条直接连通大都与江南的京杭大运河已势在必行了。但这条南北运河的

主要工程是在山东地段,苏北地区在有元一代基本无大役。加之元代未能很好地解决会通河的水源和通航问题,"岸狭水浅,不任重载",所以元代漕运主要以海运为主,河运为辅,苏北段运河未能充分发挥作用。

宋以前淮河水位较低,即有洪水,对苏北地区特别是里下河地区并不造成大的危害。但黄河进入宋代却变迁剧烈,多次夺淮入海。熙宁十年(1077),"秋七月,(黄)河决澶州,南溢于淮泗,淮为河壅,潴于洪泽,横贯高、宝诸湖,江淮苦水"。南宋淳熙十五年(1188)五月,"淮溢,庐、濠、无为、楚州、安丰(宝应境)、高邮、盱眙军皆漂庐舍田稼",这两次淮河带来的水灾虽然严重,尚未危及里下河的腹部地区兴化、盐

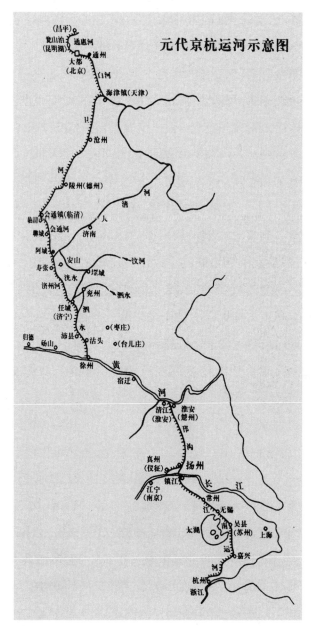

元代运河图

城、东台等县。南宋绍熙五年(1194),黄河自阳武(今河南原阳)决口,洪水由汴、泗及涡颍入淮。此后黄河多次夺淮入海,因为黄河之水挟有大量泥沙,致使淮河下游河床日渐淤垫而升高。但因宋、金和蒙古军都想以邻为壑,不予

修治,有时反而乘机利用洪水作为武器互相克敌,因而使黄河南下夺淮的趋势日益严重。例如:宋建炎二年(1128),南宋政权为阻止金兵南下,东京留守杜充决开黄河,"自泗水入淮";此后南宋端平元年(1234),蒙古军南下挖决开封以北的寸金淀"以灌南军(指宋军),南军多溺死"。故黄河夺淮入海的趋势已不可避免,且因多次泛滥,泥沙不断堆积,江淮之间的地势随之也发生了变化:一是变南高北低为北高南低。原来担心南下之水会下泄入淮,而今却要预防淮水南下夺运了。第二个重要变化是原来的洪泽浦被黄淮之水壅遏而成洪泽湖,湖底不断淤高,于是增筑高家堰以滞蓄淮河的洪流,用来蓄清刷洗黄河泥沙的淤积。此举也迫使洪泽湖泛滥之水转而涌入高邮、宝应的河西地带,使原来珠串似的小湖泊如山阳的管家、射阳,宝应的白马、氾光,高邮的石臼、甓社、武安、邵伯等小湖汇成大湖,进而陂湖渺漫,汪洋一片,给明清的漕运和里下河地区的安全带来威胁。由此导致了明代前期的河湖分隔工程和后期数百年的导淮入江工程。

明代的淮扬运河经过唐宋的整治已比较顺直,但从宝应黄浦到邵伯之间,大部分运道仍航行在白马、氾光、高邮、邵伯诸湖中,河湖不分,仅东堤有堤岸。水小时还感觉不到什么,一至汛期,或雨大风狂,漕舟即如航行海上,常有覆溺的危险,"千舟半渡,一风而尽,浮尸无数,惨不忍睹"的事故时有发生。河道和漕运官员却束手无策,淮扬运河被视作畏途,从宝应至高邮界首一段尤为多事。就在这个关键时刻,宝应老人(河工上的称呼,多指有治水经验的老技工)柏丛桂根据自己数十年的河工经验和实地考察的结果,提出被当时人所总结的"必有重堤,左右翼夹,与湖隔离,运道乃安"的治河主张。难得的是河道官员采纳了他的意见,并且积极付诸实施,史书上说,洪武二十八年(1395),"用宝应老人柏丛桂言,自宝应槐楼,南至界首,就湖东穿直渠,长四十里,筑堤护之",动用民夫五万六千人,"此为里运河有运堤之始"。也就是说,运河此段自此因有东西二堤与湖隔开,船在二堤中航行,船舶果然少了风浪之险。柏丛桂建言的这段工程矗立了70余年方才湮废,当时人们对柏的建言并未给予应有的评价和足够的重视。但后来里运河的其他河段亦因河湖不分而灾难频仍,人们不得不重新审视柏丛桂建言的价值而再次予以实施。

据《高邮州志·康济河记》记载:弘治三年(1490),户部侍郎白昂从山东至高邮视察运道,工部郎中吴君瑞等向白昂进言:"高邮州运道九十里,入新开湖,湖东直南北为堤,舟行其下。自国初以来,障以桩木,固以砖石,决而复修者不知凡几。其西北则与七里、张良、珠湖、甓社、石臼、平阿诸湖通,漾回数百里,每西风大作,波涛汹涌,舟与沿堤故桩石遇,辄坏,多沉溺,人甚病焉。前此董河事者,尝议循湖东凿复河,以避风涛,便往来,不果行。今日诚欲举运道之便利,宜莫先于此者。"白昂经实地考察之后,同意从高邮北 3 里之杭家嘴至张家沟止,开月河长 40 余里。西为老堤,中为土堤,东为石堤,两头建闸。即在宽阔的东西两堤间隔离出一河,专门用来行船,自是舟船安行无险,取名"康济河"。 80 多年后,康济河因年久堤坏,复又成湖。为此明神宗万历四年(1576),河道总督、漕运侍郎吴桂芳又重新改挑康济河,加固原老堤,砌以砖石,废东堤,改筑中堤为东堤,以便牵挽。自是舟行河中,又平安如初。该段运河位于扬州里运河中间地段,可称为里运河之中段。同年春,在挑挖康济月河的同时,还于宝应建宝应湖石工,自秤钩湾(今蒋家湾新民洞附近)至宋家尖(今槐楼湾附近),筑"临湖长堤一千九百八十三丈五尺,石工长一千六百三十六丈五尺,计石十层"。新开湖的康济河工程完工后,其北的氾光湖航道险情就愈加突出了。氾光湖湖广 120 里,每遇西风暴起,长风巨浪,舟船触石立碎,船民往往葬身鱼腹。因此早在明武宗(朱厚照)正德年间,工部主事杨最就曾建言于氾光湖中段槐角楼开月河。此后历经嘉靖、万历代有上疏,但议而未决,前后长达 90 余年。万历十年(1582)的一次飓风,覆舟毙者千余人;十二年,又覆没漕船数十艘,损失漕粮七、八千石。已到非修不可的时候了。万历十二年十月,皇帝题准于石堤之东,自宝应南门至新镇(今宝应氾水镇附近)开月河 36 里,筑堤 9000 余丈,内中石堤占三分之一,子堤5000 余丈,置月河南北二闸,建长沙沟、朱马湾、刘家堡 3 个减水闸,河阅半年而成。河成后,"狂飙退鹢,水波不兴,漕舻运舳,官舫商舶,扬帆而济,若坐天上,若行镜中"。万历皇帝知道以后十分高兴,特赐名"宏济河"。宏济河的筑成使里运河的关键难题得到解决。自此里运河中北段的河堤完成。万历二十八年(1600),总督河漕尚书刘东星令扬州府知府杨洵督夫"于高邮之南开挑邵伯月河,北起露筋,南止三沟闸(今昭关闸附近),长十八里,阔十余丈。又于高邮之北挑界首镇月河,长一千八百八十九丈七尺,各建南北石闸二座。邵伯月河又建减水石闸一座,以壁河险"。自是扬州至淮安的断续堤岸得以相接,月河通连,里运河全线形成。虽然此后因洪水冲击,历代屡有修筑,堤址与运道常有变动,但出入不大。

明万历二十五年(1597),扬州南门二里桥运河一带因水流下泄迅急,水势直泻无蓄,漕舟、盐船过此常遭浅阻。巡盐御史杨光训根据前人河流顺直,水易下泄,上游河水容易浅涸,河道弯曲,亦即"三湾抵一坝"则可以迟滞水流的道理,拟开新河。经请示批准,由扬州知府郭光自南门二里桥河口起,往西开新河,再折而南,复转弯向东,从姚家沟接旧运河,形成曲折的"三湾"。是年四月兴工,八月告竣。运舟至此果然不再浅阻。此河后名宝带新河,民间俗称"扬州三湾",又因此地在万历十年,少林寺僧镇存曾于此募建宝塔一座,名文峰塔,因又称三湾为"宝塔湾"。

扬州地区里运河的形成,历尽艰辛,这在京杭大运河史上具有极其深远的意义和影响。经过明代二百多年的努力,里运河连续分段砌筑重堤,终于使河湖共用的西堤连成一线,从此运河真正与沿河湖泊分离而成为人工河渠,至此,漕船和商舶不再绕行湖道港汊,行船便捷,无漂没撞沉之虞,漕运量得到提高。里下河地区的农田赖有双重堤防护卫,少溃决之患,得灌溉之便,治河的苛捐杂税和劳役有所减轻,农业得到较好的发展。往来客旅的增加和水患的减少为宝应、高邮、氾水、界首、邵伯等城镇的繁荣创造了有利条件。不仅卓有成效地改善了淮扬运河的通航条件,而且为今日里运河的形成奠定了基础。承前启后,意义重大,柏丛桂功不可没。

明代徽商黄汴所编的《天下水路历程》一书中,曾详细列出了从扬州沿运河水路北上北京的路线里程和经过城镇:扬州15里至扬子湾,40里至邵伯驿,

30 里至烈女庙（露筋），30 里至高邮州（管河郎中驻扎），35 里至张家沟，20 里至界首，20 里至瓦甸铺，30 里至槐角楼，20 里至宝应县，30 里至泾河，30 里至平河桥，40 里至淮安府，30 里至清江浦，30 里至清河县，60 里至桃源县，60 里至古城，65 里至宿迁县，130 里至邳州，120 里至吕梁洪，70 里至徐州洪，50 里至茶诚，116 里至沛县，104 里至南阳闸，193 里至济宁州，63 里至南旺南闸，65 里至安山，121 里至东昌府，148 里至夏城窑，80 里至武城县，170 里至故城县，55 里至德州，100 里至安陵，60 里至东光县，170 里至沧州，40 里至兴济县，40 里至青县，112 里至静海县，60 里至杨柳青，40 里至直沽、天津卫，110 里至杨村驿，170 里至潞县，55 里至普济闸、通州，45 里至北京。全程 3072 里。从元代中叶郭守敬解决了通惠河的水源问题之后，到清代咸丰年间黄河北徙，京杭运河失去补给水源而逐渐断航，数百年来北上和南下之船舶都沿着运河这条路线浩荡航行，从未断绝。

　　瓜洲从唐代开元年间以来一直是南北大运河入江的主要通道。由于运河水位高于长江水位，为防止河水下泄，多采取筑坝堰的方法以节制河水的下泄。宋代瓜洲运口曾建有 3 座闸，后皆不存。其时瓜洲的入江水道分为 3 支，"如'瓜'字形，东西二支通江（即东、西二港），一支阻堤（即坝）"。早在洪武三年（1370），明王朝即在 3 支河道上筑了 10 座堤坝，船舶进出口车盘过坝。明正统八年（1443），因瓜洲坝东港设场贮木，使东港淤塞，后经疏浚复通，但未能解决重载粮船必须盘坝入运的艰难，而且常常因此延挨时日，遭遇风涛袭击之险。故明代河臣多次奏请于瓜洲易坝为闸。隆庆六年（1572），河道侍郎万恭奏请题准"自时家洲以达花园港，开渠六里有奇，建瓜洲通江闸二座"，上闸名通惠闸、下闸名广惠闸，才彻底解决了舟船盘坝之劳。这两座闸建成后，被誉为"成二百年未成之功，决五十年未决之论"。至此，"吴浙方舟之粟直达于湾，高宝巨浸之流建瓴而下，既免挑盘雇剥之苦，又无风波险流之虞"。同时分筑瓜洲五坝，各疏支渠，以通江河。

　　明王朝在整治瓜洲港的同时，还致力于另一入江通道——仪征港的治理。洪武十四年（1381），曾浚治扬州官河扬子桥至仪征黄泥滩运口河道，长 9436

丈；次年又浚扬州仪征运河 9120 丈。洪武十六年，兵部尚书单安仁奏请在原宋代张颢所建仪征石闸的故址上，重建闸 3 座，依次定名为"清江闸""广惠腰闸"和"南门潮闸"，以泄蓄河水，分行漕舟。成化十一年（1475），因洪武年间所造三闸，水位落差较大，每到冬春枯水季节，即浅涩难行，船只仍需过坝入运。为此漕船常常要等候十天半月，过坝时"起若凌空，投若堕井"，船只和货物损坏严重。明成化十四年（1478），工部郎中郭升奏请于仪征外河兴建罗泗、通济、响水、东关四闸，全长 209 丈。这四闸统一管理，交互启闭，是一座著名的多级船闸。船舶的过闸方法是：当船进入第一道闸门时，随即关闭船后之闸门，然后打开前进方向的另一道闸门，水从前进方向的闸门涌入，待水平后再进入前一道闸门。如此周而复始，船舶便像爬楼梯一样，一级一级地往高处行驶。以往"日不过百船"，闸造成后，出江之船"衔舻接触，无虑二三百数"，通过量提高了好几倍。这说明，里运河上的多级船闸无论在闸室容量、构筑技术和输水系统方面都非常先进，它还适应了唐宋以后，特别是明清运河水势北高南低的变化，增大了船闸的一次过船量，这在船闸史上又是一大进步。从此，仪征外有 4 闸通漕船，内有 5 坝以防泄水，"夏秋江涨则启闸以通潮，冬夏潦尽则闭闸以潴水"，闸坝交替并行，运河水位得到较好的控制。

六、靳辅的精品工程和分淮入江

黄河是一条挟带大量泥沙的河流，而且经常决口，殃及淮河和运河。从宋代开始，黄河大量的泥沙使淮河下游原深广的河道日渐淤垫，江淮之间地势也从南高北低转而为北高南低。明"嘉靖前，水由里（运）河而入外河（今中运河），形势内高，所以建新、旧清江等闸，蓄高、宝诸水济运。既而黄流淤垫，河身日高，水由外河进口而入里（运）河，故淮城、高、宝常患泛溢"。此后这种形势有增无减，迫使明王朝采取对策，因而产生对淮河是让它继续入海，还是改道入江抑或江、海分流的争论。

康熙年间是黄、淮、运河洪灾的多发期，从顺治元年（1644）到康熙十五年（1676）的 32 年间，无河决之患仅有十年，康熙即位之后，几乎无年无之。作

今日高邮清水潭

为淮河入江水道的尾闾地区,扬州的灾难尤为深重。而高邮清水潭则是运河中常遭冲决的薄弱地段,河宽堤薄,屡堵屡决,"费百万筑之无效",堪称是一处时见溃烂久治不愈的"病灶",治水官员见之色变。康熙十五年,黄河和淮河齐发大水,浊流滚滚,铺天盖地,淮河溃破缺口 9 处,高良涧板工被冲开缺口 26 处,防止洪泽湖漫决的高家堰大堤冲开决口 7 处,黄河之水乘势与淮河汇合涌入大运河,直接汇逼清水潭(今高邮马棚湾附近)。与此同时,高邮诸湖之水亦兴风作浪,荡决西堤,三水合力,一齐逞威,清水潭再次崩决。据《咸丰重修兴化县志》载:"(黄)河、淮(河)汛涨,五月大风雨,高邮堤决 20 余处,清水潭决数千丈,兴化水骤涨以丈计,舟行市中,漂溺庐舍人民无算。"灾难之深重可以概见。这不但使两淮平原和里下河地区深受其害,也直接损害了清王朝黄金水道的安全航行。康熙帝的首要举措,便是撤办了"贻误河工"的前任河督,任命安徽巡抚靳辅为河道总督,治理河务。康熙十六年四月,靳辅带着在邯郸道上客栈里偶然相识的高级幕友、钱塘布衣陈潢到任。陈潢是一位治水奇才,熟谙治河之道,从此这二人便奔走于治河第一线。

作为河道总督,靳辅要做的事实在太多,但他和陈潢计议后,认为首抓的工作是整顿河工队伍,他们毫不手软地裁撤冗员和处治了一批专在河工中捞钱却毫无作为的混事官员。而在治河问题上,他们则认为单纯治运的观点是错误的,"盖运道之阻塞,率由河道之变迁","必当审其全局,将河道运道为一体,彻首尾而合治之,而后可无弊也"。无论是清水潭决口,还是运河的其他决口,之所以会决口,首先是黄淮之水即客水对运河的冲激,这是主要矛盾,必须拒黄淮之水于运河之外方能见效。因此靳辅向康熙帝奏上《经理河工八疏》,其中关于里运河治理的建议和措施,均得到康熙的认可。所以他们第一桩工作就是堵塞高家堰大堤决口34处,导引黄河、淮河之水入海,以分杀水势。使"海口畅通,运道无阻"。第二桩工程就是开挖中河,实现黄河、运河分流,这是保证漕船不受黄河之水威胁的关键工程。在完成上述两大工程之后,他就开始修治扬州至淮安段的里运河,着手堵决清水潭了。靳辅首做的事情就是浚深里运河河床,以挑出的淤土培筑运河两岸大堤。堵塞决口三十余处,建多处分洪闸坝,凡险要处皆建石工。在完成上述工程之后,腾出手来重点堵塞清水潭。

靳辅和陈潢在堵塞清水潭决口之前,二人第一要务是"周视决口",经过实地勘察,认为经过前一段工程的努力,已将客水来源封死,不再受到黄淮客水威逼,外患已经消除,运河压力减轻,现在高邮湖西仅接纳仪征、天长、六合、盱眙诸山之水,已经能够承受。而今清水潭决口之所以难堵,还在于决口突出大堤之外太远,决口处跌塘太深,如果将运河堤比作草帽之边,那么清水潭犹如突出的草帽之顶,加之跌塘屡被冲刷,乡人称其深不可测,远通大海,无疑又为它增添了几分神秘的色彩。但决口口门上下50丈—60丈地方的水深并不大,只有六、七尺深,靳辅在陈潢的筹措下,采取"避深就浅"之法,即毅然舍去原决口地段,命民夫在这一地带的上方先筑一半月形长堤,其形如前括号"(",然后又在决口下方同样再筑一半月形长堤,其形如后括号")",有意离开决口数十丈,把决口从远处即环抱于中,而隔离在河堤之外,使其与运河分离,然后再加堵塞。为了使清水潭堵决成为精品工程,保证在若干年里不再冲决垮塌,陈潢多次在临近州县采挖土样标本,通过比较和过水试验,发现唯有邳县所产粘土最富胶粘密实之性,于是即令原大江以南回空漕船,必须取徐州邳县当地指定地点老土运载高邮,挑选廉洁官员负责计方给价,以代替前河臣经常使用的本地沼泽内的稀松之土,中下埽个(埽为河工所用秸料。用缆绳按一定规格捆扎柴草、苇柳,固定于橛桩,作为防水障碍,称下埽),因为已离开决口,河底比较平坦,以邳县土筑堤,层层夯实。然后内钉排桩,外填坦坡,筑成西堤一道,长921丈5尺,东堤一道长605丈。更在西堤之外另挑越河一道(在修筑有堤坝、闸等的地方,旁开河道,使船绕越坝闸而行,这种河道称越河),长840丈,两头连接里运河,以代替原撤开的河段,专门用来行船,以减少船行波浪对清水潭新堤的时时冲击。在此期间,靳辅和陈潢常常身宿工棚,亲自调度董率,有时身乘小船,到工地指点筹画。每道工序,必亲自检视,每进材料必验其质量和数量,防止瞒骗虚报。在下属胥吏中,下埽所用的芦苇是他们经常用来瞒报的物件,因为秸料苇柳多用"垛"来计数,"堆垛"就成了他们瞒报获利的又一手段,他们除了故意拖延收购沿河农民送来的秸料,勒索农民贱价出卖或无偿奉送外,因为时间长了秸料会腐烂,拖回又花工钱,这样即可堂而皇之地从农民头上括上一笔。而"堆垛"则像电视剧《天下粮仓》中所玩的花头一样,"虚堆假垛,中空如屋,三不抵一",然后以假垛虚报领钱。陈潢出身民间,且不时和送秸料的农民接触,深谙此中花招,因此他要求下属需及时收购秸料,不得藉故拖延,同时不时抽查秸料"堆垛"内囊,发现中空者,严惩不贷,因此虽猾吏亦不得不为之敛迹。这一次靳辅和陈潢无疑给清水潭浇铸了一道铜墙铁壁般的大堤,为历代工程所无。

清水潭工程堵决工程费时185天,用银仅9万两,比工部尚书冀如锡等原勘估预算款项省银48万余两,比靳辅、陈潢自己所定款项还省1万两。康熙闻讯非常高兴,特赐名行船越河为"永安河",新河堤名"永安堤"。清水潭工程是靳辅不迷信权威,不僵守教条,善于调查研究,敢于启用新人,出奇制胜、积极创新和勇于清除河工积弊的结果,在中国水工史上留下璀璨的一页,铸就了一座闪光的丰碑,至今为水利专家们津津乐道。清水潭工程历"十余年屹然巩固,运艘民船永绝漂溺之苦",在此期间,里运河地区虽屡发大水,运河堤仍然时有决口,但清水潭工程却巍然屹立,未曾撼动分毫。事实证明靳辅、陈潢的精品工程经受住了大自然严酷的检验。以后总河董安国又将永安河西堤970丈全部创建为石工,因而更为坚固。直到清康熙三十五年(1696),又遇特大洪水,"六月久雨,黄淮大涨,沉泗州城。七月,高邮清水潭两堤决"。这已经是该工程完工20年后的事了。此时距靳辅去世已经4年。当然这与靳辅已全无关系,因为整个运河大堤,包括淮、扬二府已全部沉浸在洪水之中。民谣曾说那场灾难是"倒了高家堰,淮扬二府不见面,天山只露一个尖"。洪水汪洋之状可以料想。在特大自然灾害不可抗拒的威力下,不要说是三百年前,即便当代人往往也会显得无能为力。

导淮入江始末 淮河东下入海之口古代称为"清口",从明代开始,黄河的屡次夺淮入海使清口淤垫日甚,终于无法入海而壅阻,治河者只好采取挑挖引河的办法疏引。但随着壅阻日高,引河失效,万历以后,淮水不得不从运河改道入江。清初,根据康熙的设计,除了把重点放在保持南北漕运的畅通而外,为了减轻运河导淮入江的压力,特别重视汛期淮河和洪泽湖水的宣泄问题。清咸丰元年(1851),黄淮暴涨,淮河洪水冲开洪泽湖三河口上的礼坝,经三河凶猛下泄,涌入白马湖,穿过宝应湖、高邮湖,越邵伯湖,从三江营汇入长江。这是一条自然形成的入江水道,从此淮河不再寻找出路入海,而是通过里运河西的湖泊从邵伯湖和数条引河径自入江。一些引河因而被冲深冲大,例如原来的廖家沟本是条小沟,乾隆十四年(1749),沟宽仅40米,到了道光二年(1822),河面已冲宽达460米。到新中国成立前夕,廖家沟上汇壁虎、新河、凤凰、太平四河的淮河洪流,已占淮河入江水流的80%左右了。

为了应对从黄河特别是淮河入江的洪水,从康熙到乾隆数十年间,先后由治河大臣在江北运河的尾闾上建造了15座堤坝,即归海五坝和归江十坝,用来保漕和泄洪。用以发挥溢流作用的称"滚水坝",这是一种可供洪水在坝顶滚流而过的坝。由于高水漫溢下泄时,坝顶及坝面易被冲刷、震动,因此坝面形状要求能使水流经过堤坝时快速、顺畅,建筑材料力求结实耐用。清代的滚水坝多以土石制成,用石灰和糯米汁灌缝,并辅以马牙桩和坐铁锭及熟铁锔加固,十分坚牢。而减水坝亦称"分洪坝",是在运河堤一侧建造的分流设施。洪水期间,

康熙帝

当水位涨到一定高度,河水流量超过下游的安全泄量时,则打开堤坝放水,可起缓冲水势及将一部分洪水溢流他处的作用,以减轻洪水对下游堤岸河槽的威胁。这种坝启放时设有定制,根据水涨高度可分别启放。

从康熙十八年(1679)始建,经过近80年的撤并、增减和迁移,到乾隆二十二年(1757)增建南关新坝为止,里运河东堤上共建有减水大坝5座,自北而南分别为南关坝、新坝、中坝、车逻坝、昭关坝,后统称为"归海五坝",它与洪泽湖大堤上建造的仁、义、礼、智、信山盱五座减水坝相对应,时称山盱五坝为"上五坝",运河堤上的归海五坝为"下五坝"。后中坝、昭关坝被堵闭和废弃,尚剩三坝。

归海五坝的设置,是为了运堤的安全与运河的畅通,当洪水盛涨时,即开坝将洪水泄入里下河地区自流归海。但由于里下河地区是四周高中间低的碟形洼地,开坝则汇成泽国。因此如何掌握时机、妥善处理开与保的问题,是一对经常发生冲突的矛盾。乾隆年间,为使里下河地区免遭水灾,力求保坝。乾隆十八年(1753)大水,高邮湖与运河水日涨数寸,南河总督高斌仍不开坝,希保下河秋收。待到形势十

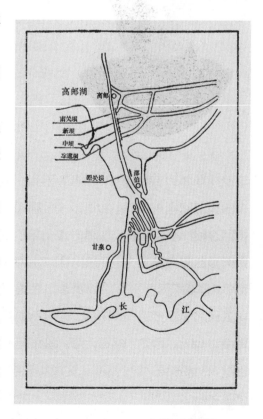

归海五坝图

分危急，方启放邵伯以北二闸，致使二闸冲溃，并决开车逻坝封土60余丈，嗣后诸坝齐开，上下河尽淹，里下河一片汪洋，田庐漂没无数；此时又发现淮沭道管河同知李燧、守备张宾有贪污工程经费行为，乾隆帝命将李、张二人于工地正法，并将南河总督高斌、江苏巡抚协办河务张师载缚赴行刑处所，令其目睹行刑后释放，高斌还被革职留工地效力以赎罪。这是因未能及时启坝发生的水患。

魏源像

而另一件事则说明妄议开坝亦会引起人们的不满。时至道光年间，运河西堤受湖水长期冲刷而被荡平，高宝湖水与运河水连成一片，每当西风骤起，雨大风狂，运河东堤即岌岌可危。为了推卸河堤横决的责任，掌管运河事务的官员经常不等新谷登场，一见河水上涨，就随即开坝，虽眼看谷穗垂金，丰收在望，亦弃之不顾。故农民常闹饥荒。道光二十九年（1849）炎夏，高宝湖水又开始上涨，新谷正在抽穗，河员们不思别法，只喊开坝，闹得人心惶惶。河员们与农民在河堤上发生争执，"民情汹惧"，情势紧张。身为兴化县令的清代杰出思想家和诗人的魏源刚刚到任，他在堤上一面督促民工与差役筑护大堤，一面与河员们相持，要他们暂不开坝。魏源的意见得到了两江总督陆建瀛的支持。双方对峙两天后因暴风雨止息而结束，因未开坝而使里下河喜获丰收。人称这一年的稻子叫"魏公稻"。事后魏源亲自勘查寻访运河西堤旧址，吁请制府和高邮兴化人民修复。经过一个秋冬，运河西堤重又屹立。为防止河员妄议开坝，魏源特上书朝廷，于坝首刻石为令：湖涨，但事筑防，不得辄议宣泄，必须节逾处暑之后，秋稼登场，始可启坝。这说明开坝与否，与加强管理，密切注意洪水的变化关系极大。

而所谓归江十坝，就是在运河尾闾上所挑引河河口的建筑物。引河的入江口平时筑有闸、坝、桥等建筑物以防河水下泄,以保持运河的正常水位。一旦洪水袭来,迅即开坝,这就大大加快了洪水入江的速度,减轻了运河送水入江的压力。一经洪水泄完,复将引河重新堵塞。它与归海五坝配合,形成一个互相联系的有效机制,大大减少了启放归海坝淹没里下河田地的概率,二百多年来对导引淮水入江功不可没。自明万历二十四年(1596),杨一魁分黄导淮,于芒稻河之北拓浚运盐河,导淮水由运河经芒稻河入江开始,即被作为一条经验为后来者所仿效。进入清朝,为加大泄洪流量和速度,多采取挖引河和加宽引河河道的方法。康熙元年(1662),于芒稻西闸挑越河一道行盐,名人字河。康熙三十九年(1700),拓浚芒稻河,自金湾至孔家渡,又疏浚湾头等归江河道。乾隆五年(1740),拓浚仙女庙越河,二十一年,拓浚东西湾等归江河道,二十三年复浚仙女庙越河。嘉庆五年(1800),疏浚金湾、廖家沟、石羊沟、人字河、芒稻河等归江河道,嘉庆二十一年,挑归江各引河。鉴于时开时筑,颇多麻烦,原有引河口的闸坝已不适应形势,加之时至清代后期,经济实力亦不如前,因而觉得利用高宝湖区的柴草筑土坝方便适用而又经济,所以到咸丰年间经过开挖、撤并、废弃最后形成归江十坝,基本都是柴草土坝了。它们长短不一,宽窄各别,自东而西分别为位于通扬运河西岸的褚坝,长12丈;拦江坝,长29.5丈;位于苏北京杭运河东岸金湾河口的金湾坝,长29丈;东湾坝33丈;西湾坝、凤凰坝长44丈;新河坝,长32丈;壁虎坝,连排水坝共长90丈;湾头老坝,长12丈;沙河坝,长24丈。其中,湾头老坝早废,沙河坝久淤,褚山坝开得较少,唯西湾坝敞而不闭,常年泄水入江。

归海、归江十坝直到民国年间仍继续使用,进入新中国后即在消亡。随着建国之初毛泽东主席发出"一定要把淮河治理好"的号召后,国家加大了治理淮河和运河的力度,引淮

茱萸湾处的挹江控淮碑

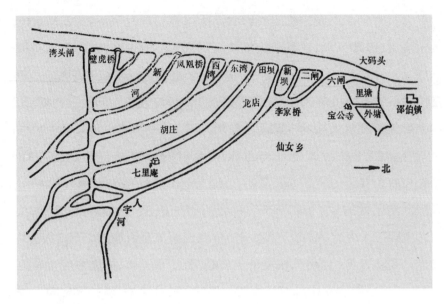

归江十坝图

水入海和导淮入江同时并行。在淮阴和盐城地区,1952年筑成的苏北灌溉总渠与2006年建成的淮河入海水道,可导引30%淮河洪水入海。与此同时,淮水的70%仍由运河顺畅入江,废除归海五坝和归江闸坝成为历史的必然。从1955年开始到80年代初,经过三次淮河入江水道的整治,形成了上起洪泽湖的三河闸,下至江都市三江营入江口长达158公里的淮河下游最大的排洪水道。1959年10月开工兴建,到1962年淮河入江的最大归江口门万福闸建成,可以统控壁虎、新河、凤凰三河从廖家沟入江,壁虎坝、新河坝、凤凰坝因而废弃。1965年,因芒稻闸筑成,原位于芒稻河上游人字河头的拦江坝被废;1972年,太平闸建成,位于太平河上游的西湾坝和位于太平河上游东湾河口的东湾坝同时废弃。1973年位于金湾河口以南1公里处的金湾坝因金湾闸建成而废弃。在短短的十余年内,扬州境内就陆续因京杭运河扩建工程和整治引河,建造万福、太平、金湾、芒稻、运盐以及扬州、泗源沟、瓜洲、大桥等新闸,形成了排洪、挡潮、引水、蓄水、补给航运用水等灵活运用的归江控制,使淮水完全按照人民的意愿畅流入江,结束了数百年黄淮夺运里下河灾难频仍的悲惨画面和拆拆堵堵的历史,代之以淮河安流入江的年年丰收、人欢鱼跃的欢乐图画。

第二章　扬州大运河的新生和重大水利工程

　　新中国诞生后,国家提出分期治理京杭运河的任务和"统一规划,综合利用,分期建设,保证重点,依靠群众"的方针,使运河逐步走向振兴。1958年的运河整治扩建工程和20世纪80年代的续建工程和新世纪之初的再次整治,使运河得到脱胎换骨的改造。

京杭大运河的辉煌延续到清咸丰时期而走入衰败,咸丰五年(1855),黄河北徙,山东以北的运河因失去水源而断流,运河降为僻居一隅的区域性河道。新中国诞生后,国家提出分期治理京杭运河的任务和"统一规划,综合利用,分期建设,保证重点,依靠群众"的方针,使运河逐步走向振兴。1958年的运河整治扩建工程和20世纪80年代的续建工程和新世纪之初的再次整治,使运河得到脱胎换骨的改造,扬州段运河已达到二级航道的标准。而江都水利枢纽工程和21世纪初的南水北调工程将使运河的功能超越前代,重焕青春。

一、扬州里运河的新生和振兴

咸丰五年六月二十日(1855年8月2日),黄河在河南省铜瓦厢决口北徙,在山东省夺大清河由利津入渤海。《清史稿》记载说:"铜瓦厢河决,穿运(河)而东,堤堰冲溃,时军事正棘,仅堵塞张秋以北两岸决口,民堰残缺处先作裹头护埽,黄河倒漾处筑坝收束,未遑他顾也。"此时正是太平天国起义如火如荼之时,清政府忙于镇压,加之正值鸦片战争之后,割地赔款,屈辱求和,无暇顾及,只好听任洪水泛溢,大清河成为改道后黄河的下游河段,山东境内的运河失去原赖汶水分流的水源而断绝,漕粮只好依靠海运,运河因废弛而多处浅阻。太平天国失

民国时的邵伯船闸

败后,清政府曾试图恢复江北漕运,但因难度太大未获成功,终于停运。清政府不再重视运河的整治,千百年来长运不息的运河降为区域性的河道,地方政府仅从本地利益出发,缺乏通盘规划,京杭运河

建国初期民工增高运堤

走入它的衰败期。北方运河多处断航或沦为季节性河道。

进入民国以后,民国政府仅有数次小规模的对里运河浅段和河堤驳岸进行疏浚和加固,其中以 1934 年至 1936 年兴建邵伯、淮阴、刘老涧三船闸和为保持运河通航水位,修理、堵塞、废弃里运河东西堤八洞八闸十一缺口总计 21 处的工程稍大。船闸建造经费来自英国减免的"庚子赔款"款项,系民国年间"导淮"工程的配套设施之一。当时苏北运河因常遭水患,淤垫日甚,"节泄无方,操纵无术",很难保证船只的正常航行。邵伯老船闸兴建的目的就是为了维持邵伯至淮阴间的运河水位,使最低水深不小于 2.5 米,吃水 2 米的重载船舶可常年通航。邵伯老船闸由导淮委员会设计,设计者为沈衍基、林平一等人,主任工程师林平一,副总工程师须恺代总工程师,由招标选定的上海陶馥记营造厂承包施工。为建邵伯船闸,特设邵伯船闸工程局,由雷鸿基任局长。老船闸闸室长 100 米,宽 10 米,每次可通过载重 30 吨船 15 艘,或 40 吨船 10 艘,载重 300 吨的船只可通过 4 艘。1936 年 6 月完工后即正式通航,作为当时首建的比较先进的新式船闸,国民政府对其十分重视,国民政府立法院长孙科等要人都曾到邵伯船闸视察,蒋介石亲笔题写"邵伯船闸"四字。

船闸建成后未到一年,即被日寇侵占,国民党军队扼守邵伯之北昭关坝一带,与日军对峙,船闸停止使用。1939 年至 1940 年之间,国民党军队败退,船闸方恢复使用。1946 年解放战争期间,船闸部分设施曾毁于战火,后经修

复通航。新中国建立后，老船闸为新社会服务至 1962 年，因老船闸西建造的邵伯新船闸通航。1963 年为翻引江水，在老船闸与新船闸之间开挖了一条高水河，故将老船闸改通里下河地区。但因闸况日益恶化，于 1979 年被拆除，特在老船闸之北建盐邵船闸以补偿老船闸的功能，至此邵伯老船闸完成了历史使命。

除 1934 年于邵伯建邵伯新船闸外，扬州段的里运河几无大的工程。

中华人民共和国成立后，国家非常重视运河的整治。尽管京杭运河已经降为区域性河道，然而就江苏省而言，仍然是全省南北交通的主干道。所以从 1953 年起就对里运河部分河段的塌陷河堤进行修复和加固，对民国年间建造的邵伯船闸进行大修，为保持淮扬段的水位，结合水利工程初步整治了淮河入江水道。随着国民经济的恢复和生产发展的需要，考虑到京杭运河苏北段既是北煤南运和南粮北调的主要内河运输干线，同时又是淮水北调和江水北调的主要输水干道，因此 1957 年国家即成立了大运河建设委员会，由 25 人组成，交通部部长王首道任主任委员，同时提出分期治理京杭运河的任务和"统一规划，综合利用，分期建设，保证重点，依靠群众"的方针。从 1958 年起，开始了对京杭运河第一次从徐州至扬州里运河全线的大规模整治扩建工程。

1958 年 4 月，江苏省大运河工程指挥部成立。交通厅厅长王治平、水利厅厅长陈克天分别任正副指挥，蒋国良任秘书长。当年 10 月，成立扬州地区里运河整治工程指挥部。扬州段内中有一段为高邮至界首 26.5 公里航道，早在 1956 年即开始整治因而不再施工而外，需要疏浚和新开的航道近百公里，而且多是在淤土中施工，难度是相当大的。11 月 1 日，第一期工程开工。扬州地区动员 20 多万人在邵伯以北 62.2 公里工地，开始了声势浩大的新建运河西堤工程。至 1961 年 10 月止，历时 3 年，共完成航道长度82 公里，土方 5000 万立方米，除了重建西堤而外，还使东堤普遍增高 2 米，基本上消除了里下河地区的洪水威胁。为解决扬州区段内邵伯镇北船闸引航道问题，特搬迁东堤，新开运河，新建邵伯船闸和施桥船闸，同时从湾头至六圩都天庙段另开新航道以通航较大船舶，京杭大运河在扬州区域内由是有了第三个出江口(城区段此后被改称扬州古运河),防洪、输水和通航能力大大提高,初步发挥了综合利用的效益,提供了可通航 500~2000 吨级船队基本的通航条件,徐扬段至此最高年航运量达 1700 万吨。在扩建过程中,有一件轶事值得一叙。里运河扩建工程虽始于 1958 年,但高邮临城段整治却从 1956 年即已开始,高邮运河东堤河边从唐代开始即耸立着有"南方大雁塔"之称的镇国寺塔,该塔本在拆毁之列,经周恩来总理亲自过问,决定不惜耗费重金,"让道保塔",在运河中留下一块近 40 亩的河心小岛,使镇国寺塔得以巍然留存。而今已成为运河中一道独特风景,夕阳西下,群鸦环飞时尤觉壮丽。这在当时即被传为美谈。

为了通航较大船舶,此次扩建有开凿从邵伯到江口新航道的计划。为此曾选择 3 条线路进行比较:一是由邵伯镇至瓦窑铺,经湾头、五台山大桥至瓜洲的运河旧有线路;二是由邵伯镇起,经运盐闸、芒稻河至江都市三江营的一线;三是自邵伯镇起,经瓦窑铺、湾头、倪庄、三里桥、施家桥至六圩江边的都天庙新线。三条线路经多次讨论其利弊后认为:三江营线、瓜洲线虽然有它一定的优点,可以全部利用原有河道加宽、取直,工程较小,但缺点是:三江营线路较长,排洪期间流速很大,不利航行,特别是运河改走该线以后,远离原有运河沿线的城市如扬州、镇江、丹阳、常州等工业城市,将直接影响各城市工商业的发展。瓜洲线路的优点则是除能满足扬州、镇江、丹阳、常州等工业城市经济发展及运输要求外,还能利用老河,土方、占地及投资较小,对农田水利干扰不大,但缺点是线路长,弯曲多,特别是航道穿越城市,不仅破坏较大,施工困难,出土不易,而且不利于城市规划布局,且会抬高市区水位,影响城市排水。此外穿江航线长,对内河船舶航行不利。而都天庙航线优点突出表现在:航程比瓜洲线短,航道顺直,有利于扬州的发展和城市排水,并避免了大量的城市拆迁,施工方便,出土容易。其优点无疑比三江营和瓜洲线为多,因此最后拍板采用都天庙线。应该说这条线路的开凿是正确的,也是非常成功的,为此特建扬州大桥和施桥船闸。应当指出的是,京杭运河扩建工程开工不久,国家即到了"三年困难"时期,粮食匮乏,资金不足,加之原来的扩建计划不无夸大之处,故有所压缩,致使原来的计划未能全部到位而下马。但扬州段无论其规模和施工量,当是继隋炀帝之后第二次空前的大规模整治。

进入20世纪80年代,鉴于京杭运河苏北段第一期扩建工程未能全部按照设计要求施工即中途下马,加之运河逐年回淤,致使航道尺寸参差不齐。有些河段通行500吨级驳船即感困难,局部河段且因水源不足而断航。随着国民经济的发展,特别是北煤南运的需求,京杭运河苏北段已越来越不能适应货运量增长的需要而急需扩建。1981年3月,国务院副总理万里在江苏省委主要负责人陪同下,乘船查勘京杭运河苏北段,作出充分利用水运、继续整治和利用京杭运河、分流北煤南运、减轻津浦铁路压力的重要指示。1981年9月,江苏省京杭运河续建工程指挥部组建,周一峰副省长兼任指挥,交通厅厅长周赤民任常务副指挥,1983年改由陈克天任指挥,唐如浴、杨大年、吴连彩、周志萱为副指挥。1982年5月,扬州地区京杭运河续建工程领导小组成立,扬州辖境内需要续建的项目为:淮安至邵伯段里运河58公里中埝切除(包括新建高邮船闸一座)、高邮临城段航道拓宽、高邮运西(珠湖)船闸、邵伯复线船闸、施桥复线船闸、宝应运河公路桥、界首至六圩部分浅窄段的疏浚等7个单项工程,土方任务1300万立方米,国家投资1.12亿元。续建工程于1988年年底完成。此次续建工程对扬州里运河堪称是一次脱胎换骨的改造,河段经过拓宽、疏浚、裁弯后,航道底宽达到60—70米,枯水期水深大于2.5米,基本符合三级航道标准,部分河段达到二级航道,可通航2000吨级顶推船队。航道上除原设邵伯、施桥船闸外,又添设了邵伯复线船闸和施桥复线船

邵伯一线船闸

闸,年通过量成倍增长。此外,扬州里运河段沿线自北向南还与两侧的宝应船闸(通盐宝线)、中港船闸(通宝应至金湖)、南运西船闸(通金湖县接三河)、高邮运西(珠湖)船闸(经高邮湖通安徽天长)、高邮运东船闸(沿北澄子河去东台)、盐邵船闸(经盐邵河通盐城)与东西两堤的湖泊和里下河航道相沟通,成为苏北地区里下河腹地水运网的主骨干。值得一提的是邵伯船闸是全国著名的文明船闸,1963年建成的邵伯一线船闸和1987年底竣工的复线船闸构造基本一致,闸室都长230米,宽20米,最低通航计划水深5米,可通过2000吨级驳船队,各比民国年间建造的邵伯老船闸的闸室容量增大了10倍。邵伯船闸在省劳模秦振中所长的带领下,已经建设成为一座环境雅洁,花木掩映,绿化覆盖率达70%的花园式船闸。闸区环境优美,过闸秩序优良,服务船员优质的水上文明窗口,被交通部命名为全国交通系统文明示范窗口单位,被广大船民誉为"船民心中的闸"。

　　需要在此补写一笔的是邵伯和施桥复线船闸原设计通过能力为8000万吨,但船舶的实际通过量已达1.4亿吨,二闸均处于饱和的运行状态,扩容工程势在必行。故从2008年11月起,京杭运河船闸扩容工程——邵伯、施桥三线船闸工程建设办公室组织实施。三线船闸设计最大通航船舶为2000吨级,船闸规模为23×260×5米(口门宽×闸室长×门槛水深),计划工期3年。邵伯三号船闸位于一号船闸、二号船闸之西,与之并肩而立,成平行状态,船闸中心线与二号闸中心线相距90米。该船闸于2008年11月26日开工,2011年12月28日隆重举行通航仪式,随着江苏推863

运河三改二建设

号船队在三艘航政艇的引航下平稳驶入闸室,标志着邵伯三号船闸通航使用。施桥三号船闸于 2009 年 4 月 10 日开工,2011 年 12 月 16 日正式通航。施桥和邵伯三线船闸的告竣为京杭运河扬州段增添了高速通道,也是推进沿江沿运河"丁"字形交汇区新一轮经济开发的重要举措。

在此期间,里运河东堤也在不断加高帮宽,1993 年改建淮江公路,里运河东堤一律加高至高程 12 米,加宽至 15 米,最宽处可达 30 米。至此里运河堤如同巨人的铁臂从邵伯古镇伸展北去,直至淮安清江大闸。堤上筑有沥青公路,客货车辆往来穿梭,昼夜不绝;运河中千帆如织,一片繁忙。大堤下,河网交错,池塘密布,红莲吐芳,水杉矗立,村庄点缀于碧水环绕的绿树丛中,里下河水乡风貌尽现眼底。至 2004 年底止,由邵伯船闸通过的货物进出口量,已高达 1.17 亿吨。里运河已可通行 2500 吨船只。

湾头至六圩都天庙段河道因系上个世纪 60 年代初三年困难时期开凿的,受经济和自然条件制约,亦有不尽人意之处。首先工程没有达到原先标准。同时因两岸土质多为沙土,且未筑护坡,经船行波冲刷,航道演变为中间深、边角浅的 V 形河槽。加之两岸厂矿企业和码头密布,淤积较为严重,经过 30 年使用,实际仅达四级航道标准。故于 1989 年 5 月,再次对北起扬州电厂南至东风电灌站全长 10 公里河段进行疏浚,挖去两边侧角,按三级航道标准底宽 50 米、通航水位 3.5 米施工,工程于当年 11 月底完工。

2003 年 7 月中旬,因扬州邵伯湖泄洪,汪家窑"老虎口"横流湍急,横向流速高达 2.3 米／秒,超过安全航行系数六七倍,省交通厅不得不采取限航、断航措施,致使邵伯、施桥两船闸上下游阻滞了 6000 多艘船舶,尤其是施桥船闸下游船舶密密麻麻,一直挤到江口,其中还包括少量的危险品船只在内。但经有关部门的通力合作,邵伯船闸与施桥船闸员工与洪水和高温搏斗,科学合理地调度船只,精心安排船民生活,经过 21 天的断航之后,终于在 7 月 30 日恢复了限航、通航。小小汪家窑,名不见经传,却在那一年 7 月名闻天下,时时牵动着千家万户的心。2004 年 12 月,扬州航道部门特投资 6000 万元,实施扬州段壁虎河口段 2.1 公里的航道扩容改造,对素有"鬼见愁"之称的汪家窑

改建后的壁虎河段和航标灯塔

航道左岸进行了彻底整治,整治长度为 3130 米。壁虎河口段的航道过水断面增加了一倍,行洪通道拓宽近 2 倍,提升为 2 级航道标准,使航道的横流现象由湍急变为和缓,从此汛期该河段不再断航,过往船舶可畅通无阻,水运能力得到了大幅提升,同时该河段的防洪功能也大为增强,实现了茱萸湾生态圈工程与自然的和谐。2006 年 1 月竣工验收。2006 年 7 月起,市交通部门再次概算投资 6 亿元,实施京杭运河扬州段续建二期整治工程,将京杭运河原三级航道改造为二级航道,在扬境内长约 44.71 公里,其中扬州城区段 13 公里。此段航道的工程再次按新标准实施,设计水深 4 米,航道底宽 70 米,河面宽度不小于 110 米,至 2009 年完成。此段运河开凿迄今已达 50 年,是扬州里运河中最年轻的区段,亦是最繁忙的区段,河道宽阔顺直,出江口高耸着灯塔,扬州大桥和施桥大桥如长虹跨河而立,两岸货场密布,大型船队来去如梭。进入新世纪货运量已经突破 1.5 亿吨。2009 年,苏北运河运量达 1.8 亿吨。2005 年,里运河完成煤炭运输量 7290 万吨,其中电煤 5056 万吨。2006 年,里运河完成煤炭运输量 7743 万吨,其中电煤运量 5663 万吨。为北煤南运、沙石建材和原材料运输发挥了巨大作用,是京杭运河苏北段出江的主航道。

从上世纪末的 1998 年 4 月开始,扬州市政府开始对市区北起扬州闸南至三湾的古运河航道进行拓宽浚深,用块石驳岸护坡,砌建白石栏杆,铺建条石码头,特别值得一提的是通过拆迁旧民房,在两岸建成了长达 13.5 公

整治后的新建运河大堤驳岸

里的绿化带和滨河公园及多处亲水平台。芳草连绵，花木掩映，在竹树丛花之中点缀着楼台亭阁，假山池水，河中游船如在银河中穿行，两旁霓虹灯五色争辉，使古运河更为娇丽多姿。而今这条由湾头至瓜洲的古运河已作为古运河观光带和旅游船航行区段在进行整治和保护，不再通航货船，船只大量减少，不仅防止了河水的污染和噪音，也为进一步扩大古运河旅游拓展了空间。同时亦因此段运河两岸有着丰富的人文景观和运河原生态风貌而备受人们的关爱和青睐。

今天，扬州所属里运河已成为扬州地区集航运、灌溉、城市供水、防洪、排涝、旅游、养殖等一系列功能于一体的综合性黄金水道，被誉为扬州的母亲河。2007 年，国务院将京杭大运河列为国家重点文物保护单位，9 月 26 日至 28 日，"2007 中国扬州世界运河名城博览会暨运河名城市长论坛"在扬州举行，中国大运河申遗办公室设在扬州，并举行揭牌仪式。

一条安全顺畅的宽阔航道、纯朴自然的绿色长廊、洁净清澈的河水、便捷环保的生产生活设施、充满历史文化和人文气息的生态环境，将永远是扬州运河和京杭大运河发展的方向……

二、江都水利枢纽工程与南水北调

从扬州汽车客运东站乘车 12 公里,在今江都区老城区南端,芒稻河东侧、新通扬运河北岸,由西向东一字排开着四座巍然高耸的白色建筑物,在绿树与碧波的映衬下格外醒目,这就是名闻中外的江都水利枢纽工程——江都电力抽水机站,一座江水北调和向江苏东部送水的硕大"龙头"。 它以京杭运河、新通扬运河、芒稻河为引水输水干河,以芒稻闸、芒稻船闸、江都东闸、宜陵闸、宜陵北闸、邵仙闸洞、运盐闸等节制闸、船闸,以及其他桥梁和高压输变线路等多项配套工程,形成了一个调度灵活的水利枢纽。它使长江与淮河、沂沭泗河联为一体,相互调度,供水面积可达 2880 万亩。

江都抽水机站是在周恩来总理的关怀下批准建立的。江都水利枢纽工程的建设历时 16 年,中间经历了国家的"三年困难时期"和"文化大革命"的干扰。工程坚持"边建设、边投产、边配套、边提高、边发挥效益"的建设方针,收到了良好的实绩。1961 年 12 月,江都水利枢纽工程动工。1963 年 4 月,第一抽水机站建成,时为中国第一座大型电力排灌站。接着又投资 1.7 亿元兴建

江都抽水机站雄姿

了二、三、四站及其配套工程。1964年8月,第二抽水机站建成。1966年12月,第三抽水机站建成。1977年3月,第四抽水机站建成,它是整个江都水利枢纽工程中规模最大的抽水机站。四站占地160公顷,工程雄伟壮观,气势磅礴,是远东拥有最大排灌能力,能灌、能排、能发电、能航运的综合水利枢纽,也是我国南水北调工程的第一站。江都抽水机站以总装机49800千瓦的4座大型电力抽水站为主体,全站共拥有33台机组,每秒钟可提引江水473吨,自引江水550吨。一小时抽水量可供40500亩田插秧。一天一夜的抽水量,如果注入宽深1米的水渠,可以绕地球一周。

正是这种神威,使往日被称为桀骜不驯的4条巨龙——入江4条淮水,被死死地扼制在4站的"巨手"之下,江淮两川从此可以跨流域互调,并通过8级提水站,将水直送徐淮地区和洪泽湖畔的安徽毗邻地区,直接灌溉360多万亩农田。1978年徐淮地区严重缺水,4站往北输送近60亿吨的长江水,有效解决了三麦冬灌、水稻培植和工业、交通及人民生活用水,把过去那种"江水望不到,淮水不可靠"的哀叹抛到了九霄云外。1994年大旱之年,仍使偌大的苏北仓满囤盈。1991年百年未遇的大涝中,4站共倒排洪水达27亿立方米,有效地缓解了苏北的灾情,避免了1931年水漫泽国、饿殍遍野的历史悲剧的重演。从1963年江都一站投产到1993年的30个年头里,四个站共抽水817亿立方米,其中抽提江水灌溉589亿立方米,相当于现今17个洪泽湖的蓄水量;抽排里下河涝水228亿立方米,运用枢纽涵闸自流引江水650亿立方米,对建设里下河和徐淮两大粮仓,为促进苏北地区国民经济的发展发挥了重大作用,产生了巨大的经济效益和社会效益。如江苏淮北地区水稻种植面积由200万亩发展到了1500万亩,徐淮地区的粮食产量由新中国建立初的15多亿公斤增长到20世纪80年代初的120多亿公斤,彻底扭转了历史上"南粮北调"的局面,并且基本解决了干旱年份京杭运河断航和电厂的用水问题,有效地缓解了徐州和连云港等城市的用水矛盾,同时为有效地保持运河通航水位的稳定以利船舶航行亦创造了不可磨灭的功勋。

江都水利枢纽旅游区还是国家级水利旅游风景区。区内四面环水,站闸相连,绿荫覆盖,景色宜人,建有接待中心、园中园、明珠阁、垂钓中心和江石溪纪念亭等景点,似一幅人与自然和谐合一的美丽画卷,被誉为"江淮明珠"。

而今江都抽水机站又将融入南水北调的工程之中,成为抽水工程中极为重要的一员。它既为南水北调工程积累了经验,同时也奠定了坚实的基础。

南水北调东线工程　长江下游水量丰富,平均年入海水量约为 9600 亿立方米,即使在枯水期也有 6000 亿立方米。为补充中国北方京津地区和华北平原常年缺水的困难,早在 20 世纪新中国建国之初,国家领导人毛泽东就曾说过:"南方水多,北方水少,如有可能,借点水来也是可以的。"故国家当时就有南水北调的设想。1979 年 12 月,水电部正式成立了部属的南水北调规划办公室,统筹领导协调全国的南水北调工作。经过数十年的调研和大量的野外勘察和测量工作,2000 年 6 月 5 日,南水北调工程规划有序展开,形成了南水北调东线、中线和西线的《南水北调工程总体规划》。随着人口的增加和经济的发展,北方缺水的矛盾日趋严重,进入本世纪初南水北调东线工程终于被提上议事日程,总投资 650 亿元,分三期实施。

2002 年 12 月 27 日,南水北调东线工程正式率先于江苏施工,扬州是它的第一站。江苏段三阳河、潼河、宝应站开工典礼在宝应县夏集镇举行。这项工程是在利用江苏省已有的江水北调工程的基础上,逐步扩大调水规模并延长输水线路的一项工程。它从长江下游的扬州和泰州附近抽引江水,利用京杭大运河和与其平行的河道,通过 13 级泵站,在落差近 40 米的河道上提水北送。第一期工程主要是向江苏和山东送水,并连通起调蓄作用的洪泽湖、骆马湖、南四湖、东平湖。出东平湖后分两路输水:一路向北,在聊城位山附近经黄河底隧道穿过黄河,经扩挖现有河道进入南运河,自流到天津,输水主干线全长 1156 公里,其中黄河以南 646 公里,穿黄段 17 公里,黄河以北 493 公里;另一路向东,通过胶东地区输水干线经济南输水到烟台、威海,全长 701 公里。东线工程调水规模为 148 亿立方米。

东线南水北调的起始点和北上线路,则是早在春秋时期即被开凿、并经隋

江都水利枢纽抽水四站

初重加修挖的扬州境内的邗沟东道一线。史书上说,隋文帝杨坚立国之初,任命大将贺若弼为吴州总管(吴州治所广陵),屯兵广陵港,拟渡江灭陈。为了麻痹敌人,创造突然渡江的战机,乃于开皇七年(587),有意撤离山阳至广陵的邗沟径直线路,另开山阳渎,并利用原邗沟东道的部分航道北上。其走向即从今扬州湾头,循运盐河(今通扬运河)向东,至宜陵折而向北,平行于陈登所挖之邗沟西道,经樊汊、高邮三垛达古射阳湖。贺若弼将强兵巨船藏于山阳渎,而将老弱残兵和五六十艘破烂不堪的兵船置于邗沟,造成明驻邗沟,暗渡山阳,一举灭陈的机会。后果于开皇九年初利用大雾渡江,达到了灭陈的目的。这个昔日的山阳渎,并未完全废弃,就是今天的山阳河,位于今江都区里运河之东约10公里处。南水北调山阳河潼河宝应站工程自开工以来进展顺利,施工建设者克服非典和淮河流域特大洪涝灾害以及材料价格上涨等困难,使长达45.5公里河道基本实现全线通水,其中有13.5公里2004年12月24日通过完工验收。已完工程因为是在原邗沟东道的旧址上开工,它不但减少了投资,节省了工期,而且使古老的邗沟东道焕发了青春。2009年底,江苏省"江水北调"工程已可送水到山东省边界,沿线泵站的改造增容已基本完成。2010年3月25日,南水北调东线穿黄隧道工程在山东境内聊城市东阿县位山黄河河底约70米处,随着一声震耳欲聋的爆破声响起,成功实现顺利穿越,标志着东线工程建设取得了阶段性成果,为实现2013年东线一期工程通水目标奠定了坚实的基础,为缓解山东、河北、天津等华北地区的缺水创造了有利条件。已完工程在防洪保安、水源调度中发挥了显著效益,且极大地改善了当地生产生活条件,为当地经济社会发展提供了极为有力的支撑和保障。

第三章　扬州里运河的运输

　　扬州凭借着不可取代的区位和漕运中转通道以及盐运集散地的优势，在清代康乾时期得到极度繁荣，成为跻身世界 50 万人口以上的十大辉煌城市之一，其中一个最主要的原因，就是京杭大运河恩惠的长期无私赐予。

　　邗沟的开凿使江淮有了连接南北的通道。但初期的航运量并不大。自隋炀帝发百万民夫,先后整治和改建了通济渠、山阳渎、永济渠和江南运河,首次形成了以洛阳为中心,南至余杭,北抵涿郡(今北京),长达5000余里的大运河以后,"自是天下利于转输",形成了贯通中国南北的水上交通网络,在为历代王朝漕运提供方便的同时,亦极大地起到了平衡南北经济的作用,推动了商品的流通和文化的交流。从此长江中上游和苏南地区货物及手工艺品可以源源北上,北方的土特产品亦可浩荡南流,南北地区的经济交流日益频繁,商品流通呈现出空前的活跃,为沿线许多明星商业城市的出现和经济的繁荣创造了必要条件。扬州凭借着不可取代的区位和漕运中转通道以及盐运集散地的优势,从中唐开始成为仅次于京城长安和洛阳的一方大镇,从唐到清,由于战争频仍,扬州曾经有过数次衰败,但终能从衰败中振兴,并在清代康乾时期再度繁荣,成为跻身世界50万人口以上的十大辉煌城市之一,其中一个最主要的原因,就是京杭大运河恩惠的长期无私赐予。

一、天庾正供——漕运中的扬州

扬州漕运起点遗址

　　漕运是官方利用水运转运粮食至集中地的一种运输方式,在中国有着悠久的历史,并与封建王朝相始终。许慎在《说文解字》里解释道:"漕,水转谷也。"因此所谓"漕运",乃是特指"官家水道之运输"粮食而言,而且只有大一统的王朝才能做得到。早在秦汉时期漕运就开始了,秦始皇曾从当时的山东利用黄河、渭河东运漕粮至咸阳,汉武帝也从盛产粮食的山东漕运粮食至长安。当时北方是中国政治、经济的重心,农业也比较发达,加之京师人口尚没有后来那么多,粮食基本可以自给,所以无论漕运量或漕运的范围都不大,对时限的要求也不严格。此时期有一定规模的短期性的粮食运输在邗沟出现,例如东汉安帝(刘祜)永初七年(113)九月,淮南及徐淮地区受灾,曾调零陵(今湖南永州)、桂阳、丹阳、豫章、会稽等长江中游和江南州郡租米,赈给南阳、广陵、下邳、彭城、山阳、庐江、九江等地灾民(《后汉书》卷五《安帝纪》)。

从江淮地区转运粮食到京师是从隋文帝开始的。开皇年间(581—600),文帝命宇文恺开凿由大兴城西北到潼关的广通渠,后为运漕计,又开凿扬州山阳渎。炀帝出于维护国家统一和征集军事资源及巡幸安抚江南的需要,开通南北大运河后,运道通达,转输益便,因此便在洛水沿岸置洛口、回洛各仓,挖成贮粮地窖 3300 口,每窖可贮粮 8000 石,以存贮由东南和东北运来的粮食,这里既有来自江南的漕粮,也有淮南地区的粮食,各仓贮粮经数年积累合计已达 200 多万石。隋代是个短命的王朝,由于隋炀帝急功近利,劳民过甚,导致农民大起义而亡国,但运河的开发和以利转漕的粮仓设置以及转漕东南的做法则对后世漕运的影响甚大。运河的作用由是日显突出和重要,此后随着江南的开发,经济中心南移,漕运成为历代统一王朝的沿袭制度,大运河遂成为历代王朝的生命线。

唐代漕运　唐王朝建立初定都长安,关中素称沃野之地,故东南漕运量并不多,从唐高祖(618—626 年在位)至唐太宗(627—649 年在位)期间,每年运额约在 20 万石左右。《新唐书·食货志》说:“高祖、太宗之时,用物有节而易赡……水陆漕运,岁不过二十万石,故漕事简。”《通典·食货典》则说:“往者,贞观、永徽之际,禄廪数少,每年转运不过一二十万石,所用便足。”但随着国家机构日渐庞大,官吏日益增多,俸禄开支亦不断增大,加之从开元年间府兵制改为募兵制,京师十二万常从宿卫的给养全由国家负担,关中地狭人繁的矛盾逐渐突出,“所出不足以给京师,备水旱”,因此逼得皇帝也须就食东都洛阳以解决漕粮不足的问题,因为漕运粮食到洛阳要比到长安方便,漕船无须避让三门砥柱之险。唐高宗、武则天和唐玄宗初年就曾数次不得不行幸洛阳,其目的就是为了解决庞大的朝廷和宫室人员的吃饭问题。

唐代中期,由于唐王朝重视兴修水利,改善耕作技术,再加上唐初北方人口的大量南移,带来了北方先进的生产技术和工具,给江淮和太湖流域的农业经济增添了新鲜血液,使这一地区一跃而成为全国的粮仓。江淮经济日渐发达,"赋取所资,漕挽所出,军国大计,仰于江淮"。开元二十一年(733),唐玄宗任命裴耀卿为宰相,兼江淮、河南都转运使,以解决漕运不继的问题。裴耀卿即改"直运法"为"分段转运法"(转般法)。唐初的直运法是漕船须于每年的"正二月上道,至扬州入斗门,即逢水浅,已有阻碍,……又搬运停留,至六七月始至河口,即逢黄河水涨,不得入河。又须停一两月,待河水小,始得上河。入洛即漕路干浅,般舟隘闹,船载停滞,备极艰辛。计从江南到东都,停滞日多,得行日少,粮食既皆不足,欠折因此而生。又江南百姓不习河水,皆转雇河师水手,更为损费"(《旧唐书·食货志下》)。裴耀卿改革了这种"功力虽劳,仓储不益"的做法,以分段运输的办法代之,即"于河口置武牢仓,巩县置洛口仓,使江南之舟不入黄河,黄河之舟不入洛口。而河阳、柏崖、太原、永丰、渭南诸仓,节级转运,水通则舟行,水浅则寓于仓以待,则舟无停留,而物不耗失"(《新唐书·食货志》三)。采用这种转般法后,果然效果显著:"天宝中,每岁水陆运米二百五十万石入关",又说:"凡三岁,漕七百万石,省陆运庸钱三十万斛。"平均每年漕运量即达230万石,从扬州转运的粮食至少在200万石左右。这当是唐代经扬州转运漕粮最高的年份,也是唐代漕运的高峰期。至此,因为关中粮食充盈,不再见到玄宗就食洛阳的记录。出现了"开元之治"繁荣昌盛景象,并使江淮与京城长安牢固地联系在一起,加强了扬州在唐代的历史地位。在此期间,齐浣于开元二十五年开瓜洲伊娄河,使江南漕船无须绕道瓜步洲尾径直进入扬州运河,并设闸以通舟船,这些都加速了漕运量的提高。

安史之乱后,群雄割据,赋税不入中央,政府对南粮的依赖程度加大,这段时间从扬州转运的粮食年运量是多少,因无确切记载,我们不知道。作为战时的特殊时期,加之长江中下游地区比较安定,为国家多贡献一些漕粮自在情理之中。《文苑英华》卷四百二十二宪宗《元和十四年七月二十三日上尊号赦》记载说："天宝以后,戎事方殷,两河宿兵,户赋不入,军国费用,取资江淮。"故此时由扬州供给和转运的漕粮当不会低于以往正常年间是可以肯定的。唐肃宗之后,由于战争影响和藩镇扰阻,运河因长期无人过问而多处淤浅,漕运几乎阻绝,这严重威胁着唐王朝的生存。《册府元龟》卷四百九十八《漕运》说："时(指肃宗时)新承大兵之后,中外艰食,京师斗米尝至一千,官厨无兼时之积,禁营军乏食,畿县百姓接穗以供之。"因此,如何把经济重心江淮的物资包括漕粮运往关中是唐王朝急待解决的问题。唐代宗乃于宝应元年(762)任命理财家刘晏为户部侍郎兼京兆尹,充度支、转运、盐铁、铸钱等使,要他承担起改革漕运、恢复运河南北通航的重任。刘晏乃在裴耀卿改革漕运的基础上再加革新,为分运法。即以"十船为纲,每纲三百人,篙工五十人,自扬州遣将部送至河阴"。江南的粮米运到瓜洲后,便立即卸下入瓜洲仓,然后由运河船再将瓜洲仓粮武装护航运

刘晏像

送至黄河边,再分别由黄河船、渭水船运至长安。因为船不停滞,无须等待,节省了时间和人力,加快了漕船的周转,运输效率得到提高。由扬州转运的粮食每年最多时达到110万石,最少时不低于40万石。虽然在漕运量上还没有赶上裴耀卿时代,但他确实在安史之乱后为漕运的衰微起了振兴的作用。陈寅恪曾评价说："唐自安史乱后,长安政权之得以继续维持,除文化势力外,仅恃东南八道财赋之供给。"可见东南对唐王朝之重要。扬州正是从裴耀卿到刘晏时代确立了它在漕运中无可替代的优越的中转港地位。但进入晚唐和五代时期的战乱,群雄割据,漕运实际已不存在,《旧唐书·高骈传》说："江淮之间,广陵大镇,富甲天下。自(毕)师铎、秦彦之后,孙儒、(杨)行密继踵相攻,四、五年间,连兵不息,庐舍焚荡,民户伤亡,广陵之雄富扫地矣。"后来的一些军阀还以洪水为战争武器,听任运河溃决,瓜洲港口和运河因而遭受破坏和淤

淀，长期处于瘫痪状态，直到五代后周世宗显德五年（958）才得以修复。

宋代的漕运　从宋初开始，瓜洲港即常被淤淀，为了迎接吴越王钱俶朝见宋朝皇帝，朝廷不得不命"供奉官张福贵等开古河一道，自瓜洲口至润州江口，达龙舟堰"。宋初，与瓜洲相距不远的真州（今仪征）逐渐崛起，并且很快取得了与瓜洲港同等重要的地位，因此原从瓜洲进入运河的上江漕船多从真州入口。宋时日本成寻和尚在《参天台五台山记》中，就曾说他在瓜洲的埭堰上看到有二十二头牛在绞拉船只过埭的场景，无疑这场面是挺壮观的，但也说明瓜洲运口被淤垫加高，漕运更为艰辛。之所以会如此，是因为瓜洲运河高于大江，为防止运河水下泄，不得不如此。宋朝定都汴京（开封），地处黄河与运河的交汇点，交通便捷，这对依靠南方漕粮接济的王朝来说，建都更为优越，正是基于这种便利的漕运，才能供养庞大的官僚机构和禁军，也是宋选择汴京为都的出发点。

宋代转运漕粮仍然沿袭唐代裴耀卿和刘晏的分段转般法，所谓"江、湖有米，可籴于真。两浙有米，可籴于扬"。也就是说上江和两湖流域的漕粮可由真州入仪扬运河，浙江和苏南地区的漕粮仍由瓜洲入口，然后发往汴京。宋代漕粮采取编纲运输，"每五百料船二十五只为一纲，四百料三十只为一纲"，还有四五百料10只为一纲的。北宋开国之初，吴越王钱俶尚拥有两浙十三州之地，汴京岁费尚少，漕粮年运量没有定数，从扬州、真州等港口北上转运的江淮漕粮仅数十万石。宋太宗太平兴国三年（978），吴越王钱俶入京献地，扬州漕运量大增。是年，运达京师的江淮漕粮达到400万石，占汴京四河（汴河、黄河、惠民河、广济河）总漕量的78.1%。太平兴国六年，定漕粮年运量为300万石。此后随着国家宦官制度日盛，加之国家多事，开支日大，到了真宗大中祥符初年（1008—1012），漕运量竟然高达700万石，真宗末及仁宗时最高达800万石，这是历代少有的。此后一般保持在600万石左右。《玉海》记载："自仁宗朝至崇宁初，发运司常有六百余万石米、百余万缗之蓄，真、泗二仓常有数千石之储。"但自蔡京执政后，于崇宁三年（1104）废弃转般法，把各转船仓的"籴米"当做"羡余"献给朝廷，使各仓不再有钱能在丰年购储粮食，加上花石纲大量占用漕船,占据航道,漕粮运输备受干扰。最终钱竭储空,"而转般之法坏矣",继而成为导致北宋王朝灭亡的原因之一。

南宋时,宋金以淮河为界,扬州地区成了双方拉锯战的战场,扬州时遭金兵蹂躏,运河及其有关设施迭遭破坏。南宋词人姜夔的《扬州慢》有句道:"自胡马窥江去后,废池乔木,犹厌言兵。"乃是当时扬州城残破的真实写照。朝廷已经偏安临安(今杭州),上江漕运直接从长江至京口入苏南运河至临安,真、扬的漕运作用一度中止,但军运、客运却从不曾中断。

元代漕运　元代初期,瓜洲重新恢复了它的漕运作用。《马可·波罗游记》中说:"瓜洲城是大江南(北)岸的一个小城镇。这里每年汇集着大批的小麦和稻米。其中最大的部分运往汗八里(今北京)城,供应皇帝的臣民,瓜洲城位于通往契丹省的交通线上。"宋以前京城多在长安、洛阳和开封,漕船均从淮、泗入于汴河,但元代定都北京,北方运河部分淤塞,有一段运程必须由黄河逆水至中滦(今河南封丘)旱站,然后陆运180里至淇门入御河。转运装卸,劳费甚巨,因而运量并不大,从瓜洲和真州运往北方的漕粮年最高量不超过90万石,故不得不使用海运。从1287年开始,元王朝命朱清、张瑄总管漕粮海运,嘉兴、松江每年秋粮及江淮、江浙财赋岁办粮充运,江南漕粮多由刘家港入海,江淮一带和长江中游的江西、湖广地区的漕粮则由瓜洲和真州江面与海船对装后入海。漕粮不再由瓜洲和真州中转,对二港的经济影响显然不利,故这一时期迫使二港从漕运中转基地向日用品和盐业转运基地的方向转变。

明代漕运　明代初期,朱元璋定都南京,但退居塞外的元朝后裔依然对北方造成威胁,所以朱元璋并未放松警惕,继续加强北方军事,通过海、河转漕粮食,供北方政府机构及边防驻军食用。

自明成祖迁都北京后,朱棣最初采用的是"河陆兼运"的漕运路线。其方法是江淮粮食从长江、江北运河、淮河运出后,撇开淤塞的会通河,入黄河向上游航行,到新乡八柳树等地,然后由阳武陆运170里到卫辉,入卫河到山东临清达直沽,然后由直沽入白河运至通州(今北京通县)。这段时期从扬州瓜、仪二港通过的漕粮史无确切记载,估计年运量在百万石左右。永乐十一年(1413),宋礼疏通会通河后,漕船完全由运河行驶,遂罢河陆兼运,漕运量上升。平江伯陈瑄主持漕政后,对漕运制度实行改革,推行"支运法",所谓支运法,即:"江西、湖广、浙江民运粮至淮安仓,分遣官军就近挽运。""以次递运,岁凡四次,可三百余万石"。其中,"浙西漕粟凡一百六十五万余石,皆自瓜洲坝以通于扬州,上江及江西、湖广漕粟凡八十八万余石,皆自仪征坝以达于扬州"。明宣宗宣德六年(1431),陈瑄进言:"江南民运粮诸仓,往返几一年,误农业。令民运至淮安、瓜洲,兑与卫所,官军运载至北,给予路费耗米,则军民两便。"也就是说,在正常税额之外又征收额外费,用于补助运输中军运的花费和损失。如果自愿运输而不愿假手政府者,亦可自己运输,这就是所谓"兑运法"。自此支运法和兑运法两制并行。成化十年(1474),皇帝下令所有粮运任务均由官军承担,由百姓支付官军的运输费用。自此漕粮运输进入了"长运法"时期,长运法一直延续到明王朝的崩溃,并为清王朝所沿袭。

在此期间,因江南运河丹阳至镇江区段,一因地势高昂,补水困难,虽有练湖水柜补给,仍感不足;二因地多沙土,常遭淤浅,虽常加整治,效果不显,因而漕船无法直接渡江驶入瓜洲,必须绕道从常州孟渎河出江,逆水行300余里,才能到达瓜洲运口。江行时往往为风浪漂没,盘坝还要延时费力。因此明宣宗时,治水专家平江伯陈瑄乃开与江南孟渎河相对的运盐河入江支脉白塔河,然后从邵伯入运河以通漕,前后将近80年。但白塔河也常遭淤塞,曾多次疏浚。此后由于镇江里河开浚,漕船出甘露新港,可直渡瓜洲入运,反而觉得北塔河水路险远而断然舍弃。至此,瓜洲复又成为江行漕船的入运正道。隆庆六年(1572),河道侍郎万恭在时家洲至花园港开了一条6里长的河道,并在河道上建瓜洲通江闸二座,上闸名"广惠闸",下闸名"通惠闸",才使漕船的盘坝之苦得到彻底解决。这项工程因而被誉为"成二百年未成之功,决五十年不决之论",使"吴、浙方舟之粟,直达于湾(头),高、宝巨浸之流,建瓴而下,既免挑盘雇剥之苦,又无风波险阻之虞"。因为瓜河广而深,加之闸行便利,"粮运方竣,商舶由之",因而"远近喧腾,上下感激",受到了船民和商贾的赞赏。据统计,明宪宗成化八年(1472),运往京师的漕量岁额定为400万石,内中南粮为324.4万石,由瓜洲港北上的漕粮每年都在200万石以上,由真州港入运的当不少于百万石。这是漕粮有岁额的开始。也是从明代发端,为了弥补运丁漕运途中费用的不足,明王朝允许回空漕船返程时可装运食盐回到本地,另外则准许漕船携带一定数量的私货沿途贩卖。此即是漕船可以附带土宜的开始。例如,漕船在瓜洲和仪征的待船期间,即有运丁购买竹子和木制家具顺便带往北方出售。而返程漕船也常常"百十成群,名为空船,实则重载,违禁犯法",这些装运的货物有腌猪、牛皮、猪鬃、谷物、豆、芝麻、桃子、梨、枣等。在此期间航行十运河上的漕船约11600艘,每条船大约运粮400石左右,附带土宜数量之巨可以概见。

清代漕运　清代漕运基本承袭明制,用屯丁(即运军)长运法,但其组织、制度、设施更为完备。其转运漕船由长江入运河的运道也同明朝一样,即鄂、湘、赣及皖南的漕船都由大江入仪征闸进入仪扬运河,而江、浙两省漕船及苏州、松江、湖州、嘉兴、常州5府的白粮(即糯米,交运内务府,专供皇帝及百官廪禄)俱由江南运河出镇江京口闸渡江直达瓜洲闸,然后同汇合于扬州高旻寺前的三汊河,经里运河出清口渡黄河入中河,再经伽河、会通河、卫河、北运河而达通州;清中叶前,亦可经会通河转输北京。

清初,由瓜、仪二港转运的江南漕运量,据《钦定户部漕运全书》记载,顺治初,户部奏定全国岁运漕粮定额为400万石,分为正兑米和改兑米两种,其中输往北京京仓的称为正兑米,共330万石(内山东、河南两省47万石不经由扬州),内有江南米150万石,浙东米60万石,江西米40万石,湖广米25万石;运往通州仓的粮食称作改兑米,共70万石(内山东、河南两省25.56万石不经由扬州),其中江南米29.44万石,浙江米3万石,江西米17万石。总共通过扬州运河的诸省漕粮每年达324.44万石,约占全国漕运量的81%。从清初到嘉庆年间,岁漕数量基本稳定在这个数字上。

为了督运各征粮地的粮船,清政府在南方设立了江安、江西、浙江、湖南、湖北、苏松6个督粮道,另外还有山东、河南两个督粮道,仍以卫所军挽运。漕粮运输船只在各省府的督管下以帮的形式组成漕船队,并根据运粮的多少配置一定数量的漕船,派领运守备或千总 1 至 2 人督帮,每艘漕船配备运丁(亦称旗丁)10—12 人,船数十只编为一帮,全国数千条船编为 121 帮。因各省卫所之间的船只、帮数和运丁时有变动,乾隆以后逐渐固定为 43 卫 17 所 93 帮,但各卫所之间的船只并不一致,各粮道之间因运粮的不等出入就更大了。例如隶属江安粮道的江淮卫多达 9 帮,共有运船 476 艘,有运丁 4273 名;而同属江安粮道的扬州卫总共只有 4 帮,有船 302 艘,有运丁 3019 名。清初漕船总数为 10455 艘,最高时达 14500 艘,后因改折有所减少,康熙后期为 7000 艘左右,雍正四年(1726)为 6406 艘,乾隆十八年(1753)为 6969 艘,嘉庆 17 年(1812)减为 6384 艘。漕船运丁以 10—12 人计,则清初运丁多达 10 余万人,至清朝中叶人数因漕船减少而减员,但运丁只少也应在 65000 人左右。这样一支船只编队,行进之处旌旗招展,帆篷猎猎,"粮艘次第出西津,一片旗帆照水滨",浩浩荡荡,确实堪称是彼时世界上最为壮观的船队。如果以漕船每年往返一次计算,仅瓜、仪二闸每年出入漕船即达 14000 艘次以上,平均每天在 40 艘次左右。

清代早中期的漕船分为三种:江西、湖南、湖北三省的漕船叫江广船,江南、浙江的漕船叫江浙船,山东、河南的漕船叫浅船。江广船行经在大江之上,船身最大,江浙船须经太湖,容积自然要小于江广船,容积最小的是浅船。康熙年间,曾将船只统一规定,全长 71 尺,不得增减。雍正二年(1724)规定:江广船航行大江,船小难敌风浪,因此明令将船身加长到 90—100 尺之间,江浙船仍维持原长。

尽管船身的尺寸有规定,但各卫所的运丁们在打造新船时并不全照此办理,为了私带和多带商货,他们每每将漕船加大。船身加重必然容易搁浅,以致延误时限。雍正二年,江苏布政使鄂尔泰上疏请改造船式,疏上说旧式漕船装额米 600 石外,皆供运丁揽商载货,船大行迟,且易堵塞航道,与其加大不如加长。因此他建议改造一种叫瓜子式的新船,这种船窄而长,易于运行,容积以 1000 石为准,内除装漕粮 600 担外,还可载运丁口粮 100 担,土宜商货 300

担。这样既便于督运，也有利于商民。到乾隆五年（1740），江广船定制为长95 尺、深 6.9 尺、吃水 3.9 尺，并要求将吃水线刻在漕线板上，以备随时查验。其目的乃是为了预防运丁们超带土宜，以致影响漕运。此后穿越扬州瓜、仪二港行进在里运河上的漕船，多是这种江广船和江浙船。

为避免漕船在航途中发生拥挤争越，因而堵塞航道、延迟行船期限，清政府对漕船的开行顺序作了严格规定。航行次序多根据距京仓和通州仓的道路远近而定。除山东、河南帮船无须经扬州外，上江漕船次序都是先湖北，后湖南，最后是江西帮船。如江西帮船和江浙船一同由瓜洲入口，例由江浙船先行，江西船随后。如湖北船先江浙帮船到达淮安，也要在清江闸等处河身宽阔地方停候，待江浙帮船过后再尾随前行。一省之中，又按各府途程远近排定行船次序，如浙江省漕船行进次序，照例先嘉兴府，次湖州府，再次为杭州府。一府的行船又编成一二三四等帮，按帮的次序开行，如扬州卫共 4 帮，其航行次序为一、二、三帮，后为仪征帮。漕船航行从长江到淮安一段一般次序不太严格，全省帮船候齐便可开行。漕船进瓜洲、仪征河口至三汊河一段，凡一帮船只全到齐者，即可催攒先行过淮渡黄北上。如一省之前帮船只未曾到齐，则后帮之船可以先行，免应停篙等候致使超违过淮期限。各省过淮都立有期限，一般多视过淮远近和道路难易而定。例如：江南江宁、苏松等府及扬州卫，开行日期定在十二月内，限定次年一月内渡过黄河，五月一日前到达通州。漕船每日航行里数，也分顺流逆流和运道的难易而有所区别。漕船载粮北上，称为"重运"，抵通州交粮后南返，称为"回空"。重运北上，从浙江到淮安，中经扬州瓜、仪二闸，每日定航程顺流 40 里，逆流 20 里。为预防漕船延误航程，每天行至何地，当有各地巡抚衙门按帮各发给限单 1 张，到山阳（淮安）为一段，因山阳为漕运集中转运地，漕运总督衙门亦在山阳；渡过黄河抵达通州为另一段；各帮分别至漕督衙门和仓场衙门缴验限单。回空也是如此，由仓场衙门和漕督衙门另换限单，回到原兑粮州县水次（即水路应到的地方）查验。如此漕粮兑运就算顺利完成了。

清代，瓜洲漕船的入口仪式隆重而宏大。每至春季漕运时节来临，漕运总督必先莅临瓜洲,选择一风平浪静的良辰吉日,官员们穿戴齐整,先赴江神庙祭江,祭毕,中高级官员咸登南城大观楼,鸣炮升旗,以示漕船开帮。云集江南运河的镇江漕船见状,立即扬帆升旗,首尾衔接,从京口浩浩荡荡鱼贯而出,如一条巨龙横截大江,北渡瓜洲。全帮既入瓜洲运河后,督运大臣乃飞折奏报朝廷,一健壮男子迅即飞身上马向京师绝尘而去。所谓"稳渡中流入瓜口,飞章驰驿奏枫宸"即是这种场景的真实写照。入瓜洲的漕船并不立即北上,有时需要重新编帮或等待苏、松、常帮船按序前行,因此在瓜洲可能要暂住一两天后开行。这当然是瓜洲最热闹和生意最兴旺的日子,《瓜洲续志》说由此"圜阓喧阗,百货屯集,懋迁有无,市利三倍",瓜洲城此刻已沉醉在一片欢乐的商业高潮中。

康雍乾三代漕运从数量上并未超越明代的 450 万石,但由于在附带土宜上作了较大让步,漕运的实际运输量超过了明朝。清康乾年间漕运 400 万石,一开始即允许带土宜 60 石,雍正年间放宽到 126 石,到嘉庆年间为"恤(运)丁起见",又恩准多带土宜 24 石,共 150 石。加上耗米 100 石,已经达到 650 石之多。其实远远不止此数。诚如后来的魏源所说:"其江西、湖广、浙江之船则巍然如山,隆然如楼……入水多至五尺以外。"大船后面还常常携带二、三拨船以随之,这些巍然如山的庞然大物和船后的小拨船当然不是空着玩的,它们看起来所载额米不超过 600 担,而实际上船内所有空闲之处全变成"揽盐、揽货之地","其夹带之货多于额装之米",已是不争的事实。随着商品经济的发展,漕船携带商货不仅仅是为了优恤运丁,同时还加速了商品的流转。土宜额的不断调整增加正是百姓对市场依赖日益加深的最好反应。而扬州"襟带淮泗,镇钥吴越,自荆襄而东下,屹为巨镇,漕舳贡篚岁至京师者,必于此焉",从这个意义上说,漕运对扬州经济发展的作用仅次于盐运。

二、动关国计的扬州盐运

盐运是国家税收极为重要的组成部分,时至明清,盐税几乎占了国家税收的一半。故从西汉武帝接受御史大夫张汤的建议,将盐业收归国有,官自煮盐,盐运及其销售都掌握在政府手中,由国家专卖。其后虽然在收购、运输、销售形式上有所变化,但由国家控制,却从来没有松动过。淮南盐颗粒洁白,口味鲜美,李白就曾用"吴盐如花皎白雪"的诗句来赞美。黄海盐产丰富,自汉代吴王刘濞开始,他利用封地内南有铜山,东靠大海,自然资源极为丰富的条件,积极扩充自己的实力,又"招致天下亡命者盗铸钱,东煮海水为盐",同时为流通财货,刘濞又于广陵城东北 20 里开运盐河,自茱萸湾通海陵仓(今泰州)及如皋磻溪。东南置白浦,捍盐通商,以积累财富,因而"国用饶足",成了经济实力最强的诸侯王。此为淮南盐制运的开始。隋炀帝也很重视淮南盐的生产,曾浚治运盐河,由盐区西向扬州,称为掘沟。日僧圆仁的《入唐求法巡礼行记》中曾述及盐船行于掘沟时说:"掘沟宽二丈余,直流无曲。是即隋炀帝所掘矣。"此后两淮盐从各场运盐河进入运河抵达扬州,然后从瓜洲、仪征掣验开江即成为制度,并一直延续到中华民国抗战之前。

唐代盐运　唐玄宗开元二十二年(734),江淮转运使裴耀卿"置输场,盐仓,以受淮盐"。在扬州设转运院专门运销淮南通、泰州诸场的盐。这是在淮南盐区设官的发端。其时通属者为吕四、余牛、丰掘、拼角 4 场;泰属者为安垛、东河、丁溪、草堰、伍佑、新兴、庙湾 7 场,实行所谓制盐归民,运销归官的办法。肃宗乾元元年(758),为了平定安史之乱,国库军费不足,盐铁史第五琦始创榷盐法,由国家统购产盐,每年获利 60 万缗。三年(760),著名理财家刘晏接任盐铁使后,又对盐法进行改革,盐仍由民制,仍由官收,但将官运官销部分改为商运商销,由官将在场所收之盐,寓税于价,转售商人。商人在缴价纳税领盐后,可自由运销,致使扬州成为场盐贮积之所,盐商汇集、盐监众多、盐船密集的运销中心。据日本僧人园仁的《入唐求法巡礼行记》记载,唐义宗开成四年(839)七月初,园仁抵达扬州海陵县桑田乡江边。他于夜间行船至扬州,看见有盐官船随行,"盐官船积盐,或三四船,或四五船,双结续编,不绝数十里,相随而行。乍见难记,甚为大奇"。此时到扬州聚集的运盐船之多,已使观者目眩,盐运量之大可想而知。唐代的扬子县紧靠长江边,县城南江岸有扬子津。江中的瓜洲沙洲尚在形成之中,沙洲与扬子县之间为夹江,刘晏曾在扬子县这一带设扬子巡院领盐官以及盐铁留后,捕缉私盐船。在真州的白沙尚未成为专门营运上江盐船的集散地之前,瓜洲尚未成为稳定沙洲的唐代初期和中期,镇扬河段北岸线与瓜洲汉道的长江港湾扬子津一带就是盐船的聚集之地,因为它有着优越的靠泊条件。直到伊娄河开辟之后,瓜洲成为江南漕运的对直运口,盐船一度还在此靠泊、掣验、开江。此后真州港的白沙驿因江岸稳定,且地近上江,同时考虑到港口有分工的必要,才使真州在宋代一跃而为盐运的主要集散地。扬州则成为盐商们经营业务最为活跃的城市。

关于唐代扬州转运盐的数量,因史无详载,我们尚难确知。但刘晏任职期间,因京师盐价腾贵,"诏取三万斛以赡关中,自扬州四旬至都,人以为神"。唐宝应元年(762),全国利税为1200万缗,盐赋占其半以上;其中江淮地区盐税约为75万缗,占全国盐税12%。顺宗时江淮盐税升至230万缗,占全国盐税32%。永泰二年(766)初,刘晏接手办理东南盐务时,江淮盐利收入一年不过40万缗,但10年之后到大历十一年(776),盐税收入增加到600余万缗。《新唐书》说:"天下之赋,盐利居中,官闱服御、军饷、百官俸禄皆仰给焉。"于此可见此时江淮盐税之重要,亦可窥彼时两淮盐产之规模。

宋代盐运 宋代盐运基本承袭唐和五代以来的旧制,仍由国家实行专卖,掌握统购和批发两个重要环节,控制着盐的生产和运销。此时两淮盐的产量因使用"刺土成盐"法而获得增产。据《宋史·食货志》记载:淮南有楚州盐城监,年产盐41.7万担;通州丰利监,年产盐48.9万余担;泰州海陵监,如皋仓小海场年产盐65.6万余担。共156.2万余石。

宋代的仪征原名白沙驿,后改称迎銮镇。因赵匡胤曾在此操练战舰,故将迎銮镇又升为建安军,并开始筑城。真宗时又将建安军升为真州,作为淮南路向汴京漕运粮食、布帛和财赋的转运基地。真州临近大江,且地近上江,接纳上江漕船和转运至上江的盐船比瓜洲为近,真州的地位日渐重要。早在宋于真州置建安军时,即于该地置盐仓由真州发运,后来即成为淮南盐的输出口岸。由真州接纳的淮南盐,除本地销售外,主要定向销往:

一、淮南路所属庐州(今安徽合肥市)、蕲州(今湖北蕲春县南)、无为军

（今安徽无为县）6 个军、州；

二、江南路所属江宁府（今江苏南京市）、池州（今安徽贵池县）、临江军（今江西清江县）等 15 个军、州、府；

三、两浙路所属常州（今江苏常州市）、睦州（今浙江建德、桐庐、淳安一带）等 5 个州；

四、荆湖路所属江陵府、潭州（今湖南长沙市）、汉阳军（今湖北汉阳县境）等 10 个军、州、府。

共计 36 个军、州、府，大体包括今江苏、浙江、安徽、江西、湖南、湖北 6 省。

初时，据《宋史·食货志下四》载，淮南盐"置仓以受之，通、楚州各一，泰州三，以受三州盐。又置转般仓二，一于真州，以受通、泰、楚五仓盐；一于涟水军，以受海州涟水盐。江南、荆湖岁漕米至淮南，受盐以归"。《宋史·食货志上三》又说："江湖上供米，旧转运使以本路纲输真、楚、泗州转般仓，载盐以归，舟还其郡，卒还其家。汴舟诣转般仓运米输京师，岁摺运者四。"也就是说，淮南盐置放于真州、涟水等转般仓中，等江西、湖南、湖北漕粮船卸米后，即转载盐回去，盐无须再雇船装运，粮船又不致空回，一年可往返四次。

真州运销淮南盐的这种方法，各得其利，初期效果甚好。但时间一长，纲吏（押解官）和舟卒（船工）从中舞弊，偷盗坐卖，损失盐斤，则以泥土充数，以致秽不能食。宋仁宗明道二年（1033），运河涸浅，不能通航，荆湖边民无盐只能淡食。而淮南盐积压 1500 万石，无屋以贮，露天堆积，损耗甚大。盐商无本贩运，官府无钱偿还亭户，盐民多为生活所迫，铤而走险，聚为盗贼。于是听任盐商直接与亭户购买，但须事先向汴京缴纳抵押。后来，为了方便商旅，又置"折博务"于真州，盐商向折博务交钱或以粟帛作抵押。1 石盐售钱 2000 文，1500 万石盐，共得钱 3000 万贯（每贯 1000 文），作为朝廷财政收入。这一权宜措施，解决了荆湖边民没有盐食的问题。亭户也收回本钱，得以温饱。

宋代初期盐的运销，基本采取"官运通商各随州郡所宜"，并不强行一致。但因政府到盐场购盐，经常不能按时付清灶户的盐本，致使盐民的生活困难，逼使盐民将盐私售。为了改变这种现状，只好加价收购，造成盐价波动。庆历八年（1048），范祥改变唐代以粮换盐的办法，推行盐钞法，将官卖各地概改通商，商人输钱买钞，然后凭钞支盐。由场验明钞券，照数给运，虽名盐钞，实际上是一种钱券（类似现代之收税凭单）。后世采用的引盐票盐，基本上都由盐钞变化而来。盐钞法的好处是，商人直接向官府交纳盐费，省却过去采购粮食的层层盘剥，由商人自己运销，灵活性大，运费得以降低；盐钞是按照各地实际需要填发的，不易发生滞销和囤积居奇的现象，有效地稳定了盐价。而在江淮地区除官般官卖而外，有时亦允许通商，由商人向折博务交钱或以粟帛作抵押，然后领盐运销。但至崇宁年间，蔡京弄权，随着转般法的被破坏，与其一脉相承的盐运制度也随之崩溃，当然真州食盐集散地的地位也随之衰落。

元代盐运　两淮是元代中国最大的产盐基地。国家经费，盐利居十之八，而两淮盐独当天下之半。元代开国之初，即以提举马里范张专掌两淮盐课之事。至元十四年（1277），置两淮都转运盐使于扬州，专管盐政。大德四年（1300），复置批验所于真州、采石等处。两淮共有盐场29所，即吕四场、余东场、余中场、余西场、西亭场、金沙场、石港场、掘港场、丰利场、马塘场、栟茶场、角斜场、富安场、安丰场、梁垛场、东台场、何垛场、丁溪场、小海场、草堰场、白驹场、刘庄场、伍佑场、新兴场、留湾场、莞渎场、板浦场、临洪场、徐渎场。年产量为全国之冠。

元代扬州两淮之盐主要运往江浙、江西、河南、湖广等地。至元十六年（1279），从扬州待运外地的盐为587623引（每引400斤），十八年增为80万引，二十六年减15万引。三十年，因湖北襄阳民改食扬州盐，又增8200引。到天历二年（1329），达到950075引。由于盐运量巨大，积压过多，一时难以发运，致使客商运至扬州东关河道上的盐，"俱于城河内停泊，停候通放，不下三四十万余引"。盐船高度集中，拥挤不堪，造成盐主不能照管，船户恣意侵盗，盐商无利可图的后果。为了缓和这种矛盾，使里河客商不致亏陷资本，外江商贩不被欺侮，百姓不致以高价买不洁之盐，官府能多征税收，两淮盐运使鼓励盐商在东关城外，沿河两岸，利用官民空闲之地，自行赁买基地，"起造仓房，支运盐袋到场，籍定资次，贮置仓内，以俟通放。临期用船，载往真州发卖"。从这里可以看出，当时扬州是两淮盐场所产盐"设纲攒运"的集中基地，运河中盐船拥塞，运河两岸盐仓林立，盐运规模极为宏大。而真州，作为批验所和食盐出江口岸，盐务极为繁忙。《马可波罗游记》中这样写道："从这里（指真州）出口的盐，足够供应所有的临近省份。大汗从这种海盐所收入的税款，数额之巨，简直令人不可相信。"

元代实行"引票法"，但引票价格日增。至元二十四年（1287）加收盐税，引价更贵，先是每盐 1 引，值中统钞 9 贯，但到了延祐二年（1315），不到 30 年，居然涨到 150 贯，官盐既贵，则私盐愈多，权贵势豪以及军人俱违禁来带贩私或增价转售，私盐充斥市场，而产盐人卖不出盐，盐民生活愈加困苦，遂爆发盐民起义，先由白驹盐场盐贩张士诚聚盐丁起义于前，继而浙江盐民方国珍举事于后，遂导致全国农民大起义而使元朝灭亡。

明代盐运　明代于盐政上承元制，设两淮盐运司，下辖通州、泰州、淮安三个分司，共领元代两淮盐场 29 场不变外，又增添兴庄 1 场，共 30 场。洪武时，额定岁产大引盐（每引 400 斤）35200 引，弘治时改为小引盐（每引 200 斤）。万历时，额定两淮小引盐 70.5 万引。有明一代，基本上保持在 70 万引上下，变化不大。

明初盐政采用所谓"开中法"。方法是：凡有缺粮的边防地区，先由户部出榜，招商输纳。商人纳粮后，由受粮机关将所纳粮数及应支盐数，填给仓钞（即盐引），然后由商人持投各转运提举司经比对相符，按数给引，派场支盐，自行运售。元朝买卖盐引，都用现钱，此则纳粮取盐，因此这种仓钞，实际上乃是一种盐粮兑换券。因此有许多盐商，干脆于边地招农民垦种，以免粮运之劳，这确实是个两全其美的方法。正统初年，因为商人赴各盐场支盐，所持仓钞多寡常有悬殊，多则不敷支给，少的则导致盐场壅滞难销，于是又创立一种称为"兑支"的方法以解决矛盾。方法是：如某场淮盐不敷分配时，准许商人持引到其他盐场支取，不愿兑者，可以"守支"。 由于商人持引须到几个盐场支盐，路途遥远，亲赴不免困难，于是就将盐引卖给靠近的商人支取，自此盐商中有了"边商"与"内商"之分。赴边领引者称"边商"，内地就近守支者称

"内商",其后内商中又出现一种专门负责转运销售的江湖行商,称为"水商"。此法初行尚好,但未及百年,因奸佞擅权,盐法紊乱,积盐壅滞,于是不得不废开中而改"折色"。 所谓"折色",乃是商人将原来纳粮边境改为纳银运司以领取盐引,这样原来的边商不再远涉边境,自此,边商与内商均不复存在,山陕一带的商人纷纷内迁江浙盐区,为以后扬州盐商的形成奠定了基础。

万历四十六年(1618),明王朝于两淮地区推行"纲盐"制度。其法是将原来零散分运食盐的运商组成商纲,结纲行运。先由盐院编定纲册,淮南盐定为10纲,每年1纲行积引,9纲行新引,新引、旧引同时兼掣,按引派行。这样,一方面可将壅滞的旧引疏清,以解内商之困,"十年而淮南旧引可尽";一方面把新引同时出售,以照顾边商。凡是纳过余银,资力雄厚的内商,都分别编入商纲运销,凡纲册列名者,许其永占为窝,获得永久运销食盐的权利与资格,并使这种权利世袭化。"纲盐制"堪称是中国盐法制度史上一次重大的变化,它既稳定了盐商的地位和利益,亦为今后两淮盐区盐商群体的形成起到了至关重要的作用。自此,食盐由官方专卖演变为商人专买或委托专卖制,使个体盐商转变为有组织的商人集团,并垄断了产盐区食盐的购买、运输以及特定行盐地区(即引岸)的销售。这个制度沿袭了很长时间,直到清道光年间才结束。

明代,"淮盐课几200万,可当漕运米值全数,天下各盐运两淮课居其半"。(见《蓬窗日录》卷三《盐课》)。两淮盐场30个,各场所产之盐,集中于淮安、扬州、泰州、通州、仪真等处。其中,扬州的盐经真扬运河至江口解捆,发运到上江湖广、江西等地。《明史·食货志》记载,明初淮盐运销70.5万引。后来私贩盛行,淮盐在江西、福建等地的市场为广盐、闽盐所夺,仅能运销16万引,税收大受影响,于是设关于闽广要津,才使情况有所好转。

清代盐运 盐课是清政府重要的经济支柱,其国内收入的一半要依靠盐税的收入。诚如康熙七年(1668)的上谕所说:"关系国赋,最为紧要。"清代,全国九个主要产盐区岁额行盐总数为540万引,其中两淮盐产160万引,占31%,在全国盐课982万两税银中,两淮盐课竟高达607万两,占总数的62%,

比重可谓巨大。难怪清首任两淮巡盐御使在《盐院题名碑记》里说："两淮岁课当天下租庸之半,损益盈虚,动关国计。"因此,清政府对淮盐的生产、运输、销售十分重视,除了实施一些保证盐制顺利施行的配套政策和有力措施外,康雍乾时代还多次采取所谓"恤商裕课"的政策以招徕和复苏盐业,常派亲信的官吏任盐官。清王朝的官吏也莫不视盐官为肥缺,称盐课为"利薮"。

两淮盐场明代为30场,清代合并了数场,以徐渎并入板浦;临洪、兴庄合为临兴场,将莞渎并入中正场,马塘并入石港,余中并入余西,白驹并入草堰,西亭并入金沙,小海并入丁溪。终清之世,两淮共有23个盐场,分属3个分司。即通州分司9场:吕四、余东、余西、金沙、石港、掘港、丰利、栟茶、角斜;泰州分司11场:富安、安丰、梁垛、东台、何垛、丁溪、草堰、刘庄、伍佑、新兴、庙湾;淮安分司(后改海州分司)3场:中正、板浦、临兴。

两淮盐产量,顺治九年(1652)额定为1271512引。其中淮南为1042390引,淮北为229122引。以后,历年有所增损。到乾隆、嘉庆时期,两淮盐产量达到了清代的最高额——40万吨以上。每年由仪征批验所出江的盐斤多达134万引。

清代的盐法仍承袭明制,采用纲法。仍将所领盐引分成10纲,编成纲册,每年以9纲行新引,1纲行积引。政府盐运衙门每年按册上的旧数派行新引,无名者不得加入,实行民制、商收、商运、商销,并确立了由商人袭断盐业的一整套制度。先是由场商按引纳课,到指定的盐场向生产盐的灶户买盐,然后由运商按规定的配引额运销各岸,再加价售予专营零售的"食商"。为了便

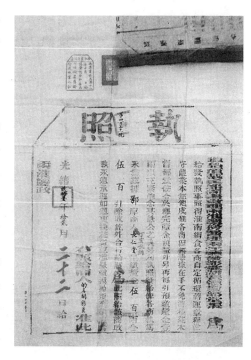

清代盐运执照

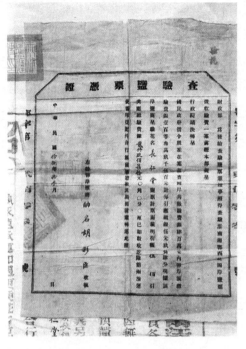

清代盐票

于管理,清政府还命令散商中的头面人物,帮助政府管理散商,督催盐课。这种人物被称为"商总"。 在这一制度中,扬州占有重要地位。两淮盐都要经过扬州各关的查验,从各运盐河集中于运河至仪征批验所挈验开江。清代的初期和中期,由于扬州具有优越的地理区位和畅通方便的航运条件,再加上清政府采取强制性的纲盐运销制度,使扬州成为不可替代的盐业中转基地和集散中心。同时,以扬州为轴心,构成了一个产、运、销一条龙似的淮南纲盐运输网络。

清政府规定,淮南盐"行销江苏、安徽、江西、湖北、湖南、河南六省,计二百五十余县"。这些省、县地域广阔,航道便利,人口众多,是物产丰饶、经济发达的地域。运河、长江以及通往各盐场的河道,把产地、集散地和消费地有机地连结在一起,形成了由淮商们严格垄断的盐运路线和销售口岸。

为了防止盐的散失和盐枭的活动,清王朝规定运盐船必须在指定的航道航行。从淮南各盐场运往扬州的盐运航线共有5条:

泰州分司所属庙湾、新兴、伍佑、刘庄、草堰、小海、丁溪、何垛、东台9场盐船,至东台汇总后,由东台向西入殷庄汛,由时堰过青浦角经运盐河至泰州坝;

富安、安丰2场盐船由大尖汛入口,过青浦角经运盐河至泰州坝;

梁垛场盐船由时堰入口,过青浦角经运盐河至泰州坝;

通州分司所属吕四、余东、余西、金沙、西亭、石港、掘港、丰利8场盐船由岔河关出丁堰口,从如皋至海安西抵泰州坝;

栟茶、角斜 2 场盐船出力乏桥，亦由海安抵泰州坝。

上述各场盐船，在泰州坝提盐过掣之后，即经谢家铺、襄河过湾头闸，至北桥掣验所验收呈纲。其中供应江都、甘泉 2 县居民所食的食盐，在北桥验收后，即可开行扬州城销卖。另外，高邮、宝应、泰兴 3 州县所食之盐则不经泰州坝和北桥掣验，而是直接从盐场领盐运抵本县，经州县官验掣后销卖。其余所有盐船都必须经仪扬运河抵仪征批验所天池停泊，经解捆后装

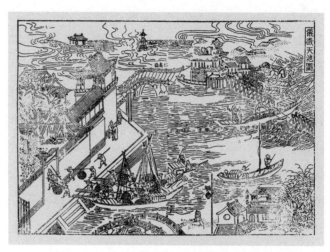

仪征天池掣盐图

入江船，由清政府盐政大员到一定时间临江大掣，再开江分销上江各地。

清代，从扬州内河至大江的纲盐船行列十分壮观。清代著名文学家汪中在《哀盐船文》中曾这样形容："是时纲盐皆直达，东自泰州，西极于汉阳，转运半天下焉。唯仪征缩其口。列樯蔽空，束江而立，望之隐若城廓。"场面极为宏阔。其船大者可装运四千四五百引，计重百万余斤；小者亦装四五百引，计重 20 余万斤。

清王朝视盐课为国家之根本，对盐运管理极为严格，官员分工十分细致。清袭明制，在扬州设两淮巡盐御使，专管淮南、淮北盐政，职掌巡税两淮盐课，统辖江苏、安徽、江西、湖北、湖南、河南 6 省商纲亭户赋敛出入，额引督销，并缉捕私贩。两淮巡盐御使的廨署设在明代旧址上，称为"盐漕察院"，地点在开明桥东南（原新华中学旧址内）。与此同时，并设置"两淮都转盐运使司盐运使"，为从三品大员，职掌两淮盐法，稽核派销斤引盐务的产、运、销和港口的查验与掣放。其机关为"两淮运盐司署"，亦袭用明代旧址，在扬州府城大东门外（原扬州市人民政府东院所在地），史称"广陵鹾署"。

两淮巡盐御使统辖淮南、淮北两个批验盐引所。淮南盐所设在仪征城南2里，一坝、二坝之间。淮北盐所设在淮安。两盐所之中又以淮南盐所为重点。两淮巡盐御使不仅管理盐政和督收盐课，而且还是清王朝的耳目，两淮盐漕察院实际上成了清廷派驻扬州的联络机关和情报机关，故历任的巡盐御使一般都由内务府旗人和皇帝心腹充任，其中尤以《红楼梦》作者曹雪芹的祖父曹寅及其妻兄李煦最为著名。

在盐运使之下，还设有"两淮都转盐运使司经历司"1人，负责文书往来并管理称放从北桥经过的淮南各纲、食引盐，发放桥旗、限票。设有"两淮都转盐运使司知事"1人，专管纲食盐引皮票和请票的核对、计算、造册等事宜，兼管江都、甘泉二县地方食盐的解捆和缉私。此外还设有保管引单和收兑商课入库的"广盈库大使"1人。以上官员皆住扬州。

驻仪征的盐运官员有"淮南监掣同知"1人，掌验淮南引盐的政令，权衡割余盐斤，分拆引目以及经办运商抵仪所后赴运销口岸的有关事宜。还有"淮南批验所大使"1人，专掌协掣淮南纲食引盐，稽查督催进垣解捆的各场盐数，具揭报院。并根据盐船所到口岸造具商名引数、船户姓名册呈院，转咨各省督抚，查照督销。同时还负责已装船的押令开行，不许停留误运和内河掣空盐船限日回坝等事务。泰州坝设有"泰坝监掣官"1人，经营淮南通、泰纲引盐的称掣和填发验单，并稽查通、泰两属透漏夹带等弊。此外还设有巡缉多人。

在设置各级盐官的同时，清政府还设立了一套严密的盐运管理制度，以防止商人夹带多运，船户、水手自盗和盐枭的劫掠和私贩。

扬州两淮盐集散量到乾隆四年（1739）达到顶峰，为2176995引。此后即不再加引。到了道光年间，即开始下降。道光元年（1821），岁行纲盐为160余万引，但因课税太重，官吏盘剥，加之私枭日众，销售积压，到道光十年（1831），淮南盐仅销售50万引，亏欠历年盐税课银达5700万两；淮北盐仅销2万引，亏税银600万两，已经严重威胁到王朝的根本。因此道光十一年，两江总督陶澍于淮北首行票盐法，规定每票一张，运盐10引。任何人只要照章纳税，即可领票运销，"票盐特尽革中饱蠹弊之利，以归于纳课请运之商，故价减其半而利尚权其赢也"（魏源语）。因此淮北盐销路大增，且价格便宜，几有挤掉淮南盐的趋势。道光二十九年，淮南盐亦实行票盐制，设总局于扬州。至此两淮实行的纲盐制被废除。纲盐制改为票盐制后，使许多手握引票的盐商尽丧行盐特权，致使"有富至巨万一朝赤贫者"，这对扬州盐商的打击无疑是巨大的，许多盐商因清廷追缴历年积欠的巨额盐课而被抄家破产。但百姓是欢迎的，"开办数月，楚西各岸盐价骤贱，农民欢声雷动"。但不久即逢太平天国起义，长江航路中阻，行销引盐线路被割断，盐商的商业活动瘫痪。太平军曾三次攻占扬州，"商人之居于镇、扬二郡者，十有八九亦遭荼毒"，扬州亦由此中衰。同治三年（1864），曾国藩提出整顿票法，规定以 600 斤成引，以 500 引为一票，凡运盐"愿者多听，少者不准挂号"，分明是把资本微薄者排斥在外，重又造成官绅富商的垄断，盐商藉此发家而囊橐丰满者不乏其人，但其规模已不可与乾隆期间相提并论。后来李鸿章为了筹款需要，又在淮南改行"循环票法"，即所有领票商贩，只要每票捐银 400 两，"凡捐过工票者，为旧商，从此，按年准其循环转运，更不许新商羼入"，实际上是重蹈专商引岸制的覆辙，导致许多弊端复生。

太平天国起义被平定后，因仪扬运河和江口淤浅，两江总督曾国藩乃于同治四年（1865）迁淮盐总栈于瓜洲六濠口。总栈每月用轮售的方法销卖盐引，其方法是：以 22500 引为一轮，内泰（州）属盐场盐引 15000 引，通（州）属盐场盐引 7500 引。每引 600 斤，加损耗 60 斤，再加上外面包裹捆扎的包索 28 斤，合计 688 斤，每引分为 8 包，每包计 86 斤，超过此数即作私盐论处。仍然运销皖、鄂、湘、赣、苏等引岸，盐栈每日过盐 2000 引以上。盐引年销量约在 27 万引至 30 万引之间，最高年份可达三十五六万引，其中包括部分淮北盐。如按清光绪十年（1884）的《光绪江都县续志》卷十五《盐法考》中所云，盐引同治年间每年所收税款及正课杂款为每引征银二两二分八厘左右，那么，瓜栈每年所收税金如以 27 万引计算，折合平银为 61.56 万两，如以 30 万引计算，则为 68.4 万两，税金收益已不可能与乾嘉时相比，然于清廷不无小补。瓜洲盐业总栈开业数年后，即发现坍江而岌岌可危，必须早作打算，迁栈势在必行。遂复选定仪征东南12里的十二圩作为淮盐总栈新的栈址。故一面在瓜洲总栈继续维持盐运,一面则派出干员加强十二圩盐栈的建设。同治十二年(1873)十月十五日,瓜洲淮盐总栈营销八年后于是日宣告结束,十二圩"仪征淮盐总栈"挂牌开业。后两江总督兼盐政刘坤一又将其更名为"十二圩两淮盐务总栈"。

太平天国以后,仪征"天池鞠为茂草",已无法行盐。十二圩位于仪征县东南的"普新洲"。来自淮南、淮北的盐通过运河(亦有部分淮北盐由连云港入海由江道至十二圩堆储中转)到达十二圩。于十二圩储运掣验的两淮盐以光绪二年(1876)为最高,为44.8万引,约2.69亿斤,年份最低者的光绪十六年(1890)为24.1万余引,约1.45亿斤。平均每年约40万引、2.4亿斤上下,于十二圩堆储的盐斤在10亿斤左右。十二圩盐业兴盛从清末一直到民国,使一个濒江小镇一跃而为拥有十几万人靠盐业生活的"小都会","岸上纵横设肆,建公所,迭神祠……居然一小会也",甚至还有"小上海"的美称,算是两淮盐业的回光返照。

民国盐运 民国元年(1912),两淮盐运使署被废除,改称两淮盐政局,设总理1人,后又改称为盐运局,恢复两淮盐运使,仍驻扬州。通、泰两属各设总场长,各场设场长。1931年,两淮运使迁板浦办公,将淮北所设运副改称淮南运副,移驻扬州,复于扬州、海州设稽核分所。扬州稽核分所下设泰州、十二圩两稽核支所。

自清中叶起,淮南各场即因海岸东移,旧有的煎盐亭场因离海渐远,潮汐不到,土壤逐渐淡化而遭围垦,灶地日渐缩小,淮南盐产量日益下降。民国年间,淮南盐业愈加衰退。盐场因萎缩而撤并。乃以丰利归并掘港,改名丰掘;栟茶归并角斜,改名栟角;余西归并余东,改名余中;东台归并何垛,改名东何;富安梁垛归并安丰,改名安梁;刘庄归并草堰,仍名草堰;又裁石港、金沙二场。后又将庙湾并入新兴,丁溪并入草堰,东何并入安梁,栟角并入丰掘,吕四并入余中。且将山东的涛雒场,划归两淮管辖,与临兴合并,改称涛青场。光绪三十四年(1908),经两江总督端方奏准,于丰乐镇(今灌云县洋桥镇)招商集资,有商人汪鲁门、叶翰甫等新铺盐圩 21 条、池滩 168 份,从事洒扫,初名同德昌公司,入民国后改名大德制盐公司,此后继起于此铺圩制盐者六家,即张(謇)季直、徐静仁的大阜公司,周扶九、萧云浦、毕儒臣等组建的公济公司,以及大有晋、大源、庆日新、裕通等七公司,因其所制盐产多为南销,以补淮南盐之不足,故名济南场。民国元年(1912),将济南场(即原七公司所属制盐滩地)列为淮北盐场之一。于是两淮共有 10 个盐场,即淮南之余中、丰掘、安梁、草堰、新兴、伍佑 6 场;淮北之济南、板浦、中正、涛青 4 场。淮北盐场专产晒盐,年产量高达 900 万担(每担 50 公斤),约占全国盐产量 18%。内中济南场因规模大,盐滩广阔,所产最多,年产盐平均 400 余万担,最高时曾达 600 万担,中正、板浦次之,涛青最少;淮南各场所产均为煎盐,年产量为 150 万担,约占全国盐产量 3%,以安梁产量较多,丰掘、草堰次之,伍佑、新兴又次之,余中为最少。若以海盐而论,两淮产盐量仍为全国第一。

　　清末至民国年间,淮南盐从盐场到十二圩掣验的运道有两条:一条是由通扬运河经泰州盐掣卡掣放,再经仙女庙巡护卡掣验,经 40 里运河水道至十二圩储存中转;另一条由里下河水道至邵伯六闸巡护卡掣放,再经 35 里运河水道至十二圩储存中转。由十二圩发往上江各地销岸的盐,在运输途中还需经各地关卡验掣后放行。

　　随着时代的进步,运输工具也在发展,盐运自然也不例外。从淮北盐场行销的盐分为岸运、圩运两种。岸运即是由运商购订后,先将盐斤用木帆船从盐场运至连云港所属的燕尾港、堆沟港或陈家港,然后用轮船直接装运,经海途与江道,运至十二圩堆储中转。圩运则是由七公司自行放轮船到自设的海运码头与储盐基地(盐坨),然后亦经海途与江道,装运至十二圩盐栈堆储,通过官方秤放局掣交运商,再由运商用帆船分运上江各省岸。在直接轮运岸盐未实行前,十二圩储量、销量盐斤至巨,该处帆运江船有十八帮之多,共 2000 多艘。岸盐直运后,储销数量下降。从 1922 年至 1929 年,从淮北盐场运往十二圩的盐为 3404.5 万担,占整个淮北盐销售额的 58%,平均每年运量为 425.56 万担。

民国年间,江苏盐税收入在整个国家财政收入中的比重占到3.5%,产量占全国盐产量的20%,因此对生产和管理均比较重视,在基本建设上亦有所兴革。但因外债缠身,国力不达,只有将负担转嫁到商、民身上,因而捐税成灾,盐价昂贵。初时规定每百斤食盐一律征税2元5角,称为正税,但运到湘、鄂、赣等省正税负担均超过3元到3元5角。此后各地不断自行增添附加税,越增越大。到了1927年,湘岸正、附税高达13元5角,赣岸也达10元2角,群众购买力萎缩,产大于销,积滞严重,到抗战前已衰败不堪。殆至抗战爆发,国民政府征用十二圩近千艘江船,装上石块沉于江阴与马当山江中,以阻止日军从江路西犯,继而扬州沦陷,十二圩盐运已不复存在。

三、沟通南北的百货运输

大运河初期开凿的目的虽然是出于军事的需要,但此后隋炀帝对运河的大规模整治与疏导,则是出于政治、军事、经济、漕运乃至巡幸的需要,但这一伟大工程由于其所涉及的范围、地域之广阔和重要,事实上它所承载的作用早已超越原先的需求,而与沿河地区的交通运输、物资交流、商业贸易和城市经济发展等诸多方面紧密交织,不可分割。而扬州正是因其所处区位之优越,故从唐代脱颖而出,成为彼时仅次于京城长安的大都市,有"扬一益二"之说。无论是城市规模和商业繁盛,都居江南之首。

唐代商运 扬州商业的发展早在吴王刘濞时期即见端倪。到了南北朝时期已是"车挂轊,人驾肩,廛闬扑地,歌吹沸天。擎货盐田,铲利铜山"的繁盛景象。中间虽经战乱,但入唐以后,社会稳定,江南农业生产水平提高很快,手工业亦因之得到恢复和发展,产品大量增加,促使了商业的繁荣。加之扬州人素有经商的习惯,扬州大都督府长史李袭誉就曾说:"扬州江吴大都会,俗喜商贾不事农。"到了武则天长安年间,"扬州地当冲要,多富商大贾、珠翠珍怪之产",竟然成为人们对扬州多商人的共识。但扬州商业最为繁盛的时代还是中唐以后,安史之乱使中原处于战火之中,大批北人南下,舟车相属,昼夜不绝。其中除官员外就是大批商人。他们大多聚集在扬州官河(运河)两岸,

"又侨寄衣冠及工商等多侵衢造宅,行旅拥塞",迫使当时的淮南节度使杜亚整治蜀冈上的勾城湖、爱敬陂(即陈公塘),同时"起隄贯城,以通大舟"。此后盐铁使王播又于宝历二年(826)开七里港河,漕船绕道城外,不复由城内航行,自此"舟航易济"。交通的畅达,进一步促进了商业的繁盛。唐诗里的"夜桥灯火连星汉,水郭帆樯近斗牛","万艘江县郭,一树海人家","蜀船红锦重,越橐水沉堆",即是彼时水运繁忙、南北货物畅流的真实写照。大历、贞元年间,有余大娘航船"南至江西,北至淮南,岁一往来,其利甚博",是一位腰缠万贯的商界富婆。因此,从扬州经过的商品,既有将扬州作为集散地的货物,也有来自上江和闽广,以及江南从扬州经过运往京城的贡品和商货。其中著名的有:润州丹阳郡进贡的用绫制成的多种花纹或装饰的衫罗和土产品、水产品;常州郡进贡的各种绌、绢、布、纻纺织品和香粳米、龙凤席、紫笋茶、薯预(即山药)等农副产品;苏州吴郡进贡的丝葛、丝棉、八蚕丝、绯绫、布,以及许多土特产品:白角簟、草席、鞋、香粳米、柑、橘、藕,及多种水产品等。

　　农业的发展带动了扬州手工业和制造业的发展,不但作场林立,行业众多,而且制作精美。其中有制盐、制糖、制茶、制药、酿酒、丝织、成衣、制帽、土木建筑、铸钱、造纸、雕版印刷、军器制造、乐器制造、石刻,以及铜器、青铜器、铁器、金银器、漆器、木器、骨器、玉器、陶瓷等行当。众多手工业产品除一部分自我消费外,还运往京城或大江南北。

　　在众多的手工业作坊中,以铜器制作最为著名。扬州不但古时产铜,且铸铜历史悠久,汉代就受人称道。铜器多为日用品,如铜盂、铜盘、铜叠(碟),铜灯等。其中青铜镜的制作尤称上品,张鷟的《朝野佥载》中记载道:"中宗令扬州造方丈镜,铸铜为桂树,金花银叶,帝每骑马自照,人马并在镜中。"镜上的"金花银叶",是指在镜的背面用胶漆贴以金、银薄片,裁制成人物、花鸟、人兽之形,然后在图形上髹漆数重,并加研磨,使其原形显露,被称为金银平脱法,工艺繁难,乃镜中之极品。此外如"鼻盘龙"的江心镜,以及"背有盘龙,长三尺四寸五分,势如生动"的水心镜等都是扬州镜中的上品。扬州镜除进贡外,还畅销海内外,被人们珍视。虽然价格不低,一面镜有时要值到二十匹绢或三十石米价，但爱者不绝。近年来在中亚、西亚和日本均有中国铜镜发现，其中部分即出自扬州。

早期淮南（包括扬州）和江南的纺织业并不发达，远不如河南、山东等地的精美。开元年间，淮南进贡京城的纺织品多为交梭纻布、孔雀熟丝布等，扬州的纺织贡品也仅为以麻类为原料的莞席、细纻之类，但到了天宝年间即发生了重大变化，扬州以丝为原料的织锦产品已堂皇入市，并且被水陆转运使韦坚作为贡品用船装往京城的广运潭中陈列，引起轰动。当时广运潭内堪称是贡品陈列的"广交会"，来自全国数十郡的贡品船多达二三百条，每条船上都署牌写有所贡产地，广陵郡船上装的是"锦、镜、铜器、海味"，锦已被列为第一种贡品，其品之佳，当可概见。安史乱后，北方大批工匠避乱南下，织匠们有了相互交流的机会，纺织品质量提高很快，成书于贞元年间的杜佑《通典》开列江淮各地贡物，广陵有 17 种之多，在各郡府中名列第一。内中除金、银、铜器，土产品、海产品和药材外，其中丝织品就有锦袍、锦被、半臂锦、新加锦袍、独窠细绫等 6 种。扬州遂成为御服及其器用重要的供应基地。除作为贡品外，淮南节度使还常以绫绢作为日常进奉之品，例如王播于宝历元年（825）七月一次即进绢 100 万匹，并请日进 2 万匹，50 日方止，共计 200 万匹。在崔致远的《桂苑笔耕集》中，高骈由镇海节度使调任淮南节度使，一次从扬州运往长安进贡的漆器就多达 15935 件。到任之初，即进奉御衣所需绫锦等 9678 段，后又进绫、绢、锦绮 10 万匹。崔在进奉的表文中曾用"薄惭蝉翼，轻愧鸿毛，然而舒长则冰雪交光，叠积则余霞斗彩"来形容和赞赏绫锦的轻柔和华美。

在纺织品所制成品中，扬州毡帽也很有名。《旧唐书·裴度传》记载了这样一个故事：元和十年（815）六月，御史中丞裴度夜骑马忽遇刺客，"盗三以剑击度……后微伤其首，度坠马。会度带毡帽，故创不至深"。因为裴度戴着帽子，帽子厚，得以不死。扬州毡帽由此天下闻名，许多人以有一顶扬州毡帽为荣。诗人李廓在《长安少年行》中有句云："划戴扬州帽，重薰异国香。"活脱脱地刻画出长安官家子弟因戴有扬州帽的得意之态。

扬州彼时的茶市亦很繁荣,江南已成为产茶的主要基地。"江南百姓营生,多以种茶为业"。仅江南道就"每岁出茶七百万驮,税十五万余贯"。"而江淮之人,什二、三以茶为业"。当时北方已开始有饮茶的习惯,《封氏闻见记》说:"自邹、齐、沧、棣,渐至京邑,城市多开店铺,煎茶卖之,不问道俗,投钱取饮。其茶自江淮而来,舟车相继,所在山积,色额甚多。"江南大批茶业北运大都在扬州中转,形成扬州繁盛的茶市。

唐代扬州还出土了数量可观的日用陶瓷器残片。不但品类繁多,色彩也很丰富。唐代全国著名的瓷器产地,如寿州(今安徽寿县),越州(今浙江绍兴)、鼎州(今湖南常德)、婺州(今浙江金华)、岳州(今湖南岳阳市)、洪州(今江西南昌)、新平镇(今江西景德镇)以及宜兴瓷均有发现。这些陶瓷器既供扬州人日用,亦可由此转运其他地方。

扬州地区盛产多种药材,据《扬州府志》记载不下百种。其中蜜姜、藕、菟丝、蛇粟、括蒌曾被扬州大都督府作为贡品进贡长安。同时扬州又是大量进口药材的市场,其中有:产于南海的甲香,产于印尼苏门答腊的龙脑、安息香,产于伊拉克巴格达的青木香,产于印度的董陆香、胡椒,产于东南亚的荜拨、诃梨勒,产于伊朗、印度的阿魏等。这些药物不仅从运河运往内地,有些还东运日本,促进了日本医学的发展。

到扬州来从事商业活动的还有许多外国人,比较多见的是来自波斯、大食等国的胡商,他们或从丝绸之路先到达长安,然后再从运河转往扬州;或由海路从印度洋取道马六甲海峡到达广州,然后由广州经洪州,沿长江顺流而下。他们来扬主要经营珠宝业及贵重药品。安史之乱后,陆上丝绸之路不通,胡商乃从海上丝绸之路集聚于扬州。有一件史实可证,《旧唐书·田神功传》中记载,淮南节度使邓景山邀请平卢兵马使田神功来扬协助平定刘展之乱,谁知田神功将此视为发财机会,"神功至扬州,大掠居人资产,鞭笞发掘略尽,商胡大食、波斯等商旅死者数千人"。其中当不包括逃生者。于此可知当时扬州胡商之多,他们大多是身价巨万的珠宝商或药材商。20世纪的70年代,考古部门从扬州唐城遗址的手工业作坊中出土了一些人面三彩像,其中就有深目高鼻的胡人头像和形似马来人的头部陶范,均可说明彼时胡商已融入当地居民的生活之中,成为个中之一员。

宋代商运 唐末和五代扬州迭遭战乱,破坏极大,损失惨重。北宋结束了五代十国的分裂割据局面,扬州的经济有所恢复,又成为淮南东路的政治经济中心,但已无复唐时之规模。宋人洪迈说,"本朝承平百七十年,(扬州)尚不能及唐之什一"(《容斋随笔》卷九)。

宋代的扬州商人可以临街开店,已突破唐代的"坊市"之设。扬州的商市已和北宋的都城汴梁一样,到处都有销铺邸店(旅馆)和酒楼饭馆,不但有早市,晚上还有喧闹的夜市。神宗熙宁十年(1077)以前的商务机构,扬州已达七务,商税额在全国35个城市中占第三位,次于京城和杭州,所收接近8万贯。

宋代是个软弱的王朝,宿敌多在北方,其经济基本依靠南方供给,运河是其真正的生命线。《宋史》卷九三《河渠三》坦言:"唯汴水(运河)横亘中国,首承大河,漕引江、湖,利尽南海,半天下之财赋,并山泽之百货,悉由此路而进。""汴口之入,岁常数百万斛,金钱布帛,百物之备,不可胜计。"粮食与货物除送往京城外,还要供养河北、河东、陕西等地的军队,以抗击辽、西夏、金的入侵。由扬州转运和集散的货物除粮、盐外,还有金、银、钱、帛、茶等多种军用物资和生活日用品,数量也不小。四川距京城较远,运往京城的以布帛为主;广南东路是对外贸易港所在地,故由赣江、长江及运河运至京师的物品,则以金、银、香药、犀角、象牙及百货为主。内中南方所贡白银,竟占到国用的99.6%,钱物则占到85%。宋真宗天禧末年,由南方运往京城以及供河北军士食用的不完全帐目数字:"天禧末,诸州军水运陆运上供金帛缗钱十三万一千余(《文献通考》作二十三万一千余贯),珠宝香药三十七万五千斤……川益诸州布,自嘉州水运至荆南,遣纲送京师,岁六十六万,分十纲。江、湖、浙、建茶,亦水运送沿江榷务。"(《古今图书集成》第六八九册·第一五七卷·漕运部》)

茶是北运最为重要的货物之一,江南、两浙和太湖流域的常、苏、秀、杭、越、明诸州均盛产茶叶,不但种植规模大,且多名品,如毗陵(今常州)之阳羡茶、绍兴之日铸茶，以及作为贡品的苏州洞庭山茶等。真州则是重要的进出口门。宋代运入京城的货物都是随漕粮编纲入运，因此颇难知其确切数字。但我们知道茶税是彼时政府一项重要的收入，茶利数百万缗，皆取给于东南，其数量决不是小数。随茶一道上贡的，还有柑桔，温州永嘉和苏州洞庭之桔，都是天下名品。当时的江淮发运使李溥，为了讨好京城官员和后宫，"则以大船载东南美货，结纳当途，莫知纪极"，他以羡余钱买茶数千斤，"自国门挽船而入，称进奉茶纲，有司不敢问"。后来竟然成为发运使入朝时的定例，"每发运使入奏，舳舻蔽江，自泗州七日至京"。《墨客挥犀》的作者出使淮南扬州一带，看到有重载船到汴京，其中运两浙笺纸的重载船就有三条，其他货物可想而知。

宋代的纲运延至宋徽宗期间，因花石纲的运输，即遭到了重大破坏。宋徽宗赵佶和以蔡京为首的"六贼"对人民进行敲骨吸髓的盘剥，过着骄奢淫逸的生活。他们派童贯主持"苏杭造作局"，役使苏杭数千名工匠为其制造奢侈品。又命苏州的小混混叫朱勔的主持"苏杭应奉局"，专门负责搜刮民间的珍宝玩好和奇花异石，然后从苏州用船装运，沿大运河直送东京，置于艮岳之中，供皇帝个人观赏。这种船十条编为一组，称"花石纲"，有的船只使用的役夫多至数千人，一块石头所需的费用，民间至用钱三十万贯。从此江南和沿河人民便遭了大灾。徽宗政和三年（1113）春，朱勔在太湖鼋山发现一块奇特的太湖石，长四丈有余，宽有二丈多，长得玲珑剔透，上有窍穴千百，确实非人工所能雕琢。这时苏州郡守宅后的池光亭台上有一棵桧树，世人相传是唐诗人白居易手植，也长得夭矫屈曲，如巨龙盘折，朱勔花银八千缗造大船两艘，准备将奇石和桧树用二船一同运装。此时的大运河并没有如现在这般宽畅，沿河闸坝就更窄了，装载花石纲的船只往往无法通过。朱勔和他的手下可不管沿河人民的死活，凡桥梁闸坝过不去的，一律拆除或破坏，甚至拆去城郭也在所不惜，例如他曾拆去汴京水门城墙，致使河水大量走泄。因为运输不畅，一时无法运走的，即丢弃于当地，今日我们尚可在瘦西湖公园和扬州园林的假山中见到它们的遗迹。为了多装快运，朱勔还大量挪用沿运河运粮的大而好的漕船运花石纲,而以小旧船运漕粮,使转般仓制度荒废,漕运无法运输,东京军民因乏食而怨怒,朝廷却置之不问。当然,北宋王朝的命运也就岌岌可危了。

宋高宗绍兴十一年(1141),宋金议和,双方以淮河为界,暂时停止了攻伐,扬州地区的经济稍有恢复。到了孝宗时,淮南一带出现了"田野加辟,年谷屡登"的景象。手工业、商业也随之发展起来,其中盐、茶是大宗,仍实行所谓"榷卖"。茶叶的榷卖是通过13个"山场"和6个"榷货务"来进行的。13个山场都在淮南地区,真州务出售江南路歙州(今安徽歙县)、袁州(今江西宜春)、兴国军(今江西兴国)、荆湖路潭州(今湖南长沙)、岳州(今湖南岳阳)等13州郡出产的茶。这些茶叶从以上各州、郡通过江湖运道运往真州,再由商人运往各地贩卖。此外,官商贩运的物品还有丝、瓷、木、酒、醋等。但运量已大不如前,可谓江河日下。

元代商运 "元都于燕,去江南极远,而百司庶府之繁,卫士编民之众,无不仰给江南"。虽然元代漕运以海运为主,每年从江南运粮100多万石至北方,但这主要是供元代统治集团享用,供社会需求并不多,京城大都居民的"所用粮斛,全藉客旅兴贩供给"。因此,河漕此后虽不居重要位置,但运河在便利民间粮运和商人贸易,沟通南北物流方面,仍然具有相当重要的作用。其中日用品、手工业品和盐的运输尤令人瞩目。元代江南的丝织业、棉织业和陶瓷业均较发达。苏州、杭州、南京、吴兴等地,是当时丝织工业较为集中的城市。江浙的丝织品质量高,且品种多,有丝棉、绫、罗、绸等品种。松江的棉布和印染技术在全国独步一时。江西景德镇的瓷器和浙江、福建的青瓷,不但供应全国,而且运销海外,当然也是运往大都的货物。元诗人张翥在《蜕庵集》中有诗句写道:"一日粮船到直沽,吴茧越布满街衢。"这说明运往大都的粮船,是伴随着大量日用品和纺织品一道入京的。而马可·波罗在他的游记中曾赞美大都说:"汗八里城里像是商民的一个大商场,世界上再没有城市能运进这些少见的宝货。每天运进的丝就有千车。"这些丝有不少即是由扬州中转运往北方的。当时有一个名叫张文盛的大商人,其人资产丰厚,经商活动范围广阔,南到福建、广东,北到山东、大都,都有他的买卖。

明代商运　自明王朝建都北京后,扬州即成了木材、砖瓦等建筑材料和供封建统治者享用的奢侈物品的进出通道。明成祖永乐十五年(1417),平江伯陈瑄曾督运木材经扬州,因运河水浅,不得不开五塘之水以济运。为转运建筑材料,瓜洲港专门设有砖瓦厂公馆。成化二十二年(1486),南京工部设在仪征的工部分司在仪征设砖瓦厂二,两砖瓦厂可存放 500 万块砖瓦以供中转。永乐中,为营造陵寝,专门腾出主要港口中转北运的木材,竟使瓜洲东港淤塞,其运量之大可想而知。中间木材营运虽有停顿,但至明武宗正德年间,又派人去湖广、四川、贵州采木,由侍郎刘丙督运,从扬州转运北京。明世宗嘉靖二十六年(1547),工部侍郎刘伯跃去湖南、贵州、四川等地采木,向北京转运,在一个省就用银 390 万两,使沿河人民不堪其扰。明神宗万历年间又派人去湖广、四川、贵州采楠木、杉木,费银 930 万两。

江西景德镇的瓷器在明代已誉满全国。隆庆帝在位仅 6 年,景德镇即为宫廷烧瓷 10 万余件。万历十九年(1591)开始,又下令烧造 23 万件。这些瓷器均经瓜、仪二港由扬州北上。一直到万历三十八年,经过瓜、仪二港向北京转运的瓷器仍持续不断。

永乐年间,有专为运输宫廷享受用品的快船(也叫差船)788 艘,用来运载时鲜果品、笋、茶、禽、蛋、竹木器具等。这些船也须经扬州北上以达京师。其他物品则有广东的珍珠,云南的宝石,苏杭的织锦等。明英宗天顺八年(1464),转运苏杭织锦有 7 万匹。万历年间,除苏、松、杭、嘉、湖 5 府织造品外,又令浙、福、常、镇、徽、宁、扬、广增加 1 万匹,两三年内用银百万两。

明代江苏是纺织业最发达的地区,民谚有"买不尽的松江布"之说。松江标布,走秦、晋、京边诸路,"冀北巨商,挟资千亿……风餐水宿,达于苏常……日十五万匹"。嘉定布亦受北方人欢迎,销路"近自杭、歙、清、济,远至蓟、辽、山、陕"。常熟的棉布,"捆载舟输行贾于齐、鲁之境者常什六"。无锡布除销上江外,亦销北方。总计苏松地区每年产布 4500 万匹,外销高达 4000 万匹,大都经扬州入境至北方市场销售。江南还是丝织品的产地和市场,杭、嘉、湖、苏 4 府及江南运河一线,以湖州所产最发达,也最著名,有"湖郡蚕桑之饶,衣被天下"的说法。江南丝绸除经扬州北上,还有一部分则从海上丝绸之路销往海外。

明代,许多工匠从工奴的地位中解放出来,生产积极性提高,手工业生产发展迅速。扬州出现了由师傅、家庭成员和少数帮工、学徒组成的手工业作坊和农村家庭手工业。在手工业制作方面,其中主要是供达官贵人享用的漆器、玉器、缕金器、刺绣、香粉和市民日用的铜器、纺织和竹木器等,当时的漆器制作工艺有彩绘漆、雕漆、平磨螺钿、骨石镶嵌、百宝镶嵌等,产品则有瓶、盒、盘、屏风、桌椅和厨柜等物,到后期还涌现出江千里、周翥以及漆艺大师卢映之、卢葵生祖孙的木雕漆砂砚等名闻四方的漆工艺人。江千里制作的螺钿酒杯,竟使诗人发出"螺钿妆成翡翠光,紫霞秋沏婺州香(金华酒)"的赞叹,而周翥所制的漆制屏柜、几案,纯用百宝镶嵌,人物、花鸟颇为精致,被称为"周制"。清代学者钱咏在《履园丛话》中曾记载说:"周制之法,惟扬州有之。明末有周姓始创此法,故名周制。"名工巧匠们的作品,除了送往京城,亦供外销。

万历年间,意大利传教士利玛窦从江南沿运河北上,在其所著的《利玛窦中国游记》中写道:"从水路进北京城,或者出北京城,都要通过运河,运河是为运送货物进北京城而建造的。他们说,有上万条船从事这种商业,他们全都来自江西、浙江、南京、湖广和山东五省。"从这段记载亦可见明代扬州段运河商货运输的盛况。

明代商业的繁盛与明政府中叶准许漕运人员附载一定数量的土宜,免其抽税,以补助漕运人员途中生计和运粮脚价之不足大有关系。明成化十年(1474),政府作出规定,每艘漕船可附带土产10石,并只能"易换油盐"。但一旦开禁,漕船中的贩私现象即有增无减,"逐利"已成洪水之势无法遏止,到嘉靖时,已增加至40石,万历六年达到60石。但实际远不止此数。天启二年(1622),工部尚书王佐疏饬漕运三政,其中之一就是:"漕之迟,迟在贸易。漕规:每船正粮不过五六百石。乃装载私货,不啻数倍。沿途贸易,辗转迟误。"这几乎已成为无法逆转之势,但客观上却为沿河经济的发展、商业的繁荣和为许多明星市镇的出现创造了契机。

清代商运　清代扬州的商品经济比起明代有较大的发展,与外地的经济交流往来也更为频繁,其特点是商品品种多,流量大,流向广。扬州除了是漕运的通过港,盐运的集散地而外,还是贡物、建筑材料、纺织品、茶叶以及其他土特产品的通过或转运港口。

规模大且较集中的当然是由官府组织的运输。自康熙二年(1663)起,清朝统治者大兴土木,在河北遵化县马兰峪和蓟县相连接的吕瑞山(又名凤凰山)营造陵寝。到道光二十年(1840)前,先后建造了皇太极的后、昭二陵、顺治孝陵、康熙景陵、乾隆裕陵。建陵所需的川、广、云、贵等八省的金丝楠木,江西、浙江及苏州、无锡等地烧造的金砖,用专门配备的100只驳船通过大运河转运京师。扬州是它的重要通过港之一。

顺治年间,清政府开始设局造币。设在北京的铸币局有宝泉、宝源二局,一年可铸币十亿余钱。铸币所需的铜铅,多从云南由长江经运河运进京师。这同样要途经瓜、仪二港。据《清朝文献通考》记载,乾隆三十五年(1770)户部查议,云南向北京运铜,全年达639万余觔(斤)。最高额竟达1378万斤。

清王朝为满足皇宫和官员的消费,还要通过运河转运大量的贡品与官物。其范围极广,衣食住行无所不包。除了金、银、铁、锡、珠、玉、宝石、朱砂、黄丹、降香、白蜡之外,还有供皇室和百官饮用的茶、酒和各种南方果品。日用品有瓷器、香粉,工艺品有玉器、漆器和红木家具。进贡的玉器既有精美的日常用品和古玩杂件,也有工艺绝伦、规模宏大的玉器大件,例如扬州进贡的"大禹治水"白玉山,重约1.07万斤,从选料、设计到琢制完成耗时10年,用工15万个。乾隆五十二年(1787)六月十三日从扬州天宁寺码头上船,于八月十六日抵京,整整走了两个多月。漆器也是两淮盐政的重要贡品。清宫档案乾隆十五年、三十六年、五十四年扬州向朝廷进贡的漆器,其工艺有紫檀周制、螺钿镶嵌、雕漆、彩漆、填漆、彩勾等,品种包括大到御案、宝座、床榻、桌柜、屏风,小至各种箱、扇、盘、盒、碗、碟等器皿,可谓应有尽有。清初用苏州章缎和棉布同样是向京城进贡的重要物品。清初用苏州章缎制作的长袍、马褂气度高雅,不沾灰尘,是皇室和官员主要的服饰用料。章缎生产的全盛时期,织机多达 800 台,年产量 8 万多匹。南京出产的云锦、宁绸皆属丝织物中之上品,其时杭州、苏州、南京皆设有织造局,可算是清政府制作御用丝绸织品的工厂。而这些贡物毫无例外地均要由扬州转往北京。

从扬州瓜、仪两港通过的各式民船更为多样。有从黄河经清口自扬州出口的西河船,自山东运河来的北河船,自河南及安徽凤、庐等处由洪泽湖转行而来的南河船等,这是南下的船;有从湖南、湖北、江西经长江顺流而下的竹木排,有以桐油、茶叶、瓷器、粮食为大宗的经运河北上或分运里下河地区的杂货船,而江南的棉布"坐贾收之,捆载而贸于淮、扬、高(邮)、宝(应)等处。一岁交易,不下数十百万"。扬州还是东南沿海各地重要的粮食集散市场。从乾隆七年至十年,每年粮食税的收入,竟占扬州每年税关收入的 32.7%,粮食贸易在扬州商业贸易中的地位可想而知,其运量之大亦不难想像。在这里需要特别指出的是漕船携带土宜对商品流通所发挥的作用。

嘉庆年间,漕船许带土宜每船达 150 石,比明代翻了一番有余,因此穿越扬州的漕船所带南北免税土宜非常可观。漕船所带土宜乃各省之土特产品,货物种类繁多,粗细大小不等,按石计算漫无一定。因此乾隆四年(1739)题准:"分别货物粗细,酌量捆束大小定数作石,于过淮(淮安)盘粮厅右立榜晓谕"(见《漕运则例纂》卷一三《过淮签盘》)。即按商货种类分别以箱、篓、桶、包、捆、块或斤数、个数作石,以便盘查。

例如:纸张论石,所列纸张种类多达 36 种。如扛连纸六篓算作一石,表心纸二块算作一石,余类推。如小桑皮纸十六块,九江纸十六块(小的四十捆)等;

杂货论石,所列杂货 34 种。如笆蕉扇四包算作一石,松香一桶,烟叶每百斤,白蜡二包,梳子两篓,漆两桶,麻百斤(小捆八十六捆)等;

食物论石,所列食品 31 种。如橘饼一桶算作一石,藕粉一桶,香蕈二篓,胡椒一包,皮蛋二坛,紫菜、淡菜每百斤,腐乳五大坛(小百罐)等等;

竹木器论石,所列竹木器 16 种。如筷子四包算作一石,马桶三十个,澡

桶四个,伞一百把,棕一大捆等;

　　油论石共七种:柏油一大篓(小二篓),香油二坛,虾油百斤,桂油二坛(小四缸),桐油一大篓(小二篓)等;

　　糖论石共四种:冰糖一桶算作一石,大糖包一个算二石,小糖包二个算一石等;

　　药材论石共十八种。如陈皮二篓,竹叶二十捆,砂仁一大篓(小二篓),土茯苓一百斤,川芎一包等;

　　酒论石六种。如泉酒四坛算作一石,包酒十六包,绍兴酒三坛等;

　　磁器论石一大桶,或磁器一中桶,或磁器二十四子,或中磁瓷一篮,或小磁器二篮等;

　　铁器论石八种。条铁一包,大酒锅六口,中锅十八口,耳锅三十口,钢条包半(小二包)铜铁丝二小包等。

　　布匹论石七种。浜布六卷,水纱布六包,袜箱一个,生白布十二筒,手巾一大箱等;

　　绸缎论石四种。缎子二箱,包头一百联,丝棉一百斤,线二箱。

　　此外尚有窑货、扫把、扁石、木炭、竹子、杉槁、木头等俱不算货。

　　上列土宜共分十二大类,多达一二百种。为江南漕运各省大体相同者,还有不同品种与装运方式有别的尚有名录,兹不再列举。可见种类确实繁多,大体为农副产品和手工业产品,来自农村和市镇。因此附载土宜不但是漕运人员牟利的途径,也是农民和手工业者的谋利渠道。据张照东《清代漕运与南北物资交流》统计表所示,每年通过漕船附带并流通的南北货物平均达400万石以上,流通量已超过清政府每年运抵京城的漕粮总额。实际远远不止官书所载的上述数字。这些货物随漕运行,畅通无阻,且可免税,故"贸易土宜,利倍什一"(见《清朝通典》卷十一《食货·漕运》)。

　　扬州交通便捷,南北货流通迅速,乾隆年间,"四方豪商大贾鳞集麇至,侨寄户居者不下数十万",盐商大贾的日益富饶需要享乐和消费,必然促进商业的繁荣,使商业网点增多,店铺林立,由此还带动了专业性市场的兴起和服务性行业的发达。例如罗湾街以出售箩筐、竹篮为主;多子街,即缎子街,两侧皆缎铺;翠花街,一名新盛街,多珠翠首饰铺;皮市街,以经营毛皮货料而得名。而扬州著名的"三把刀"则是专为消费休闲而兴旺的行业。同时还出现了由各地商人在扬州建立的会馆,如江西会馆、湖南会馆、岭南会馆等。因而使扬州于乾隆年间跻身世界十大 50 万人口以上的城市之列。

扬州在清代能成为重要的商业城市,与运河关系极大,运河一旦梗阻或淤塞,即会对扬州的经济造成影响。咸丰五年(1855)六月,黄河在河南铜瓦厢决口,改道张秋注入渤海,北方河道淤成平陆,加之缺乏水源,运河南北隔绝,漕运被海运中转替代,扬州失去了漕运中转港的地位。继而因盐的纲引制改为票盐制,扬州又失去了六省盐运集散地的地位和广阔的经济腹地。随着津浦铁路的修筑,南北客货运改由铁路,扬州区域性河道中转港地位进一步削弱,经济亦由繁荣而转为衰败。

民国商运 民国年间的运河已经降为区域性的河道,其水运作用与往昔已不可同日而语。但就苏北而言,仍不失为重要的水上通道,作为农副产品和家庭手工业产品运往上海和江南的主要航线,在此期间,依然发挥着不可替代的作用。以民国二十一年(1932)调查为例,从江南进入扬州地区的货物主要"有匹头(棉布)、丝织品、洋广货及南北货为多,煤炭、木材、糖及(煤)油次之。出口则以酱菜、漆器、小麦、籼稻等为最多,糯稻、大麦、蛋、火腿、牙刷次之。数量方面,尤以小麦及籼稻出口为最夥,各达八十余万石之多。"(《中国实业志·江苏省》第四编第五章)以及扬州谢馥春的生发油、香粉以及吴正泰的卫生香等。手工艺品有漆器、铜锡器等。民国初年,漆器外销量有所扩大,平均每十天到半月就有一船漆器运出,年销量 2 至 3 万件。当时扬州的漆器作坊有 20 余家,其中以设在参府街太平巷的梁福盛漆器作坊为最,有工人近三百名,年产漆器一万件以上,产品除内销、入供而外,还远销欧美诸国。据民国二十二年统计:高邮有碾米厂 15 家,兴化有 10 家。泰州泰来面粉厂,每年加工小麦达 45 万担,多采运自里下河地区,每年产粉能力号称百万包,实产 90 万包,除本区销售外,多从水路运往苏南和上海。兴化县有榨油厂 9 家,原料也来自里下河地区,油饼均运往上海,外销日本,豆油则几乎销遍全国。扬州 7 家火腿栈年产火腿 2.9 万只,泰州两家年产 1 万只,除本地销售外,以销往上海为多。兴化有两家制蛋厂和扬州乾源蛋厂(后有汉兴祥蛋厂)生产干蛋白和湿蛋黄,亦销往上海。而家禽和猪的收购销售数目亦不小:1932 年,扬州地区销往南京、上海、镇江的家禽,宝应 10 万只、高邮 20 万只、江都 10 万只;猪就有高邮 2 万只、江都邵伯 4 千只、宝应 3 万只。民国 21 年 4 月,江苏省政府曾对该月经过邵伯镇的运河运输船只进行统计,"向上游运输者为 81054 吨,向下游运输者为 45063 吨。上行货船计 3746 艘,下行货船则为 2413 艘,每船之载重量最多为 30 吨左右。除载重船只外,尚有 2920(只)空船经过该镇"(《江苏水利全书》卷二十一)。

民国的扬州木帆船货运常常按运输货种的不同,靠码头集中系泊,时间一长,即自成一帮。如泰州有虾蛋帮、泰兴猪帮、泰县酒帮等。扬州一带尤以扬帮船名目为多。如黄金坝自古以来设鱼市,由鱼船满载来此交易;便益门码头设"八鲜"行,专卖菱、藕、芋、茨菇、柿、虾、蚌螯、萝卜等货,早晚不同,以运送迟速分优劣。其小船在运河中航行如飞,称为"八鲜帮"。福运门码头为南货行,所售皆大江以南产品,为其运输的船称为"南货帮"。今渡江桥下河岸一带则是"菜划帮"范围,除运郊区蔬菜至镇江出售外,还将猪、牛、鸡、鸭、鹅、鲜蛋运往镇江再转售他处。通扬桥北首储草坡(今谐音"猪草坡")系"柴草帮"所在地,瓜洲船常装载江中芦苇于此销售,供居民作柴薪。大水湾有"咸

民国扬州运河上的纤夫

货帮"，有散装船运送扬州酱菜至上海。东关河边系"粮船帮"，专运粮食由淮安、宝应、高邮、兴化和邵伯、仙女庙直至扬州，船籍来自下河，又称"邵伯帮"或"盐阜帮"。此类船帮，多为乡亲组成，互相依傍，属于自发的木船运输组织，有别于明清的帮会。

民国十二年（1923）发生齐卢战争，瓜洲入江口受到战火威胁，上海轮船以扬州霍家桥为口岸，与里运河、中运河、淮河沟通，时称"小长江线"。京杭运河苏北段一线及里下河地区的出口物资以小麦、大豆、杂粮为大宗，棉花次之。其他土特产品，如鲜蛋、家禽、鱼虾、猪、羊、猪鬃、肠衣、咸肉、皮毛骨、植物油等。其中鲜蛋、家禽、活猪、鱼虾，每天都有大批运往上海，供应市场。平均每个航次装载粮食4000—5000包，鸡鸭5000—6000笼，蛋品700篓左右。直至抗日战争爆发，扬州沦陷，沪霍线亦告中断。扬州水运遂陷入萧条期。

四、当代扬州的内河商运

新中国建立后，水利和交通部门遵照"统一规划、综合治理、分期建设"的方针，对苏北地区的河道进行了一系列的整治疏浚和渠化航道工作。扬州地区通过治淮工程，扩大淮河入江水道，开挖和整治里运河的干线支流通扬运河、南官河和盐邵线航道，特别是1958年开始进行的京杭运河第一次大规模整治工程，里运河全线得到初步整治，其间增建船闸，河湖分离，航运日益便捷。但是基于当时财力物力的限制和三年困难时期，整治工程未能全部实施，有些河段通行500吨船即感困难。后来则因为十年动乱的干扰和破坏，生产停滞，管理废弛，扬州地区的航道大多通而不畅。中共十一届三中全会以后，随着改革开放形势的深入，航运在国民经济发展过程中的地位和作用日益显著，为了北煤南运的需要，又于1982年3月开始京杭运河徐扬段续建工程的建设，要求按二级航道标准开挖，经过长达6年的连续努力，至1987年底完工，这堪称是继隋炀帝以来苏北运河又一次脱胎换骨的变化。航道更加顺直、宽畅，可以通行2000吨级顶推驳船队，京杭运河里运河航道确实已成为扬州地区融航运、灌溉、防洪、排涝、绿化、环保、养殖以及旅游为一体的综合性黄金水道,发挥了巨大的经济效益与社会效益。

新中国建立初期,对木船运输采取"维持数量、提高质量、限制发展"的方针,以调节运力过剩的矛盾。1955 年底,木帆船运输由个体经营走上合作化道路,至 1960 年左右,全区的木帆船合作社多演变为航运公司。为了对苏北运河进行统一有效的经营管理,1976 年 1 月,江苏省运河航运公司成立,管理范围为苏北运河全段,全长 404 公里。隶属江苏省交通厅和地区双重领导,全面负责京杭运河苏北段的客货运输经营。1983 年,中共中央发出 1 号文件,鼓励城乡个体劳动者经营水运,随着交通运输市场的逐步开放,国营和公私合营式的轮船公司和航运公司逐渐萎缩,以私营企业和个体运输户为主的船队和船只已在运河上占主导地位,船只也从木帆船、挂桨机器向轮机船演化,从 20 世纪 90 年代开始,运河上还出现了新型的运输形式——顶推船队。2005 年后,运河上的航船基本已被钢质船代替。船只大型化、规范化的现象逐步凸现,运输量也增长迅速。

京杭运河扬州段的商货运输,新中国成立之初以农副产品、手工艺品和日用品为主,并形成以市、县港口为枢纽向四方辐射的不定期货运航线的水运货物集散中心。在市属港口(原称专区)则开辟定期定线的货运航线,简称定期货班。如江苏省扬州市轮船运输公司(简称扬轮)开辟的申盐线(上海至盐城)、泰宁线(泰州至南京)、建口线(建湖至口岸)等。以申盐定期货班为例,全程 426.5 公里,一段时期,从上海、苏南地区运送稻种、农药、化肥在货源中占有很大比重。扬轮公司 1988 年年货运量曾达到 112.5 万吨、货物周转量 28953 万吨公里,但此后即因水运开放和公路运输竞争激烈而下降。而由集体经营的江苏省扬州专区轮船运输联营公司(简称扬联),货物运输多指令任务,货船大多集中扬州,航线多在省内。主要货种和航线 20 世纪 60 年代中期有:由南京(浦口)运煤炭至扬州各市县;由六合、仪征沿江运矿石、红土到苏南和扬州各市县;运扬州、南京、南通等城市的粪肥至农村;有时装运南通的砖头到上海、苏南、扬州等地;扬州—淮阴—徐州航线多运水泥电杆等泡仓货。70 年代开辟的货种和航线有:至邳县运煤炭到扬州;送沙子到上海;由贵池、安庆、彭泽等地,装运砂、煤、铁矿粉等至苏、沪一带。在新增货源中,由镇江中转至扬州专区各县的物资,数量较大,货源稳定。扬联公司 1988 年货运量曾达 59.6 万吨,货物周转量 29390 万吨／公里,此后也因受到个体水运企业和公路运输的冲击而下降。

总之,在扬州地区的总货运量中,水运量占 70% 以上。从新中国建立到 20 世纪 90 年代,木帆船及集体水运企业船舶共运输各种物资煤炭、黄沙、粮食、食盐、钢铁、石油、棉花、机械、化肥、农药、水泥、木材、百货等约 9000 万吨,在水运总运输量中又占了 70%。其余则为水利工程运输、大炼钢铁运输以及抢险救灾物资运输等等。

就苏北运河而言,经过大规模的续建工程和扩建改造后,而今京杭运河从山东济宁至杭州 883 公里航道中,扬州是水质最佳亦最为宽畅的航道,重新成为沟通南北的水上大通道。其中北方以煤炭、建材、农副产品为大宗,源源不断通过扬州里运河运往中国经济最为活跃的地区之一——长江三角洲地区。"十五"期间,苏北运河船闸船舶累计通过量达 50.65 亿吨,其中货物通过量为 26.59 亿吨,比"九·五"期间分别增加了 15.59 亿吨和 8.55 亿吨。2005 年,苏北运河货物运量为 1.18 亿吨,货物周转量 253 亿吨／公里;2006 年,苏北运河货物运量为 1.2846 亿吨,与上年相比,即增长 8.4%;2007 年,通过苏北运河邵伯船闸的船队为 17880 个、单机船 111233 艘次。船舶通过量 1.3807 亿吨,同期相比又比上年增长 7.5%。

其中运输量增长最为突出的当属煤炭。苏北运河的扩建和沿河增建复线船闸后,当时预计可增加北煤南运量 1000 万吨,1987 年北煤南运量当年即达 880 万吨。1995 年,京杭运河苏北段煤炭总运量已达 2365 万吨(含山东济宁、枣庄以及安徽淮南港口经运河南下的煤炭)。进入 21 世纪后,江苏经济增长迅速,长三角地区已成为国际制造业的中心地区,经济社会的快速发展需要能源的支撑,2005 年仅江苏省的煤炭消耗即达 1.6 亿吨,其中 2/3 用于电厂发电。水运在大宗货物运输方面有着成本低、运量大、污染小的优势,而京杭运河因其直接连接着鲁南煤田、徐淮煤炭产地并和苏南各城市成一直线,运距最为节约，因此电煤大多通过运河运送到各电厂，大运河成为电煤运输的"绿色通道"和"快速通道"。"十五"期间（2001—2005）通过苏北运河运输的煤炭2.98亿吨；2005年，苏北运河的煤炭运量达7290万吨，其中电煤5056万吨；2009年，通过苏北运河的煤炭运量7586万吨，其中电煤运量6651万吨。专家预计至2020年，京杭运河北煤南运量将达1.5亿吨。京杭运河将为新世纪的北煤南运作出愈来愈大的贡献，并成为低碳运输中更为方便价廉的主力军。

改革开放以来，随着扬州建设事业和对外开放的迅速发展，销往国内外的产品日益增多，燃料需求也不断增大。但囿于市区缺少沿江港口，几百万吨进出口物资绝大部分需要从镇江、南京、上海、南通等港口中转，周期长、效率低、费用高、损耗大的弊病一直制约着扬州经济的发展。扬州需要发挥近海、滨江、临河的地理优势，建设长江港口，充分发挥扬州黄金水道的经济功能被列入议事日程。1985年，经过专家论证，扬州市政府在扬州六圩与瓜洲之间的江岸，开始了扬州江港的建设。从1986年至1989年，短短4年，耗资1100万元，扬州港从无到有，从小到大，先后建成千吨级货物码头和万吨级过驳码头，填土16万平方米，建货场8万平方米，初步形成了一个新港区。此后又投资390万元，建成面积4358平方米客货运综合楼。1992年11月，国务院正式批复，同意扬州港作为一类港口对外开放。1998年，扬州港吞吐量已达165

扬州港晨曦

扬州港之晨

万吨(外贸运量 29 万吨),营收 1859 万元。是当时长江上为数不多的盈利港口之一。港口货种涵括钢材、木材、矿石、煤炭、粮食、棉籽粕、集装箱、轻工产品、机械设备等几十个种类,是苏北、皖东乃至鲁西南等地主要的货物集散地。进入新世纪以来,扬州港发展迅速。2004 年扬州港完成货物吞吐量 1239 万吨,其中:内贸货物吞吐量 1026 万吨,外贸货物吞吐量 213 万吨,集装箱吞吐量 13.1 万吨。截止到 2006 年底,扬州港口建设已初具规模,全港拥有各类码头泊位 273 个,其中沿江万吨级码头泊位 13 个,千吨级码头泊位 17 个,形成了以六圩港区为龙头,仪征港区、江都港区为两翼的港口群。 扬州港货运量亦逐年攀升,2006 年沿江港口完成货物吞吐量 5000 多万吨,列江苏省沿江港口第 5 位。 扬州港已成为以腹地能源、原材料和集装箱运输为主,部分承担海江河中转联运,临港工业发达的现代化综合性枢纽港口。

第四章　运河上的船舶与扬州造船

从汉代开始，人们就可以看到曲折穿行于扬州运河航道和湖泊间的客货船只，还看到了具有一定规模的制作船舶的专业工场——广陵船宫实物的出现。

7000 年前,位于长江中下游和滨海地区的河姆渡文化中已有木桨发现,说明此时已经有船和竹木筏了。因此在大约同时期的扬州高邮龙虬庄文化时期,扬州先民们即已懂得使用竹木筏和独木舟作为原始交通工具在湿地上相互往来当不奇怪。竹木筏和独木舟载运货物易遭侵蚀,先民们又尝试改变其结构以扩大舱容和干舷,于是出现了木板船。邗沟的开凿,为春秋时吴国战船穿越江淮,浩浩荡荡地北上与齐国争霸开拓了通道。这些规模宏大的战船的制作,内中不可能没有扬州工匠的劳动,因为据考古学家和历史学家研究,"吴城邗"应该解作"吴建都于邗城"才更符合历史事实,此时的邗国早已归顺和隶属于吴。吴国是个造船业发达的诸侯国,伍子胥曾在吴江澄湖、昆山周庄两地建造战船,船型主要有"大翼""小翼""楼船""桥舡""突冒"等。据《越绝书》等书记载,"大翼"相当于陆军的重车,长 10 丈(约 23 米)、宽 1 丈 3 尺(约 3.1 米),可容士兵百人。"小翼"如轻车,长 9 丈(约 20.7 米),宽 1 丈 2 尺,可载 60 人。"突冒"如骠骑,"桥舡"是最小的战船,轻巧如飞。扬州后来成了吴王夫差北上争霸的基地,夫差不可能不在扬州造船和修船,故在这种工匠密集的合作中自然也提高了扬州工匠的技艺。所以从汉代开始,我们不但看到了曲折穿行于运河航道和湖泊间的客货船只,还看到了具有一定规模的制作船舶的专业工场——广陵船宫实物的出现。

汉代的广陵船宫　在当年扬子江北岸的滩地上,被称作"木客"的造船工匠整齐的斧凿声此起彼伏,他们正在被称作"广陵船宫"的官办船场里汗流浃背地劳作。吴王刘濞利用江陵之木,选拔国境内技艺最优秀的造船工匠,雄心勃勃地建造着"一船之载,当中国数十辆车"的大船。所以今天我们才能从广陵王刘胥的陵墓中看到出土有"广陵船宫材板"字样的木板。墓的外椁用造船枋木 857 块拼合,其榫铆的拼接堪称天衣无缝,连最薄的刀片也插不进去，这需要极为高超和精细的木工工艺。而在今安徽天长"广陵宦谒"桓平的墓中，一套质地精良、品种齐全且功能各异的铁质木工工具的出土，无疑将汉广陵国的造船业冠于各诸侯王的秘密泄漏出来。史书还告诉我们，汉代船宫不但能制造在运河和长江上供运输用的戈船、舲扁舟，还能建造庞大的楼船以浮海南下，出击东越，示威番禺。

水殿龙舟与歇艎支江船　植根于汉代广陵船宫坚实的基础之上，后来隋炀帝南巡爱在广陵大造船只就毫不奇怪了。据《隋书·炀帝纪》载：隋大业元年（605）三月，隋炀帝命黄门侍郎王弘在扬州督造龙舟和其他船舶五千艘，半年后竣工。这些船舶不仅规模宏大，且舟内设施美轮美奂，富丽堂皇，称为"水殿龙舟"。从当年留下的画图，我们不难想像其造型的豪华与精美。大业十一年，因为杨玄感之乱，炀帝所乘之龙舟水殿皆被其焚烧，"炀帝下诏江都更造，凡数千艘，制度仍大于旧者"（《资治通鉴》卷一八二《隋纪六》）。可见彼时扬州造船厂工作效率之高。时至唐代，杜佑的《通典》中说，自隋炀帝拓展运河，"自是天下利于转输"，运河遂成为历代王朝的生命线，扬州已逐渐成为盐运和漕运的集散地和中转基地，"水郭帆樯近斗牛"和"车马少于船"则是斯时扬州水运业繁忙的形象写照，故扬州造船业仍然执各州之牛耳，是全国最重要的造船工业基地之一。以至于远在洛水的竞渡船也不怕麻烦要跑到扬州来建造。武则天时期，以写《游仙窟》一书而出名的文士张文成，在所作的《龙筋凤髓判》一文中有一段说："五月五日，洛水竞渡船十只，请差使于扬州建造，须钱五千贯，请速分付。"唐天宝二年（743），高僧鉴真第一次东渡，曾在扬子江东河口造船，此后又曾在扬州新河（瓜洲新河）造船。唐德宗建中元

隋炀帝的水殿龙舟

唐代扬州出土的独木舟

年（780），转运使刘晏在扬子置十场造船，专造运输漕粮的歇皇支江船二千余艘。当时西至仪征泗源沟东至扬子桥到瓜洲一线的江岸，几乎都被官办的造船工场所占据。这种歇艎支江船，船舱口向上隆起，覆盖舱口的艎板，形状如古代房屋的歇山型屋脊而得名。船以樟木为材料，船体短阔，平底浅舱，上铺横板，粮包可叠装在板上，装卸十分方便。每船大者造价百万，可载漕粮千石，小者也可装五百石，是一种非常适宜于在江淮间内河里航行的船。需要指出的是，扬州造船工场造出来的船，不仅承载量大，更重要的是质量高，特别是此时已懂得设置水密隔舱结构，因而抗风浪和抗沉性能强，深受使用者的欢迎与赞赏。

水密隔舱船的发明和发现地　1960 年 3 月，在今扬州城以南古扬子县地域的江滨地带，曾出土了一艘唐代大木船，此船系楠木制造，残长 18.4 米，原长 24 米，船体上口最大宽度 4.3 米，下底最大宽度 2.4 米，船体上口至船底表面深度为 1.3 米，船板厚度为 0.13 米。船舷为四根长楠木，以铁钉排列钉合而成，船板之间的缝隙，以油灰填实。船内设有隔舱，整个船身是以榫头和铁钉并同联接的，船内隔舱板及舱板枕木均与左右船舷榫接。专家们认为，该船舱深只有 1.3 米，吃水较浅，不可能是海船，也不是长江干线船。按《新唐书·食货志》所记"江船不入汴，汴船不入河，河船不入渭"的规律，这当是一艘大型的汴河运河中的船，也就是上面所提到的刘晏于扬州十场造船的产品"歇艎支江船"。此后又在 1973 年 6 月，在如皋蒲西公社挖掘出唐武德初淮南道广陵郡海陵县的一条木帆船，此船长 17.32 米，复原后约为 18 米，船宽 2.58 米，船深 1.6 米。船体细长，用三段木料榫合而成。船舷木板厚 40—70 毫米，船底木板厚 80—120 毫米。设有 9 个水密隔舱。据估算，该船排水量

33—35吨,载重量20—25吨。专家考证,这是一艘在江河中行驶的快速运输船。船体内水密隔舱结构的设计,在唐时世界上尚无先例,在国内也属于一种十分先进的造船技术。水密隔舱需要增加船只横向的枕木与隔板,它犹如加强筋,必然大大增强船体两侧的强度,更能经受风浪的冲击,同时由于各个船舱之间,已用密不透水的材料各自封闭,即使有一两个舱因灾害而透水,也不会危及其他隔舱,导致全船沉没。同时它还可以单舱进行抢险,而无碍船只的续航。这两条木船的出土,不但为水密隔舱船的建造历史提供了毋庸置疑的实例,而且还将此项科技成果的历史推向公元8世纪乃至7世纪。在唐代扬州的辖境内,连续发现两艘设有水密隔舱船决非偶然,这说明斯时扬州的造船工匠已熟练地掌握了这一先进工艺,并在生产实践中予以运用。难怪阿拉伯人苏米曼要在他的《东游记》中说,中国唐代海船特别巨大,波斯湾风涛险恶,只有中国海船通行无阻,阿拉伯东来货物都要装在中国船里再远渡重洋。唐代中国的造船业是领先于世界的,而当时扬州造船业无论从规模或船型工艺又领先于国内,水密隔舱就是实例。需要指出的是,水密隔舱技术在西方直到十八世纪才出现。

宋"汴河船"和明之浅舱平底漕船 宋代初期每年所运漕粮不足三百万石,景德至大中祥符年间(1004—1021),江淮漕船每年运粮已达六七百万石,天禧时竟高达八百万石,这在运河漕运史上很少见,足以说明此时是北宋经济最富足的时期,在大运河上航行的漕船多达万艘。朝廷曾多次令真州(仪征)、楚州(淮安)、扬州、泗州全年造平底纲船3000艘,这是一种有别于唐代歇皇船的"汴河船",在宋代大画家张择端的《清明上河图》里有很生动的描绘。这种船造型美观,

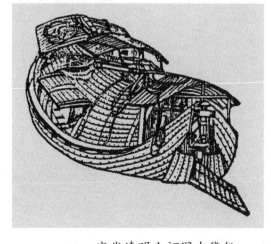

宋代清明上河图中货船

线型光顺,船体短、舱底平、吃水浅,船的中部较宽,容量大,人字型的桅杆可调节平衡,使船只具有较好的稳定性。据专家估算,汴河船从甲板到顶棚的高度约为 1.5 米,船长约 24 米或更长些,宽约 5 米,根据宋《河渠志》所云:"大约汴舟重载,吃水不过四尺",可知吃水约 1.2 米。因此可知汴河船排水量约为 86.4 吨,载重量在 50 吨—60 吨之间,相当于一千料的货运船。此时的运河尚无后来因黄河夺淮所带来的诸多弊端,加之船闸应用技术的提高,航行较之后来要顺畅平稳得多。汴河船是斯时扬州里运河扬帆直达汴河的骄子。但为时不长,即因宋室南迁临安,扬州成为宋金拉锯战的地域而消失了这壮阔的图景。

元代以海漕为主,但扬州依然是国家的造船基地之一。至元十六年(1279)二月,元军为了远征日本,曾敕扬州、湖南、赣州、泉州四地造战船六百艘。至元十九年九月,又命扬州、隆兴、泉州等六处地方,共造大小船三千艘。其中一部分是战船,但也有供海漕用的船和货运船。

明代从永乐四年(1406)开始,迁都于北京,南北漕运复又开行。初沿袭元代,海漕与河漕并行,但海漕多风浪,常将漕船漂没,后乃改建北方的会通河和疏浚大运河全境,至此漕船可直达北京的通州,漕船又以内河航运为主了。据《明史·食货志》记载:天顺年间,全国有漕船一万一千七百七十艘,运粮军卒达十二万一千人。嘉靖年间,内河漕船增加到三万二千一百艘。《天工开物》说,在毗邻扬州的清江浦(今淮安)设有官办造船厂,永乐年间漕运总督陈瑄集中了京卫、中都、直隶、卫河四处地方的工匠于该处,

明代运河上的浅舱平底漕船

其中直隶厂共十八个分厂,内中属扬州的有仪征厂、高邮厂、兴化厂、扬州厂、泰州厂等,他们共同劳作,陈瑄要求该厂每年建造浅舱平底漕船 500 艘。这是一种统一规格的漕船,船底长五丈二尺(17.73 米),头尾各长九尺五寸(3.24 米),船头底宽六尺(2.05 米),船尾底宽五尺(1.7 米),有十四个船舱,舱深四至四点五尺,可运米二千石。但后来的粮船并不满足于上述的尺寸,为了多载土宜和贩运私货,他们将粮船私自放大,船底增长至七丈二尺,头尾各增宽二尺,刚好通过古运河的闸门,可载粮三千石。里运河中,此时穿行的正是这种以楠木或栗木制作的由卫丁(兵士)组成的船队,押运至京,场面至为壮观。附带说一句,扬州境内的仪征后来也有规模仅次于清江船厂的造船厂。据文献记载,仅隆庆六年(1572),这个厂就造船 326 艘,它既造内河漕船也造出海的遮洋船。船的保固性能和防磁性能都有较大的提高。另万历元年(1573)十月,又曾下令于瓜洲、仪征设厂,专门用于改造江北、南京各总浅船。而在扬州宝塔湾和泰州老渔行等处,都有相当规模的民间私营的造船作场和船坞。

此外还有一种船身狭而长,专行长江中下游的客货混装船“江汉课船”。这种船“上列十余仓,每仓容止一人卧息,首尾共桨六把,小桅篷一座”,仓内主要用来装载运送盐课银两,但也搭载欲快速到目的地的旅客。这种船船速甚快,顺水无逆风可日行四百里,逆行也能行百余里,是明代进出扬州上行荆襄大江常见的一种快船。当然这种船的制造和修理与扬州不可能没有关系。

航行至今的西漳船和民国帮船　在明代后期的扬州里运河上,还航行着一种被称作西漳船的货船,此种船原产于无锡芙蓉湖的西漳地区,具有头小底圆,舱口较大,航速较快,极易装卸等优点,成了从明清以来直至上个世纪五、六十年代依然被应用不衰的水乡优越船型。西漳船长 12—14 米,宽 3 米余,装载量 20—30 吨,最大的可载货百吨。它的船首为方形,一般设有三个舱(新式的可置五舱),舱与舱密封程度强,上置篛篷等防潮设备,篷子是活络的,拆装很方便,便于穿桥过洞。两侧有较宽的甲板,可供船工在上面走动前后撑篙,置主次两根桅杆,既可鼓风扬帆,又可人工背纤,其动力工具还有船头桨和后艄双橹。它是装运茶叶、棉花、粮食等百货杂物的首选货船。

清代,漕船仍由官办船厂建造。主要在清江和江宁(今南京市)两厂内。后官办船厂日见缩减,旋遭裁撤。到嘉庆年间,各省的漕船存数,已从清初的万艘左右下降到6200艘。嘉庆之后,运河多阻,漕运维艰,官营漕船的生产更趋衰微。此后,随着黄河北徙,海运漕粮兴起,以及太平天国起义,运河降为区域性河流,漕运随之断绝。但运河沿岸城市的民间造船场却得到发展,在扬州则多集中在泰州和里下河地区一带。所造船种类多随需要而定,既制造有利于生产、方便生活的篷船,也生产用于驳运粮食、装载河工物料的驳船、用于装运货物的沙船、米船,还有用于旅游休闲的画舫等。这些船在航运时多以帮的面目出现。据光绪三十二年(1906)镇江商船总会的调查,航行于里运河和里下河地区的木帆船即有泰州关驳帮600艘,用于运盐,多集中于仪征十二圩;用于运米麦、杂粮的下河邗船帮多达2000艘,以仙女庙为聚集埠头;高邮则有河西湖船帮,有船500艘用于运粮;扬州有柴扁子帮,有船约300艘,多从扬州运柴薪至南京;还有扬州的南湾帮和邵伯划子帮各有船500艘,来往于镇江、遥湾一带,多载人和运输洋货。而从里下河高、宝、兴水乡入扬州的还有多达200余艘载人的板船帮。这些船大的可运粮1500石,小的不低于200石。这个调查因时间很短,尚不全面,估计此时来往于运河、大江和里下河的扬州航船当不少于5000艘。

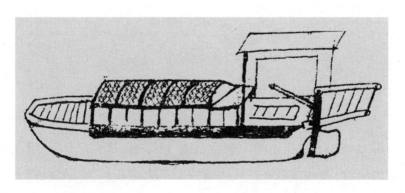

苏北水乡的西漳船

机动船的出现　扬州地区出现轮船始于光绪二十四年（1898），初出现于扬州泰兴江岸，多为外商特别是英国商人所垄断，此后日本商人也参与进来，英商怡和、太古轮船公司和日本大阪商船会社的"民和""德和""天龙川丸"等客船定期停泊于泰兴县天星桥码头上下旅客。后因天星桥港口腹地小，客货源不多，又转至泰兴口岸镇东南两公里、长江夹江江边的封家庄设立"洋棚"（所谓"洋棚"是一种以砖砌墙，上面用白铁皮制成瓦楞形屋顶的简易房子）以扩大业务。镇、扬一带最早自办轮运业的企业也始于清光绪二十四年。总局设在镇江，分设行驶镇清（清江浦）线的小轮船公司有立生洋行（或称立生轮船局）、四维内河轮船公司、和丰小轮公司（同时行驶仙女庙、三垛、樊汊，后至十二圩等地）、顺昌和记洋行、永兴轮局、宝运轮船公司、义昌公司、福利公司等，纷纷进入苏北运河。光绪二十九年，南通实业家张謇于上海创办的大达内河小轮公司经营苏北小长江航线（指沿苏北夹江航行的航线），另购造浅水小轮船航行通扬运河一带。后又于1905年延展航线，从上海到扬州霍家桥，沿途停靠天生港、江阴、龙窝（口岸）、八江口直至霍家桥共16个站点。此后又有大通继起，相互竞争。民国12年（1923），扬州朱干臣为便利交通起见，集资万金，联合运河沿线商会组织，创设福运轮局，行驶扬（州）、清（江）一带航线。于扬州设总局，高邮设分局，先行试开扬邮一段，并于邵伯、露筋、车逻等镇设分局，每日来往一次。次年即扩大业务，将起点移设至镇江，沿途于瓜洲、八里铺、扬州、湾头、邵伯、露筋、车逻、高邮、界首、氾水、刘堡、宝应、黄浦、泾河、平桥、二堡、淮城（即淮安）、河下、板闸等处设站，一路停靠。因生意兴旺，福运轮局乃开辟清镇、扬镇、仙镇、扬邮、扬宝各班。里下河旅客来扬州后，夜间即可乘火车，第二天可到达上海。福运轮局作为扬州人办的轮运企业，得天时、地利、人和的优势，在竞争中一枝独秀。他们着装整齐，开行时间强调正点，特别注意卫生条件和服务态度的改善与提高，有6艘拖轮和9艘驳船参加运行，堪称是苏北运河中涌现出的一支新兴力量。直到抗日战争爆发，为防备资敌，福运轮局才撤离运河。运河上航行的轮局主要经营客运，间亦携带货物，数量有限。乘客人数旺季每天可达 300 至 400 人左右,淡季则为 100 余人。民国 23 年统计,行驶于扬州地区的轮船企业仍多达 16 家,经营航线有 15 条,因竞争剧烈,后经调停,多按份额轮流出船以免亏损。

运河航船与新世纪的扬州造船业 新中国成立初期,扬州的交通主要依靠水运。因此,船舶修造业占有重要地位。随着国民经济的恢复和发展,原有的造船户迅速得到复业,各县(市)初建的水运企业均设置有为本企业服务的维修组。数年后,这批维修组有的发展成为保养场或造船合作社,此即为扬州地区造船业的基础。1958 年,发展较快的扬州、江都、泰州等县(市)建立起市级造船厂。20 世纪 70 年代末,乡镇工业兴起,许多乡镇乃至个体户都办起了修船造船工场。经过整顿,到 1989 年底,扬州持有经营执照的造船厂达 107 家,年产值近 2 亿元。其中,全民所有制船厂 12 家,职工 7000 余人,产值 1.02 亿元。集休所有制船厂 95 家,1.3 万人,年产值 0.95 亿元。在产品结构上,传统的木船于 20 世纪 60 年代开始被钢丝网水泥船取代,70 年代后期水泥船又逐步被钢质船取代;进入 80 年代,钢质船则向大吨位、系列化、特种船方向前进,标志着扬州造船技术的进步和生产的发展。江都船厂已可生产 5000 吨海驳,江扬船厂生产 1000 吨级沿海自航舶、1600 千瓦中型航标

江扬船厂"琼花号"海船

船及 20—49 米系列汽车渡等。1990 年江扬船厂建立滨江新厂，组成江扬船舶集团，并成功打入国际市场，1995 年起，开始承接远洋集装箱船，其中可运载 17–18 吨的国际标准集装箱船是中国出口德国最大的集装箱船。2003 年，江扬船舶集团经改制后称"扬州大洋造船有限公司"，开始承建 5 万吨的散装货轮。2004 年该厂承建的 4.7 万吨和 5.35 万吨的散货船各一艘下水。该厂年造船能力已达 30 万吨。截止到 2006 年底，扬州地区已形成以制造大型散货船、集装箱船、滚装船和海洋石油平台供应船以及远洋船、驳船、货船、油船、化学品船、工程船等船舶为主的船舶制造集群。现有各类修造船企业 200 多家，年造船能力 200 万吨，其中海运船生产能力 50 万载重吨，内河船生产能力 150 万载重吨。仪征、邗江、江都三地共有造船企业 121 家，其中长江沿岸 37 家，主要分布在邗江新坝、江都三江营、仪征十二圩等三个船舶工业岸段，共涉及长江岸线 14.4 公里。拥有万吨级以上干船坞 2 座（其中 8 万吨级船坞 1 座）、3 座 2 万吨级滑道式船台、万吨级以上船台 32 座、在建 10 万吨级以下干船坞 2 座、在建万吨级船台 10 多座等大型造船设施。全市造、修船企业职工达 3.24 万人，固定资产 12.9 亿元。以及以江扬船厂、仪征金陵船厂、大洋造船、大东造船等为代表的骨干企业。2006 年造船完工量 164 万载重吨，实现产值 40 亿元。

截止到 2010 年，扬州市船舶工业造船完工量 525.4 万载重吨，实现产值 471.8 亿元，利润 28 亿元。全市在册造、修船企业 177 家，主要骨干企业分布在邗江船舶（重工）产业园、江都船舶工业园、仪征船舶工业园和太平洋船舶配套产业基地。沿江地区船厂占用岸线约 20.5 千米，其中长江岸线 15.1 千米，夹江岸线 5.4 千米。全市有 5 万吨级以上船坞 9 座、船台 18 座，在建 5 万吨级以上船坞 3 座，年造船生产能力 700 万载重吨。其中扬州大洋造船有限公司、中海工业（江苏）有限公司、江苏金陵船舶有限公司等 3 家大型龙头造船企业可生产 10 万吨级以上的远洋船舶及石油平台供应船、化学品船和成品油船等高附加值、高技术含量的船舶。可生产 5 万吨级以上船舶的中型骨干造船企业则有扬州科进船业有限公司、扬州国裕船舶制造有限公司和舜天造

运河顶推船运输

船(扬州)有限公司等企业。如今由扬州生产的船舶已远销全球20多个国家和地区,扬州将重现昔日大唐造船领先世界的风采。

改革开放以来的上世纪80年代直至今天,是里运河航运最值得大书特书的时期。经过两次扩建和续建工程的里运河,从2006年7月始至2008年底止的扬州运河"三改二"工程,使航道再次得到一次精心的整治,全面达到二级航道标准,如今正以其宽畅顺直的航道,现代化的过闸设施,为载重量达2000吨级的顶推船和大型铁驳煤船的轮拖编队开辟了更加广阔的活动空间,它们正日夜不停地穿梭其间,创建文明航道活动又为航行的船只提供了最佳最安全的服务,大量以新材料制造和形态各别的面目出现的运煤船、油船、沙石船、粮船、货轮、游船正装载着共和国的欢乐与丰收,希冀与辉煌,南来北往,穿梭交织,年运量已超过亿吨,为历代所无。古老的运河正撩起青春的面纱,步入一个崭新的现代化的世纪!

第五章　扬州古代的陆运

作为旧时以河堤和圩岸为特色的扬州古代道路，其陆地运输工具相当简陋，短途多以肩挑背扛、轿舆和独轮车、畜力车，长途则靠骑马和马车。

扬州是个水网地区,地处江淮之间,京杭运河纵贯南北,运河两侧湖泊密如珠串,河渠港汊遍布,因此长期以来以水运为主,陆运为辅。扬州早期的陆路与水路的关系非常紧密,形成了颇具扬州特色的河堤道路和圩堤道路,其时被称为官马大道,而与之相配套的则有古桥、古渡和桥闸等交通设施。其运输工具也相当简陋,短途多以肩挑背扛、轿舆和独轮车、畜力车,长途则靠骑马和马车。

一、官马大道和驿传设置

早在距今 7000~5000 年前,位于今京杭大运河东侧高邮市北的龙虬庄地带就有了人类活动的遗迹,他们是扬州地区的先民,从事采集、渔猎、家畜饲养和农作物栽培,特别是水稻的种植,创造了灿烂的龙虬庄文化。道路的形成与人类的生息活动密切相关,穿行奔走在沼泽和林间空地以及水稻田间陌上小路中的龙虬庄先民,当是开拓这些小路的先行者,这也是扬州土地上最早形成的路。

无论是"吴城邗,沟通江淮",还是"吴城邗沟,通江淮",最迟在公元前 486 年,扬州的蜀冈上已经筑造了城池,当然城池内外也就自然而然有了道路。并且随着吴王夫差北上争霸的军事活动,道路也会随着邗沟的路线向北延伸,而邗沟所挖出的泥土堆积于邗沟的岸上,就会形成简易的河堤道路。随着时间的推移,人们不断地有意或无意的踩踏、修整,扬州历史上最早的南北走向的河堤道路就这样形成了,并且很快成为车马北上南下的便捷通道。

秦代是中国道路发展最为迅猛和规范的时代。春秋战国诸侯纷争,各自为政,道路具有明显的地方性和局限性。秦王朝的大一统,为"车同轨"和规范道路的建筑创造了极为有利的条件。雄心勃勃的秦始皇重要改革之一就是"车同轨"和兴筑驰道。始皇当政后，于公元前220年，即以京都咸阳为中心，调集大批劳力修筑通向国家四面八方的国家级道路"驰道"。驰道"道广50步（合今69米），3丈而树，厚筑其外，隐以金椎，树以青松，为驰道之丽至于此"，这是专供皇帝车马行驰的专用道。除驰道外，还有供驿传行走的驿道。在秦始皇当政期间，驿道已形成五大干线网络，其中有一条从咸阳通向东南的线路，可以连结东南沿海各郡。秦始皇37年（前210），始皇帝第五次出巡至浙江会稽郡后，北上经苏州至南京东北郊江乘县（今句容县北）渡江，然后很有可能经过现在的扬州、高邮、宝应的境内，从现在的淮安渡淮河至东海郡（今连云港海州）抵琅邪。

　　高邮是全国唯一以"邮"字而得名的城市。《康熙重修扬州府志》说："秦始筑台置邮亭，因名秦邮。其四隅凹下，城基独高，又以秦邮亭，故名高邮也。""亭"，一般都设于交通要道之处，它具有供行旅往来食宿的作用，但高邮的"亭"，却兼有邮传的任务，还供应称为传车的交通工具。其时高邮东距

古盂城驿

大海不远,它应该是建于南北向大道上的集镇。因为史书简略,尽管我们对秦始皇从高邮北上的记载存疑,然而秦在高邮设邮亭,却为我们佐证了彼时高邮作为邮亭的所在地,在传播信息、沟通联系、促进交流中的作用,也可从侧面证明邮亭之旁有一条供车马南北向行驰的道路大概不会错。

孟城驿鼓楼

时至汉代,扬州有两个诸侯王在位时间较长,首先是吴王刘濞,他国土面积大,煮盐采矿,国用饶足,扬州的城市建设得到较大的发展,鲍照的《芜城赋》称此时的扬州为"四达五会之庄",可以"南驰苍梧涨海,北走紫塞雁门",这里既指水运的驾舟泛海,但又有陆运,以车马可北通边塞。另一个诸侯王是广陵王刘胥,他在位长达 64 年,有较长时间来经营和完善扬州城和国土内的道路。因此在他的墓穴里,我们不仅可以看到他规模宏大的黄肠题凑的墓葬,还可以看到他出行时四马并行的华丽马车,这样的马车是需要宽敞平整的道路供其驱驰的。

西晋末年的腐败政治和内战,以及十六国时北方的混乱,导致北方人民的大量南迁,江苏特别是江南地区人口巨增,促进了沿江地区农业和商业的发展,对江苏和扬州的道路交通起到了推动作用。到南朝刘宋时期,已有专门负责管理道路的官员,称为"道路行事"。据《南朝宋会要·职官》记载,其时从建业—广陵的道路里程为 180 里,广陵—海陵为 130 里,广陵—山阳为 300 里,广陵—盱眙为 290 里。

隋朝结束了魏晋南北朝时期长期的分裂局面,再次恢复了统一。这为交通的发展创造了极为有利的条件,于是出现了古代道路建设的第二个高峰。隋炀帝在兴筑南北大运河的同时,也将沿河筑路推向极致。隋大业元年(605)三月,炀帝开凿通济渠,并将挖河之土筑成河堤道路,于路旁植柳,称为"御道"。大业三年,由山阳至江都的运河与御道工程同时竣工。随后又继续向南延伸,直至京口(今镇江)、苏州和杭州,于大业六年完成。路宽20~30步,可驰马,沿路均植杨柳。大业元年八月、六年三月、十二年七月,炀帝三次由东都洛阳乘舟南巡江都,他的水殿龙舟虽航行于水路,但护卫和骑兵却"翊两岸而行,旌旗蔽野",且有"殿脚女"在岸上拉纤并行。说明这条河堤御道宽阔而平整。道旁的杨柳随风摇曳,与皇帝卫队的"一路流苏翠葆"仪仗交相辉映,光采夺目,沿两岸逶迤而来,气象阔大威严,奢华气派。直至唐宋,这条御道仍是通向京城长安和东都洛阳和宋都开封的主要交通干线。道路的走向为从京城长安—东都洛阳—汴州(开封)—宋州(今商丘),东南行至宿州—泗州,折向东北往楚州(今淮安),然后南下扬州,直至南方的杭州—泉州,全长 5375 里。由东都洛阳至江都全程长 2000 余里,是全程中道路最为宽敞、行旅最为繁忙的路段。此后这条道路因河道的整治时有摆动,或帮宽和增高,但始终是扬州地区南北向然后折向西行的最重要道路则长期未变。

唐人李吉甫在《元和郡县图志》中第一次系统地记载了江苏道路的里程及其道路网络,其中关于扬州的记载是:

从扬州至泗州 273 里;

从扬州至海州 700 里;

扬州经瓜洲渡江至镇江 70 里,然后可至上元(今江宁)、丹阳(曲阿)、常州等地。

瓜洲自齐浣于开元二十六年(738)开伊娄河连接南北大运河后,遂成为唐代重要的古渡口之一,也是扬州古代最出名的渡口,对连结京口、扬州两个长江的南北重镇,沟通南北要道起着重要的作用。唐诗人张祜《题金陵渡》诗云:"金陵津渡小山楼,一宿行人自可愁。潮落夜江斜月里,两三星火是瓜洲。"对我们了解彼时金陵渡(即今镇江蒜山脚下的西津古渡)和瓜洲渡的地理位置当有深刻的印象。

从汉代开始邮驿得到进一步的发展。设立的驿站称为"传",除供应往来使节及官员寄宿外,还供应称为传车的交通工具,以及运输王室物资、传递公文和邮递信件,并形成了一种制度。这种邮驿制度直到清光绪三十二年(1906)才废除。全国主要的大道上大都设有驿站和急递铺。驿铺之间的道路称为驿道。隋炀帝在洛阳通往扬州的御道上建有完善的邮驿设施,30里设一驿,60里置一馆,整条道路建有驿站84个,离宫40余所,建筑豪华。这些设施对后世邮驿制度的成熟有深远的影响。

唐代驿馆一般水陆分设,也有未分的。干线道路称"贡路",设驿站,支线上设馆。开元年间(713—741),全国有驿1643所,其中陆驿1297所,水陆合一的86所。根据驿所的重要程度和事务量大小配置驿长人选、人数和马匹等交通工具,驿夫由民充役。当时在扬州城南15里处设有临都驿,亦称扬子驿,是一所具有相当规模的驿站。

宋王朝建都汴梁(今开封),故宋时道路又以汴梁为中心向四方辐射。由京都通向扬州的道路与唐时大致相似,亦以河堤道路为主,故时有筑堤修堤之举。其中重要的即有:

宋景德四年(1007),江淮发运使李溥因高邮以东湖水散漫,下令抛石湖中,积为长堤,以保证船只避开湖险,同时亦有利于车马的行驰。

宋朝中叶,从淮南泾河镇起,经张桥、曹甸等处,至盐城草荡上,开泾河,筑道路全长8250丈,一时被称为水陆的使者。

宋绍熙五年(1194),黄河夺淮后,运河常遭威胁,水势泛滥,堤岸溃塌。淮东提举使向朝廷建议:"高邮、楚州之间,陂湖渺漫,菱苇弥满,宜创立堤堰,以为堵泄。"并兴筑扬州江都县自楚州淮阴县360里的堤堰;又筑高邮、兴化至盐城县240里堤堰,并于"堤上栽柳十余万株,以捍风涛"。这些堤堰当然同时又是绝好的河堤道路。

宋朝沿袭了唐朝的驿传制度,变化甚少。各郡县的主要交通线上均设有驿站。据《嘉靖惟扬志》卷七记载,宋代的扬州及所属各县驿站计有:江都县

驿(在州城北进贤坊)、宜陵镇驿、大仪镇驿、临都驿(在扬子桥南)、瓜州驿、露
筋驿、莲塘驿等。但宋代又在道路上增设了传送公文的急递铺。铺舍以各州
县为中心,分东南西北四路。故从驿铺的设置可以了解道路的长短以及繁忙
情况。如江都县的铺舍为:

东路:桑家号铺、分界铺、直口铺、宜陵铺、陈家桥铺、横塘铺;

西路:西门铺、大明寺铺、七里铺、席帽冈铺、九女涧铺、甘泉铺、故驿铺、
营家店铺、大仪铺;

南路:谯楼铺、南门铺、王家庄铺、扬子桥铺、八里庄铺、姚家庄铺、花家桥
铺、瓜洲铺;

北路:迎恩门铺、北门铺、竹西亭铺、獐儿桥铺、本库铺、越塘铺、马家渡
铺、三港子铺、张家港铺、渌洋铺。

总计为 33 铺。从驿铺布设的位置不难看出宋代扬州四周的道路走向已
与今天大体一致。

元王朝定都大都(今北京),使过去以中原地带为中心,以西安—洛阳—
开封为轴线的交通网络格局发生了变化,代之以大都为中心的交通发展新格
局。从大都出发,首先是修筑通向各省府
的驿道,然后是连通各省府之间的驿道,
并在省辖路、州、府和州县之间通以大道,
形成三级道路网络。在驿道和城市间设
有驿站和急递铺。每 25 里设一驿站,元
代称为"站赤",全国共有驿站 1496 处;
急递铺多达 2 万个,日夜不停地传递官府
的紧急公文。

元时意大利著名旅行家马可·波罗自
称在中国被元帝任命为扬州总督三年,他
曾从大都经山东临沂,骑马到邳州,然后
沿京杭运河大堤南行,从淮安、宝应、高邮

马可·波罗像

直至扬州。他以轻松的笔触在《马可·波罗游记》中写道："离开淮安府,顺着一条通往蛮子省的堤道,向东南方向行走一天的路程到达蛮子省,堤道两旁有无数宽阔的湖泊,水深可以航行……走了一天的路程,往东南方向走,当夜幕降临时,来到一个名宝应州的大城镇……和宝应相距一天路程的时间,往东南方向走,就是建筑很好、范围广大的高邮所在地。"

他在《游记》第七十二章"瓜州市"中还这样深情赞美京杭运河的大堤:"沿着运河两岸,也同样筑有坚固、宽阔的河堤,使陆上交通变得十分方便。"

明王朝初期定都南京,因而南京一度成为全国的交通中心,并很快形成以南京为中心通向全国各省城的道路网。扬州离南京甚近,且早有道路连通。其时由扬州至南京有两条路线可行:一条由扬州经仪征至六合抵南京;一条是由瓜洲渡江经润州西去南京。两条道路的路程大致相似,为220里左右。明永乐十九年(1421),永乐皇帝朱棣迁都北京,道路基本上又恢复了元代以大都为中心的格局,干线道路变化不大。

鉴于我国的旧史志往往忽视记载交通路线,明代徽商黄汴编纂的刊刻于隆庆四年(1570)的《天下水陆路程》,堪称是明代国内的交通指南,具有很高的文献价值和史料价值。它详尽地记载了二京(北京和南京)十三布政使水陆路程、各地道路的起讫分合和水陆驿站的名称,对我们了解明代扬州四面八方道路的走向和里程颇有帮助。其中有关扬州当时陆路交通走向的情况为:

北向:扬州至北京路线、里程和经过城镇:此条路基本上沿运河堤北行,其里程和经过里程与水路大致相同(见前明代河湖分隔工程)。明代称为"通京大道",清代则称为"官马大道"(由邮传部专管)。其走向乃是由

苏北早期的"通京大道"

北郊螺丝湾桥经槐泗桥至陈家沟,渡邵伯湖至邵伯,然后沿运河堤至高邮、宝应、淮安、宿迁、泰安、历城、德州至北京。

西北向:扬州至陕西西安府路线里程及经过城镇:扬州 40 里至甘泉山, 25 里大仪驿,20 里小店,40 里天长,30 里石梁河,30 里张公铺,30 里连塘,20 里义井,20 里盱眙,过河至泗州,30 里包家集,30 里双沟,30 里门江口,30 里上塘,30 里冷饭墩,20 里虹县,30 里长直沟,30 里灵璧县,45 里大店驿、铁佛寺、柳寺里,45 里南宿州,70 里百善道驿,60 里永城县,60 里夏邑县,50 里虞城县,60 里零陵县,60 里葵丘驿,70 里杞县,60 里陈留县,50 里汴梁城,70 里中牟县,70 里郑州,70 里荥阳县,40 里汜水县,60 里洛口驿,60 里首阳驿,70 里河南府,40 里磁涧,30 里新安县,30 里青龙山,20 里义昌驿,40 里渑池县,50 里金银山,20 里下金银山至硖石驿,60 里陕州,60 里灵宝县,50 里阌乡县,60 里潼关,40 里华阴县,60 里华州,60 里渭南县,70 里临潼县,50 里至西安府。全程 2275 里。

西路:西门铺、大明寺铺、七里铺、席帽冈铺、九女涧铺、甘泉铺、故驿铺、营家店铺、大仪铺。

扬州去平阳府(今山西临汾)的路线由扬州城至西安到汴城的路段全部相同,然后北上 100 里至黑羊山,80 里莫兰店,70 里清化镇,30 里王庄上太行山,35 里红花口,95 里周村,80 里刘村,50 里沁水县,30 里黄寨,90 里翼城县,下太行山 50 里至黄帝庙,40 里赵墟,50 里至平阳府。全程 1928 里。

西向:扬州府至庐州(今合肥市)路:扬州 20 里至扬子桥,45 里扬子县,70 里六合县,40 里盘城,30 里出浦口大路,20 里西葛,50 里全椒县,100 里侍郎镇,120 里庐州。全程 495 里。

瓜洲至武当山路:瓜洲 40 里至仪征县,70 里至六合县,40 里至姜家渡, 45 里至水口集,40 里至滁州,30 里朱龙桥,50 里藕塘,60 里定远县,60 里永康镇,40 里白鹭桥,40 里姚皋,50 里寿州,30 里闻鸡铺,30 里正阳,35 里颍上铺,20 里颍上县,60 里中铺,60 里颍州,50 里天蓬集,30 里姚家店,40 里李铁集,40 里姜寨,40 里杨埠,40 里苏家店,40 里汝宁府,30 里老君堂,30 里韩庄,40

里确山县,40 里尾冈铺,35 里节敬山,45 里曹官驿,50 里泌阳县,30 里显灵店,40 里黄家店,30 里唐县,50 里馀家饭,40 里冈头,40 里鸡滩,40 里邓州,40 里半茶店,40 里武家店,50 里党子口,40 里石鼓关,50 里方山,28 里均州,40 里草店、蓬莱门、仙关,30 里至太子坡、紫霄宫、南岩宫、椅梅祠、一天门、二天门、三天门,共 30 里至玄帝殿。全程 1993 里。

南向:由扬州南至瓜洲,乘船渡江至润州,然后有大路可至苏杭,亦可水陆兼程。

东向:可由水路至通州。陆路未提及。

在明代通往北京的京杭运河高邮段河堤大道旁,建有著名的水陆驿站盂城驿。此驿站原建于明洪武八年(1375),为知州黄克明始建,永乐年间,知州王俊重修。有正厅 5 间,后厅 5 间,库房 3 间,廊房 14 间,神祠 1 间,马房 20 间,前鼓楼 3 间,照壁牌楼 1 座。驿站西南运河堤旁设皇华厅 1 座,有房 3 间,专门用于迎饯过往宾客。嘉靖三十六年(1557)五月,倭寇犯境,盂城驿几成废墟。隆庆二年(1568),知州赵来亨按旧制重建"驿之屋二十九楹",另外还在驿站南建秦邮公馆一处,内设门楼 1 座,正堂 3 间,南北厢房前后 8 间,厨房 3 间,送礼房 5 间。驿站设驿丞 1 人,攒典 1 人。

高邮素称南北要冲。盂城驿西的大运河及运河堤向为南北水陆交通要道,驿东的南北城子河又是分别经泰州和大丰的两条入海水道,盂城驿不仅是过往宾客、驿夫食宿和调换车马的场所,驿站所处的南门大街还是物资集散中心,因此较之一般驿站要繁忙。直到光绪年间,盂城驿和与之相距不远的界首驿两驿站尚共有驿马 100 匹,棚头 6 名,差头、兽医、夫头 5 名,马夫 61 名,旱夫 45 名,水夫 80 名,下设驿铺 15 个,有兵丁 64 名。1995 年 8 月,盂城驿修复主体工程基本竣工,使古驿原貌得以再现。

在当前国内所发现的古代驿站中,盂城驿是功能齐全,设施完整,保存较好,规模最大的一座。它的发现与修复,为中国邮驿使的发展提供了第一手的资料和实物。

较之明代,清代由于人口和城镇的增加,驿道分布更为细密,可以连接各府、州、县。清代中、后期,驿道分为三个等级：由北京到各省城的路称为"官马大路"（简称官路）；由省会通向地方都市的路称官路支路（简称大路）；地方各市镇间及连接官路和大路间的道路称小路。由淮安沿运河堤南下宝应—高邮—扬州直至丹徒和苏南的路,就是一条名符其实的官马大道。这条大道曾经行走过号称盛世的康熙和乾隆皇帝的御辇。

嘉庆年间,扬州府至各地的道路里程为：扬州—江宁 220 里；扬州—淮安 320 里；扬州—镇江 50 里；扬州—海边 360 里；扬州—滁州 360 里；扬州—凤阳 210 里。

扬州府至各州县的道路里程为：扬州至仪征县 75 里；扬州至泰兴 140 里；扬州至高邮州 140 里；扬州至泰州 120 里；扬州至通州 400 里。

二、扬州古近代民间陆运交通工具

古代扬州人最早出现的陆上运输多以人力肩挑背扛或使用畜力驮运,牛马驴骡是主要畜力。"乘马服牛"是当时人们出行和运输的真实写照。马作为客运主要用于骑坐和驿站使用,一直受到人们的青睐,并且是长途客运的畜力。高邮的盂城驿从明至清常年保持骡马 100 余匹,马夫 60 名,就是为了能及时提供足够换乘的马匹,以保证来往官员和驿夫行驰的需求。牛则多用于农业生产,驮运粮食和农副产品,行走于乡道和阡陌之间,路多不长。较之中原地区,扬州地区出现机械运输——车辆的时间相对而言要晚一些。

双轮马车　据传说,车的出现是古人见蓬草落地随风旋转而得到启发,遂发明了车轮,即所谓"见飞蓬转而知为车"。也有人说,车的出现最早是从一种名谓"橇"的器械演变而成,橇是在圆木上加置平板,依靠圆木的滚动减少摩擦力以拖运物件,可节时省力；或者是在滩涂或雪地上见到泥橇或雪橇受到启发,后来又从园木进化为车轮滚动,遂产生了车。车出现在夏代,甲骨文中多处出现形如双轮的象形字"车"。最早出现的是双轮车,多以牛或马拉之,既可以供人们乘坐,也可以用于运货。

1979 年 4 月,清江市（今淮安市淮阴区）城南公社小河大队出土一辆周

汉代双轮马车

代的双轮马车,车轮已有辐条,结构精巧。而在徐淮出土的汉画像石可以看出,早在汉代以前,徐淮地区已出现编队出行的马车,且装饰华丽,车辆灵巧轻便,其图像为单辕双轮马车。前面为一马驾乘,车舆上四角立杆,上面为伞形蓬顶,可以用来遮阳挡雨。车舆周围带有屏蔽,马车基本为木质结构,既可以乘人,亦可以用来拉货。徐淮地区距离扬州颇近,因此扬州当时的车辆形状当与徐淮地区类似。

扬州最早出土的马车出现于西汉广陵王刘胥的墓中。刘胥是汉武帝的儿子,于元狩二年(前117)被封为广陵王,都广陵。在他葬于高邮神居山的墓中,出土了殉葬的马和双轮马车的实物,共十二驾,造型壮丽,气魄宏伟。今已被复制成原状陈列在扬州汉墓博物馆中,虽然距今已两千一百多年,今天我们仍可见到当年广陵王出行时的气势和规模。实际上早在刘胥之前,吴王刘濞于扬州筑城,利用境内有铜山和靠海的有利条件,铸钱煮盐,积极发展经济,使"国用饶足",成为众多诸侯王中的佼佼者。吴国交通发达便捷,由广陵出发,可南达苍梧(今广西梧州),向北可通到长城和雁门关一带。城内人车肩摩毂

广陵王刘胥墓中的马车复原图

击，马匹精壮华丽，被誉为"四会五达之庄"。对此六朝著名诗人鲍照在其名作《芜城赋》中，曾用"车挂辖，人驾肩"，"财力雄富，士马精妍"来描述，可见在汉代，扬州城区使用马车已相当普遍。而在农村，用牛车装运粮食亦不鲜见。1989年，扬州考古工作者在江苏农学院校（今扬州大学农学院）园内发掘出罗城西门遗址，发现唐代罗城的城门洞遗迹和保留在城门道路上清晰的车辙印迹。

独轮车　鉴于扬州地区人烟稠密，河道纵横，地势低洼，多堤塘道路，路径窄小，除了郊外官马大道上多通行双轮马车外，城内和乡村为数众多且至今仍有一定生命力的车辆则为独轮车。

独轮车的出现远比双轮马车为迟，时至东汉年代，独轮车方才出现。据学者考证，诸葛亮发明的所谓"木牛流马"中的"流马"就是一种独轮车，晋代称为"鹿车"。《风俗通》中说："鹿车窄小，载客一鹿也。"以人力推行，可在小径上行走，实际上是一种构造简单的独轮车。至少到宋代，独轮车在南方已普遍使用。南宋江西吉水人曾敏行所著的《独醒杂志》中就曾写道："江乡有一等车,只轮两臂,以一人推之,随所欲运。别以竹篰(竹编的篓子)载两旁,束之以绳,几能胜三人之力,登高度险,亦觉稳捷,虽羊肠之路可行。"这是古代写得最为准确生动的独轮车形象。明代施耐庵的《水浒传》第十六回中有一段"智取生辰纲"的描写,说的是晁盖、吴用等七人假扮贩枣子的客人,推着"七辆江州车儿"在黄泥冈上歇息,待劫了杨志押送的生辰纲后,书中写道:"那七个客人从松树林里推出这七辆江州车儿,把车子上枣子都丢在地上,将这十一担金银珠宝,却装在车子内,叫声'聒噪!'一直望黄泥冈下推了去。"这"江州车儿"就是曾敏行所写的"只轮两臂的江乡车",亦即独轮车,否则是无法在灌木纠结、杂草丛生的黄泥冈小路上行走的。明宋应星的《天工开物》中写道:"其南方独轮推车,则一人之力是视,容载二石,遇坎即止,最远者止达百里而已。"扬州使用的独轮车其形为在四尺长三尺宽的木框架上,中间装上一个辐射状的木轮,轮子上半部高出车板,以降低车身,增加平稳性;架上正中有一长形木框,分成左右两个部分,可各坐一人,亦可于框侧装货,载货三、五百斤;车板两边,有左右两个车把,车把下各设撑架一根以便装卸或中途停歇;车前可系绳牵曳。这种独轮车又叫羊角车,或称小车。扬州城内从唐至明清直至民国年间,凡粮食、建筑器材、日用杂物以及居民的饮用水和商店运送货物,多靠独轮车运输。笔者曾查阅过有关档案,民国8年(1919)4月11日,扬州独轮车业千余工人罢工,反对当局订定登记费等条例。据此,若以一人一车计算,独轮车此时当不下1000辆。此后即保持在这

汉画像石独轮车

数字上下。一直到新中国建立前,尚达 900 辆之多。而在农村,赶集、运粮、走亲戚使用独轮车运货送客者比比皆是,千百年来几乎没有大的变化。稍有不同的是,民国后期至中华人民共和国成立,橡胶轮胎开始代替木轮,使用更为轻巧灵便。

有一件事可足以证明独轮车在扬州城市运输中的重要性。清道光三十年(1850)八月初三日,扬州府正堂特在城中立关于"严禁小车及二把手车入城"的告示碑刻(见图)。意在说明小车(即独轮车)破坏城市道路,损坏街巷居民住宅外墙,引发伤人事故,因而禁止小车入城,要求改用人工肩挑的永久性告示。毫无疑问,使用独轮车是一种进步,它大大地提高了运输量,节省了人力,且对道路要求不高。但它的缺限也是显而易见的,那就是对道路的破坏。由于独轮车的所有重量都集中在独轮上,增加了它碾压的重力,加之车轮彼时只有木轮或铁皮包裹之木轮,因此一般砖头或较薄石块铺砌的市区道路经长久碾压,极易变形和破碎,所以许多城市都禁止这种车入城。扬州是明清时期的一等大县,旧时道路大多经过规划,比较整齐美观,诚如碑文上所言,大都为"当地住户分修和职等(指官员自己)捐修",以保持平坦。但一经小车不断碾压,必然"街桥砖石碾碎,

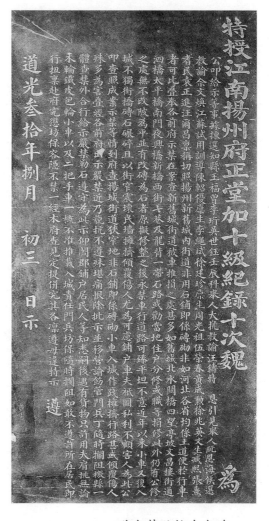

道光禁独轮车老碑

苏北独轮车

且以街窄震坏民墙，拥挤倾覆伤人"，所以历任官员都按照前任所示，严禁小车入城，以保持街道的整齐和行人的安全。但是应该看到，推小车是不少贫民和失地农民谋生的职业之一，同时又是城市商户进货的得力运输工具，为了生计和生活的需要，他们初则遵守，继则偷偷摸摸运输，或在夜间进行，或花小钱向守门兵丁买放，终而堂而皇之地编队穿行，使道路不堪重负，变得支离破碎，因而引发扬州市民的不满，乃由县官、士人、绅民等所谓地方知名人物出面，联名一致要求扬州府干预，于是出现了道光三十年勒石"永禁小车"入城的这道碑文。不管此碑文最后的效果如何，"永禁小车入城"是不是最终得到了实施，抑或也许还有其它变通办法，我们不得而知。但这道碑文作为彼时保护城市街道的齐整平坦和安全的文件，仍然具有一定的文物价值和史料价值。它为我们探索清代扬州独轮车的作用和城市交通维护制度提供了第一手实物资料。

值得一提的是，1949年中国人民解放军横渡长江前夕，陈粟大军（华东三野）渡江指挥部设在泰县白马庙，扬州地区的老乡们抢着用独轮车为解放军运送粮草和弹药。后来还组成独轮车队，随着解放军南渡长江，支援前方战斗。陈毅曾用"小车推出半个中国"的话盛赞独轮车在解放战争中所发挥的重大作用。

轿舆 在陆路运输中，轿舆亦是扬州常用的运输工具之一。"轿"字迟至宋代才出现，乃是因乘肩舆上山过坡，"其平如桥"，人们称为"舆桥"，后来便取"桥"之谐音称为"轿"了。之所以被称作"轿舆"，是因为它实际上乃是一种去了轮子的车舆的上部分。轿的出现大约在东晋以后。东晋时大诗人陶渊明患有脚疾，不便于行，就乘一种名叫"篮舆"的运具，由一个门生和两

轿舆

个儿子抬着走路。这篮舆就是"竹轿"，系由随地可见的南方之竹制作而成。陶渊明是南方江西浔阳柴桑（今九江）人，家乡多山路和桥梁，宜用轿而不适用于车，故轿多用于南方。

至迟在唐代，扬州即有轿子存在了，到宋代已广泛流行。史载金兵南侵，宋高宗赵构南渡至扬州，一日与百官乘马出行，忽逢阵雨，高宗和百官被淋得如同落汤鸡，但惯于坐轿的扬州官绅却无日晒雨淋之苦，高宗受到启发，遂"传旨百官许乘肩舆"，从此"王公以下通乘之"，并成为定制，轿子一时风行。这说明，至迟在宋代，乘轿出行已成为扬州官员、富人和大家闺秀出行时的一种代步形式。

元代的驿站中还专设轿站。元站赤设置中说："江浙等处，除设有马站、步站、水站外，有轿站三十五处，有轿一百四十八乘。"可见轿已成为江苏水网地区驿站的重要客运工具，扬州当不例外。

清代至民国初期，扬州地区的轿子分为官轿、客轿、医轿、喜轿等几种。另外死刑犯出斩时坐"无顶轿"，出庙会时抬菩萨的轿子则称为"大驾"。其中官轿为清朝官员所乘，因官阶不同，轿子的装饰和轿夫的设置亦有区别。如道台（正四品）出行，为绿呢大轿，八人抬；县官则乘蓝呢轿，四人抬。客轿多为二人抬。医轿则为医生专坐，大多围以蓝布，比客轿轻便。喜轿专为迎娶婚嫁之设，装饰较为艳丽、吉庆，其色红。

清代扬州的轿房分布全城,据统计有 25 处,称为"二十四铺半"。其地点为：1. 便益门；2. 东关；3. 缺口（城内）；4. 徐凝门（丽三轿房）；5. 福运门（东一轿房）；6. 钞关（东轿房）；7. 响水桥；8. 马摆渡；9. 白马庙；10. 小码头（头铺）；11. 府前（关门差）；12. 晏家庙；13. 小东门；14. 东圈门；15. 二巷；16. 丁家湾；17. 三元宫；18. 东二；19. 凤凰轿；20. 东关街准园；21. 地官第；22. 施任；23. 天宁门；24. 北门。还有半铺,即现在的二畔铺。有趣的是,旧时泰州的轿房也为"二十四房半",甚至苏州的也是如此,不知是何出典。每一轿房人数多则三十余人,少则十余人,有客轿五、六顶至十余顶不等,轿夫总数约为 600 人左右。每一地段轿房均有头儿各占一方,互不相扰。扬州的轿夫除承担肩送客人的业务而外,还兼营本地段的红白喜事和搬运家具等业务（扬州有的地方称之为红白杠业）,实际上他们乃是扬州地区早期的城区搬运工人,轿房可算搬运工人早期的组织形式。进入民国以后,由于人力车（黄包车）的兴起,轿舆客运受到严重影响。到中华人民共和国成立前,除喜庆和庙会时,偶尔见到轿子外,已基本绝迹。但自上个世纪 80 年代改革开放以来,轿子作为一种民间的客运工具,出于旅游和民俗的需要,风景区和名胜景点常配设有轿子供旅客短途乘坐,以提高游客的兴致和领略地方风情。

人力车 初称东洋车,系日本人最初制造。藉人力拖拉而行,故称。清同治十三年（1874）,上海租界出现第一批营业性人力车。民国 2 年（1913）规定车身需涂以桐油或黄色油漆以志识别,遂又以黄包车名之。

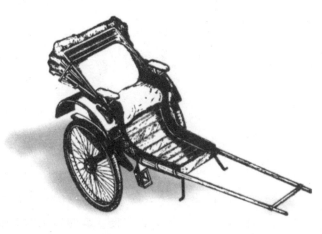

人力车

人力车何时传到扬州,已不可考。民国初年,即有官员和医生以自备人力车出现。民国 6 年 8 月 14 日《通海新报》报导:"扬城前有云飞橡皮人力车公司之组织,日来趁观音香市大盛时正经一体通行,每站受铜板三枚,路站以藤轿公司所原定者为标准,租车夫役则日收大洋四角一辆,未免苛重,试行三天尚觉安妥。闻该公司拟即谋办推广云。"据此,扬州此时已有营业性的人力车公司出现,并有凭体力靠租用人力车拉客谋生的车夫。

民国 18 年(1929)6 月 18 日,扬州有人力车工人 700 多人,因抗议收取损车赔偿费而罢工,江都县政府被迫下令暂缓征收。如以一个半人拉一车计算,扬州此时专供拉客的人力车,最少当不低于 500 辆。

据民国二十四年(1935)《江苏年鉴》所载,当年扬州市人力车竟高达 1874 辆,内中租用营业车 873 辆,自备营业车 833 辆,自备车 168 辆。

抗日战争胜利后,江都县政府曾对人力车作过一次检验登记。从 1946 年 11 月 8 日开始,到 25 日截止,扬州已登记的人力车达 1200 辆,尚有部分未能登记。由于运力过剩,竞争激烈,城市交通秩序混乱,人力车工人的生计深受影响,致有车夫因生活无着而自杀者。为此,江都县政府曾明令"不得继续装置或修理人力车",并要求"设法开拓人力车夫转业的可能途径",核定人力车最高限额不得超过 1300 辆。当年 2 月 20 日,人力车车行成立同业工会,到会人力车主计 26 人,由此可知此时扬州人力车行至少不低于 26 家。

1949 年扬州解放时,尚有人力车 900 多辆。1950 年 8 月 31 日扬州人力车工会成立,下设 7 个分会,计有 635 人,人力车 353 辆,分 42 个服务点(未加入工会者未计)。1955 年扬州市交通科会同市工会和公安局,联合进行人力车审验工作,因不合格被取缔的人力车达 800 余辆,尚剩 227 辆。1957 年,扬州市人民政府拨款人民币 1 万元给人力车工会,购买三轮车,成立三轮车合作社,人力车降至 107 辆。另社会上有闲散人力车 70—80 辆。1972 年,因人力车有碍市容,政府明令取缔,共 46 辆。工人被疏导安置,车辆由交通部门统一收购处理。至此,扬州人力车全被淘汰。

但进入新世纪之初,为旅游观光的需求,同时为照顾年老的旅游者代步,在扬州瘦西湖公园景区和双东景区(东圈门和东关街)设置有固定地点的少量人力车供旅客乘坐,边跑边向旅客介绍旅游景点的身着黄马甲的人力车工人成为扬州一道时新的风景线。

第六章 现代公路的兴起和发展

新中国成立后,扬州人民不失时机地抓住历史机遇,顺利实现了县县通高速和环城通高速以及干线公路改造升级的跨越。与之相适应的则是跨河跨江的现代桥梁的出现和人性化客运车站的建造,扬州正沿着新世纪的坦途向立体交通飞跃。

20 世纪初,现代公路已进入人们的视野,长期依靠水运的扬州日益感到交通闭塞对扬州的制约,一些有识之士开始有筑路通车之议,然而举步维艰,一波三折,直至 1949 年新中国建立前,仅有公路 267.5 公里,其中晴雨通车的砂石路为 14.5 公里。新中国成立后,初期以改善和养护为主,建筑新路为辅。从 20 世纪 80 年代开始,扬州人民不失时机地抓住历史机遇,使一批低等级公路拓宽成等级公路,90 年代又使宁通公路率先踏上高速的行列。进入新世纪后,一个高效、快捷、安全的现代公路运输网络开始凸显,顺利实现了县县通高速和环城通高速以及干线公路改造升级的跨越。与之相适应的则是跨河跨江的现代桥梁的出现和人性化客运车站的建造。扬州正沿着新世纪的坦途向立体交通飞跃。

一、扬州第一条公路和卢殿虎兴办"镇扬"纪实

公元 1922 年(民国十一年)12 月 13 日,这一天风和日丽,飞尘不扬,一向宁静的扬州古城南郊却沉浸在一派喜庆欢乐的气氛之中。从扬州直至靠近江边的六圩,在长达 14.7 公里新筑的土路上,耸立着数座新扎的松柏牌楼,牌楼两侧站立着来自四乡八镇夹道观看的人群多达万计。他们都带着急切的神情在等待一个扬州城从未见过的新奇事物的到来。

上午 10 时整,扬州福运门对岸古运河边的会场上,突然鼓乐大作,炮竹震耳,先由主持人报告开会宗旨,继由有关负责人报告筑路及公司开业经过,后在省府要员和官、绅、农、商、学、报各界团体分致颂词之后,一阵发动机的轰鸣,数辆汽车披红挂彩连成一线,缓缓从车站驶出,车后扬起一股轻尘,直向六圩方向驶去,引得许多青年和孩子尾随奔走。在第一辆客车里,一个绅士模样稍胖的中年男子,长长地吁了一口气,仿佛多年的郁闷至此方得到排解。

这就是当年江北长途汽车公司（后更名镇扬汽车公司）土路落成典礼和扬州第一次开行汽车时的盛况。那个稍胖的中年绅士就是为了创办江北长途汽车公司而饱尝艰辛的首任经理卢殿虎。

卢殿虎像

卢殿虎（1876—1936），字绍刘，江苏宝应县白田铺人。早年就读于江南高等学堂，毕业后，任海州中学校长。辛亥革命后，任江苏省署第三科科长、江苏省教育团公有林总理、安徽省教育厅厅长、甘肃省教育厅厅长及淮扬道道尹等职，是一个具有一定眼光的民国政府的退职官员。

早在民国 7 年（1918）夏，卢殿虎即有倡议瓜洲至清江，沿运河堤修筑公路之举。他在考察过扬州经济及周围地区交通现状之后，认为苏北经济文化之所以落后，其主要原因就在于交通闭塞。他在当年呈送江苏督军和省长的文本中说："窃殿虎等托处江淮之间，地非僻远，境则萧条，究厥原因，端在交通不利……以江北幅员之广，取道运河客货之多，而交通阻滞之现象若此，岂地利之不彰，毋亦人事之未尽欤！清季有商办瓜清铁道之成议，不久中寝，地方惜之……东眺宁沪，西望津浦，轮轨交通之地，其兴勃焉。独此一隅（指江北地带），瞠乎常落人后，为江北全境慨也。殿虎等广集众思，深惟瓜清铁道（清廷曾有兴筑瓜洲至清江铁道之议）未开办前，其足以济目前交通之困难者，莫如长途汽车……"。

抛开政治因素不谈，卢殿虎确实抓住了当时苏北地区经济不振的关键，为此卢殿虎还在文中列出创办瓜清长途汽车的好处：一、瓜清线面涉二十余县，道路筑成，大有利于这一地区文化经济的发展和繁荣；二、瓜清运河堤因行驶长途汽车，必须"狭者培之使广，低者壅之使高"，加之"积石敷土"，可使河堤更加坚固；三、沿堤植树，护路保堤，可以"藉兴林业"。这个倡议得到江苏省长、督军的批准。卢殿虎即着手创办瓜清长途汽车公司，其首要任务则为修筑能行驶汽车的公路。因为其时,苏北扬州地区可供汽车行驶的道路尚无一寸。

由于资金限制,瓜洲至清江的公路近 200 公里,不可能全面开工,故卢殿虎决定先自瓜洲至扬州一段办起,然后逐段兴筑。从 1918 年 11 月至 1919 年 1 月,瓜扬段测量完毕,路料备齐,并在上海订购汽车 5 辆,一切正在顺利进展之时,忽然运河沿堤有人出来捣乱,散发传单,制造筑路会损伤运河大堤的舆论,坚决反对沿堤筑路。一波尚未平息,1920 年直皖内战又起,征集筑路股金困难,筑路计划就此停顿。卢殿虎修筑瓜扬公路的计划首次宣告失败。

这一停顿就是两年。正当瓜清公路受挫之时,苏南汽车运输事业却在蓬勃发展,一时沪太、沪闵柘、上南等汽车公司如雨后春笋般兴起。扬州的有识之士对改善镇扬交通,发展汽车运输事业也认为不能再等待。卢殿虎等复于 1921 年 5 月 28 日于扬州湘园召集有关人士会议,决定改瓜清长途汽车公司为江北长途汽车公司,目前先筑清镇线瓜扬一段,然后次第推开。预定瓜扬段股本 15 万元(此处所指元均指银元,下同),分为 3000 股,每股 50 元。到会发起者当场认购 7.9 万元。并推选卢殿虎、黄伯雨、朱德轩 3 人为筹备主任,一时工作颇见起色。

谁知这一年夏秋之间,秋潮暴涨,江堤溃决,瓜洲、六圩等处一片泽国。一些精明的原认股人当然不愿把股金白扔到水里,所以交股金者寥寥,而招募新股更属奢望,筹建工作一时又陷入困境。正在进退两难之际,1922 年春,在扬的外国传教士索行仁、傅师德等拟组设华洋义赈会扬州支会,建议兴筑瓜扬公路可以以工代赈,卢殿虎及扬州绅商认为,这未尝不是一条促进瓜扬公路成功的办法。遂于 3 月 3 日借扬州商会开成立会,讨论工赈事宜,屡遭困窘的瓜扬公路似乎又出现一线生机。会上,当即拟定如下议案:

推举扬州义赈会的中西职员;

兴筑瓜扬公路,自扬州钞关对河起至瓜洲江神庙止,全长 34 华里;

筑路费由华洋义赈会负担,购地基及路料等由地方自筹;

路筑成后,路权完全归诸地方,西人决不干涉;

地价及迁坟、让屋等费,择期召集沿途绅董会商公订。

考虑到灾民能够及时得到救济和不误农时,议决公路农闲期间开筑,农历四月农忙前结束。4 月 26 日,义赈会主任卢殿虎、副主任戴静山和所聘英国工程师来因等,携带现款前往施家桥工地发放征购路基土地的地价。没想到当地乡民二三十人受少数人唆使,起而反对,他们挥舞竹帚木棍,将卢殿虎和戴静山团团包围,一时"帚掷如梭,棍下如雨",工程师来因因生得碧眼蓝晴知道是外国人而被驱逐。卢、戴二人被围困长达四小时,才被军警十余人挟持抬出,卢殿虎伤势比较严重,立即被送往医院。住院两月始告痊愈,这为他的早逝留下病根。

华洋义赈会原答应拨款以工代赈,但因施家桥风潮,工程受到阻碍,致使春赈期已过,该会会款用尽,在扬外国职员辞职,扬州义赈会无形解散。筑路计划再次化为泡影,卢殿虎尝受到第二次失败的痛苦。

但是,坏事往往会变成好事。卢殿虎的受挫反而使扬州人民更加认识到筑路的重要,感受到卢殿虎筑路的一片至诚。卢殿虎在医院中说:"殿虎所争欲疗治者为心伤,而身伤犹其次也。身伤不至不愈,但欲愈我心伤,必求疑阻我者因怜我而消阻力,扶助我者因爱我而加助力,同心同德,俾此路早日观成,则殿虎所受他人不能丝毫忍受之苦痛,将一变而为无上之愉快矣!"这种精神终于使各种疑虑化为助力,一时愿助股者猛增。

在卢殿虎的坚持下,加之筹备等费用已花费不少,客观形势的发展更不容退缩,卢殿虎伤愈后再次邀集当地绅商于扬州商会开会,与会者一致表示要重振旗鼓继续集股筑路。自此,原以工代赈之路一变而为商办集资之路。

在华洋义赈会筹办以工代赈瓜扬公路期间,工程师来因重新勘察了路线,提出三条意见:一、路线必须取直,将来行车才更加稳便安全。二、建议于钞关之东、徐凝门之西开一城门(后起名"福运门"),在此门对河边建车站,路线可保顺直。三、原定江口起点为瓜洲江神庙,计 34 华里,路工较长,用费必多,如改在镇江北岸六圩江口,可与镇江成一直线,不仅路程可缩短到 28 华里,且江面较窄,轮渡数分钟即可到达镇江,乘火车去宁沪更为便捷。此议得到卢殿虎和投资人的采纳,瓜扬公路遂一变而为扬圩公路了。

1922年7月25日,在卢殿虎的主持和江苏省长公署姚专员、江都县江知事的监督下,扬圩公路修筑工程在严家洼开工。兴筑期间,克服了8、9两月霪雨不止,路段路面冲毁的困难,日夜施工,直至同年12月13日始告竣工。此路自扬州至六圩全程28华里余;路宽2丈4尺;有桥梁15座,最长者40尺;涵洞51座。公路两旁还栽植了行道树。为保持通讯联络计,还在电报杆上加挂了电话线,以适应业务需要。当天扬圩公路举行隆重的落成典礼,于是我们看到了本文开头所写的那一幕。

扬圩线虽告竣工,但其他设备尚不完备,本无立即开始营运的条件。但因汽车对于苏北普通群众而言,尚属新奇事物,人们亟盼能够乘车一游,引为快事。故江北长途汽车公司遂决定于1923年1月4日试开游行车(注:即游玩车),以满足群众的要求,这样既可为公司开辟财源,也可为正式营运创造条件。自此扬州地区出现了汽车这一新生事物。

扬圩线不过区区14.7公里,却历尽艰辛,前后长达5年,始告成功,从这里不难看出中国民族资本于旧中国创业的艰难。然而公路的筑成并不意味着卢殿虎磨难的结束,事实证明这仅仅是开始。随着江北长途汽车公司(即镇扬)的开业和初步站稳脚跟,天灾人祸亦接踵而至。

首先是兵抢。1927年北伐军兴,3月下旬,军阀孙传芳部退至扬州,扬州站全被溃军占据,全部车辆均被胁迫为孙部输送军队。营业全部停顿。车队输送完毕,孙军不但掳去轿车

镇扬汽车公司开业执照

镇扬公司经协理就职合影

1辆,为防止车辆为其他军队所用,竟捣毁了全部车辆。六圩车站亦被毁于炮火。甚至"路树折以为薪,电线割以为绳,轮渡则久假(借)不归,家具则攘为己有"。当时江面封阻,修车机件无法采购,损坏车辆不能修理。待局势逐渐稳定,至6月20日始修好汽车3辆,勉强复业。但至8月下旬,再次封江,营业又告停顿。至9月10日始恢复营业。在此期间,尽管镇扬公司遭受重大损失,但此时有些与北伐军暗中联系的扬州中校的师生,被联军"钩稽搜索",横遭逮捕,卢殿虎不顾个人安危,亲往联军首领处"竭力疏解",事后又"买舟护送出境,所全甚多"。从这里我们又看到卢殿虎是非分明的另一面。

在此次兵灾中,被掳轿车一辆,被毁车无法修复的4辆,损失1万余元;修复被毁车19辆,损失修理费8000余元;车站房屋被毁计损失5898元;桥涵、码头、栈桥损失6970元;家具、工具、杂物等损失1784元;各种油料、配件损失4361元。共计损失37000余元。此外,停止营业4个月,全年营收为87468元,比上年减少53000余元。损失甚为严重。在封江期间,公司毫无收入,"工匠人等几至断炊,当由卢、朱、贾、邹四董事及汪监察凑集款项,维持伙食"。其境况之困窘于兹可见。

1928年春，公司正着手整顿，积极恢复兵灾创伤时，不料是年3月3日夜晚11时，公司停车库东北隅突告失火，其时东北风正紧，火势直向西南延烧，既速且烈，加以油箱炸裂，油火四射，虽经竭力施救，而车库仍被全部焚毁。计焚大小车辆17辆及旧卡车架1辆，共18辆。其中新购蓬车轿车各一辆，能行驶的旧车8辆。其余8辆系在上年兵灾中损坏严重未能修复者。另卡车一辆，旧车身两具，因停放车库外，以及引擎两部因在修理间修理，免遭损失。连同焚毁车库五间，共计损失30000余元。

火灾后，当即将库外未烧之卡车一辆，旧车身两架配以旧引擎，通夜装修，于火灾后10日（3月13日）先行复业。一面由朱干臣、陆小波两常务董事垫借2000元，在沪购买大车2辆，于4月15日运回扬州；以后又陆续修复被焚之蓬车2辆，卡车1辆。10月间，新车库开始建筑，至年底新车库10间竣工。至此，火烧之痕方被抹平。

1931年1月至7月份，镇扬公司营业有了新的发展，1月份营业18526元，7月份竟高达21692元，超过了历史月收入的最高水平。陡增的原因是七月初连日江潮猛涨，各处圩堤崩溃甚多，镇扬轮船因瓜堤危险停止航行，因之旅客非乘汽车不可。但这盛况犹如昙花一现，大水促使了汽车运输的短暂兴旺，但迅即变成了毁路和停业的祸水。

1931年7月中旬，扬圩线褚家坝、耿官营因江潮泛涨，路面水深近尺，营业虽好，但行车颇为困难。至28日，上述一带积水日见增涨，车行至该处时，车轮陷于淤泥中，欲行不得，为旅客和员工、车辆安全计，不得不宣告停业。8月28日瓜洲堤岸崩溃，由常家桥向北沿途水深三尺，六圩至常家桥的灾民数百户均迁居公路上，临时搭盖芦蓬栖身，绵延数里，情况甚惨。

直至11月20日，沿途积水方逐渐退清，该公司乃呈请督署派兵劝导乡民早日归农，让出路线，另由公司发给灾民每户一元，作搬迁安家之用。12月1日沿途灾民所搭草房已全部拆让完毕，公司始恢复营业。从7月底到11月底止，共停业四月有余，公司损失可想而知。

扬圩公路,原系铺垫瓦砾,上盖煤屑。大水时江堤溃决,洪流澎湃,自乔庄以南路基浸入水中,一片汪洋,深者数尺,浅者尺许,路面瓦砾煤屑,漂没殆尽。水退以后,亦曾施工修整,因工程浩大,限于经费,暂时只能因陋就简勉

镇扬公司开业时的小客车

强复业。但路基不平,颠簸剧烈,旅客意见颇大,车辆亦易损坏。修路乃成当务之急。遂于 1933 年 3 月开工,分段翻修。历时 8 个月,才告竣工,共耗资 14303 元。当上述灾难宣告结束之后,卢殿虎率领镇扬公司的同僚们励精图治,一度苦尽甘来,开始恢复元气。通过改善路况,改建桥梁,增加车辆,实施公路与沪宁铁路,公路与淮阴水路轮船的公铁和水陆联运等措施,公司境况大有好转,仅这一年的联运收入即达 61452 元。特别是公司于是年取得扬州至霍家桥路经营公共汽车的专营权之后,营业收入得到较大提高,1936 年年营收竟高达 22 万多元,这是镇扬历史上从来没有过的。从 1934 年到抗战爆发,当是镇扬公司发展最为顺畅的时机。

卢殿虎常常从细微处入手为旅客着想,例如扬州车站设在福运门外运河对岸,为了和扬州城联为一体,卢特专备摆渡船,船体宽大,两侧且设有铁圆条栏杆,供汽车乘客、行人往来及公司职工上下班之用,以保安全。为了让旅客有歇息的地方,卢特意在福运门对岸河边,建有园林式砖木结构的“待渡亭”,飞檐流丹,轩敞实用。扬州车站的候车站台和停车坪地,盖有连接的白铁棚,客车遇雨时可在棚中下客,旅客上下车可免日晒雨淋。卢还考虑到车站和扬州站毕竟中间横亘着古运河,为了沟通信息,特于扬州车站屋顶高立旗杆,上悬绣有蓝底白字的“镇扬公司”字样的旗帜一面,在福运门城墙边举目可见。每天有人专司升降之职,晨间升起,末班车开出后降落,雨天无车则不

镇扬公司客车

升。凡是欲出城赶车的旅客,见旗即知有车,无旗则止步,以免赶车抢渡,徒劳往返。按时升降旗帜的规定,直至日寇占领扬州,从不爽误。一位镇扬公司的老职员回忆道,有一次他值夜班,从车场、车站巡视回来,住在值班室,恰逢卢的老友曾任江苏省长的退职官员韩国钧来访,两人在经理室沙发上长谈,直至夜深两三点钟。所谈并无别事,竟然全是他关于镇扬公司今后发展的设想,这使得隔壁听者十分感动。这些虽系小事,却体现了卢殿虎一心办企业的执着精神。

然而好景不长,正当公司员工因公司营业渐入佳境为之欢欣鼓舞之际,卢殿虎作为镇扬主席董事,因操劳过度,突于1936年8月11日患脑溢血逝世,终年60岁。卢殿虎生前留下遗嘱,其中有句云:"余一生精力,致力于教育行政者半,致力于社会事业者亦半。晚近摆脱政治,专从事于社会事业,而尤以发展地方交通为唯一之职志。但现在所能贡献于社会者,仅一镇扬长途汽车公司而已。甚盼我朝夕相处之同道,有以扶持而光大之。"可以说为镇扬公司操劳,卢殿虎竭尽了一生心血。这对发展中的镇扬汽车公司来说无疑又是一个沉重打击。然而,当公司在处理好卢殿虎的丧事之后,尚未完全从悲痛中摆脱,紧接着第二年日寇大举侵华,1937年12月25日扬州陷于日寇铁蹄之下,镇扬公司终于遭到了完全被侵吞的命运,车辆、房屋、路权全被日寇霸占,员工四散,作为扬州一个稍具规模的交通运输企业,至此遂告中断。而这一中断就是整整8年! 直至抗日战争胜利才得以复业,但又在敌产赔付的问题上遭到国民党政府的克扣和刁难。镇扬公司在坎坷的道路上又写下充满酸楚的一页。

从上面镇扬公司风风雨雨的历史可以看出，没有一个强大的新中国的创建，没有强大的国防作为后盾，多少仁人志士"实业救国"的抱负只能是个无法实现的梦幻罢了。

二、扬清公路兴筑始末

南起长江的六圩河口，北至今淮安市淮阴区入淮河的口门，长达197公里的大运河苏北段被称为里运河。从邵伯古镇开始，高达几近12.5米的运河大堤如同巨人的铁臂伸展北去，直至清江浦。堤上筑有沥青公路，客货车辆往来穿梭，昼夜不绝；运河中千帆如织，一片繁忙。大堤下河网交错，池塘密布，红莲吐芳，水杉矗立，村庄掩映于碧水环绕的绿树丛中，里下河水乡风貌尽现眼底。在里运河堤的屏障下，昔日锅底凹的里下河地区已成为全国著名的粮仓，京杭运河苏北段则成为京杭运河中水质最好、河面最为宽阔的黄金水道。每当我们乘坐汽车在原扬清公路（今称淮江）上飞驰，远眺高悬如带的运河和河西的湖光云影以及如绿色长廊的不尽堤路，不但是一种美的享受，且常常诱发思古之幽情，让你想起千百年来河湖分隔的艰辛，让你想起扬清公路兴筑时的曲折。

进入民国以后，汽车作为现代陆上交通的利器，自然受到苏北有识之士的重视，纷纷要求修筑公路以改变本地区交通闭塞的状况，而沿运河大堤筑路当然最经济简便。1918年7月，江北汽车公司筹办人卢殿虎呈文江苏督军、省长，特别强调了利用运河堤筑路的好处，因为行驶汽车，必然要使运堤"狭者培之使广，低者壅之使高，积石敷土，堤工益固"，另外还可以利用河堤的路边和坡面"藉兴林业"，并把这条公路定名为扬（州）清（江）线，但因资金短缺等多种原因而未果，最后只筑成扬州至六圩14.7公里的扬圩线公路。这条路虽然不长，但对淮阴地区触动却很大，不少士绅认为淮阴地区必须打破沉寂，不能再予等待。斯时淮扬一带士绅，对建筑公路虽然心切，但看到扬圩公路建造中迭经劫难又感到胆寒，深知像这样的工程，单靠民办是难以成功的，应以政府的倡导为上，遂推派代表向淮扬道尹商谈寻求支持。筑路方案在淮扬道尹的应允下,民国 13 年春,淮属淮阴、淮安、涟水、泗阳、盐城、阜宁和扬属高邮、宝应 8 县绅商在清江集会,专议建筑县际间公路和开办汽车运输事宜。经地方政府同意,会议确定成立"江北路政总局"。总局设在清江浦,并附设长途汽车公司,县设分局,负责本县境内的筑路工程。江北路政总局正式成为淮扬地区建筑公路兴办汽车运输的半官方领导机构。

江北路政总局成立后,决定利用里运河堤为扬清公路路基,即在扬属高宝两县的宝应建立名为"汽车路堤工程事务所"的机构,以负责公路修筑、募集资金、筹办汽车公司等事项。并对工程设如下规定:一、筑路经费来自田赋中每亩加征铜元一枚(300 枚可兑换一枚银元);二、路面宽度定为 2 丈 2 尺;三、桥涵随资金丰欠情况而定,暂时可以石块、树木搭设。正当筹备就绪开始动工之时,运河管理部门江北运河工程局忽出面阻挠,施工被迫停顿。后经协调,在确保运河堤安全的前题下,拟定出新的施工方案,并签定协议方才得以继续。民国 15 年(1926) 8 月,扬清公路从清江经淮安、宝应直至高宝交界处的界首段完工,全长 60 公里,宝应境内长 43 公里。都是土路面,晴通雨阻。当年即由江北长途汽车公司于 9 月份试行通车,时有客车 8 辆、蓬车 5 辆,开行清宝(应)、清众(兴)、清涟(水)、清沭(阳) 4 线。开行清宝至界首的车辆每天不过 2—3 辆左右。其时正当北伐战争之际,公司尚在试营阶段,车辆即被军队征用,损失颇巨,战后觅回大小破烂车 8 辆,力经修理,只有 5 辆可用,暂时维持交通。

扬清公路宝应段通车后,对高邮上层人士震动甚大,使高邮许多人由疑虑转而支持筑路。民国 17 年春,成立高邮路工分局,立即制订高邮至界首段筑路计划,并积极准备兴工,但忽因出现分歧而中断,就在僵局之时,高邮路工分局得到国民党高邮县党部特委耿伯阳等人相助,将筑路事宜上书南京军事委员会和总司令部,称高邮"地方土、劣勾结,阻滞车路工程……妨碍军事行动……",军事委员会明令江苏省建设厅调查处理,致使不同意见者气焰收敛,结果仿照宝应路段签署的协议条件办理。民国 18 年 10 月,路段工程竣工,公路由界首筑至高邮北门外挡军楼。10 月 10 日,清江至高邮通车。

早在民国 17 年 2 月，因机构发生变更，江北路政总局已改组为"江北公路局"，11 月又改名为"江苏省公路第二分局"。民国 19 年 5 月，第二分局复遭裁撤，"江北长途汽车公司"所剩的几部车辆被省公路局接收，公司就此歇业。江苏省建设厅公路局乃招商承办苏北运河大堤扬清线汽车运输，当即有以徐述哉为首的商人申请组建汽车运输公司。呈文获准后，徐等人于民国 19 年春开始筹备，成立"扬众长途汽车股份有限公司"，筹有资金 5 万元（一说 10 万元），并遵照省定章程，于民国 20 年 6 月开始营业。公司开业前夕，为开展广告宣传，扩大公司知名度，曾组织客车 12 辆，在清江城区游行，大造开业声势。公司经营的路线计划由南向北为扬州、邵伯、高邮、界首、宝应、泾河、淮安、清江，直至泗阳众兴镇，全长 236 公里。在扬州设办事处，在高邮设总站，汽车暂由众兴至高邮每日对开。在扬清公路未全部筑成时，邵伯至扬州置小轮船往来，与扬州镇扬公司汽车相衔接。

与此同时，扬清公路续建计划在继续进行。下一步拟将公路推筑至高邮以南的露筋，筹备工作准备就序。民国 20 年正拟开工，然而天不佑人，扬众公司开业仅及半月，适逢江湖潮涨，为保证运河堤安全，政府调运大批砂土石料沿路堆积，有的已占用了路面，致使交通受阻，行车不畅。据《江苏水利全书》记载，进入 7 月，阴雨连绵，大雨兼旬，"运河饱满，水平堤顶，抢加子堰"，进入 8 月，启放归海车逻坝、新坝和南关坝，到"八月二十五、六两日，西北暴风大作，昼夜不息，里运河西堤漫塌多处，东堤高邮、江都一带，漫塌二十七口，（里）下河兴、盐各县，一片汪洋，田禾尽没"，这就是当时震惊全国的民国 20 年即 1931 年的苏北大水。扬众公司设在高邮大堤上的总站和车辆，正处于运河洪流的冲击之处，滚滚洪涛飞泻而下，数辆汽车迅即被洪流吞没。待水势稍定，随即组织打捞车辆、设法抢修，并添购新车，准备复业，但转瞬间已过去数月。民国 21 年，水退堤复，众兴公司正欲复业，地方上又有人刮起"汽车行驶有损河堤"的流言，并上书政府，要求干预，致使扬众公司复业无望。

扬清公路是苏北地区的重要交通干线，早日建路通车已成为江苏刻不容缓的项目,因此水灾过后不久,在财政经济仍然困难的条件下,民国 21 年冬,建设厅派员勘察线路,确定高邮至邵伯的路线仍沿运河堤建筑。遂于民国 22 年 2 月动工,5 月完成路基,江都境内的 5 座木桥和邵伯至清江线上的 12 座临时桥及 30 座涵洞亦同时兴工建成,6 月 20 日,高邮至邵伯通车。扬州至邵伯间距只有 28 公里,但因必须穿越运河和邵伯湖,工程颇为艰巨,所花资金亦甚可观,筑成公路通行汽车很不容易,省建设厅将此作为研究课题,迟迟未能定案,邵伯至扬州陈家沟暂靠轮渡运送乘车旅客。民国 24 年,浦口至启东的省道路基已筑至仙女庙,形势发生变化,由扬州经陈家沟至邵伯的路线方案被否定,改由仙女庙至邵伯,路桥可公用浦启线上的万福桥、二道桥、头道桥和江家桥,至此扬清线于民国 25 年秋全线通车。扬清线从民国 13 年动议到 25 年完成,前后长达 12 年,中间迭遭战事、水灾和资金的限制,虽有有识之士于中不懈努力终于成功,然旧中国办事之难于此亦可以概见。扬清线开筑成功已到 1936 年,江苏省建设厅考虑到这一条线路因 1931 年水灾断运已达数年,招商承办困难颇多,故决定收回路权自办。未及 1 年,抗日战争爆发,苏北地区沦陷,因淮阴当时为日本华北交通股份有限公司的管辖范围,扬清线路权乃被该公司强占,成为日产"丰田"汽车独行的天下。

抗日战争胜利后,有一个名叫"扬清长途汽车公司"的运输企业及时填补了扬清线的空缺。它以管理正规、拥有较多懂业务、懂技术的管理人员而获得扬州人民的赞誉,成为仅次于镇扬汽车公司的又一著名汽车运输企业。扬清汽车公司的创建人名叫章炎唐,上海同济大学机械系毕业,原属上海"炎华实业公司"运输部,在上海市内经营货物运输,因缺乏门路,业务清淡,拟到外地另谋出路。适遇同济校友如皋人汪宝太,得知江苏省公路局掌管的扬清公路尚无汽车运输企业招商承运,于是章积极展开活动,争得江苏省建设厅厅长高邮人董赞尧的允诺,与省公路局签订"特约运输合约",以"江苏省路运字第 035 号汽车营业许可证"获得扬州至清江公路客运经营权,有效期为一年,期满后可优先续订。合约规定:需按营业收入 20% 向省缴纳特许费。至此,扬清长途汽车公司在章炎唐筹划下诞生。

公司委任国民党中将级参军萧芹为名誉董事长,章炎唐自任总经理,聘他的同济同学宝应人刘统初任经理,汪宝太为副经理。初时公司设址于扬州福运门内南河下 25 号,后迁至福运门外东首 46 号。扬清公司管理机构完整,人员素质上乘。计设业务、机务、会计、总务 4 课;课下设站务、票务、车务、材料、稽核、出纳、文书、庶务 8 个股。根据交通量的大小和业务繁简,在沿途县城及主要集镇设立办事处、车站和代办站。计有六圩办事处;扬州、仙女庙、邵伯、高邮、宝应、淮安、清江、六圩 8 个车站;洼子街、车逻、界首、氾水、泾河5 个代办站。公司课股及各站管理员工共 30 人左右;驾驶员 25~26 人,随车乘务员 17~18 人,机修徒工、勤杂工 20 余人,业务兴盛时员工人数达 130 人,在当时可算是个具有相当规模的运输企业。扬清公司的车辆全部由上海炎华实业公司"扬清管理处"提供。民国 36 年 11 月报捡车辆数为大客车 22辆,其中雪佛兰 1 辆,余均为美国造的道奇牌,质量甚佳。民国 37 年 6 月,公司申报以外汇分配轮胎限额时,报到有牌照号码的车辆为 27 辆,在正常情况下,投入营运的车有 15~16 辆,高峰时曾达 18 辆,由此可知该公司的运输实力。扬清公司于民国 35 年冬筹备就绪,经过一个多月的试运行,于 1946 年12 月 18 日正式营业,营运路线由原定扬州至清江,改为六圩至清江。并规定圩清和清圩往返的客班车必须直达,以便利省政府与省府驻淮机构的公务能及时直达,同时指令镇扬汽车公司应给予扬圩线路上的扬清车辆以方便。至民国 36 年 1 月,扬清公司的经营进一步发展。为适应形势需要,即向镇扬公司商借场地,用作设置车站。是年 9 月,扬清公司在镇扬车站西院空地搭瓦屋 2 间,草房 3 间,扬清终于在扬州有了立足之地。

扬清公司还与镇扬公司签订协议,将原在六圩至清江往返直达车两票制,即六圩至扬州的车票用镇扬客票,抽取总票资的 20% 付给镇扬作为养路管理费,此后则扩大为区间各站点客班两票制联运,使往来的乘客在六圩都能买到运河沿线各站客票,加上扬清公司的车辆、班次、票价均很正规,很少发生脱班、误点和抛锚现象,安全可靠,深得旅客信赖。因此公司信誉日增,营业额逐月上升。民国 36 年夏至 37 年 10 月是公司经营最为旺盛的时期,尤以 36 年冬季为最。是年气候酷寒,运河水浅封冻,镇江至清江轮运断航,旅客纷纷弃水就陆,客运量倍增,常规班车不能满足需要,公司设法至常州与中运长途运输公司商定,邀中运公司参与协作运输,言明按营业额的 60% 分配给中运。协议达成后,"中运"公司派出 12 辆客车来扬参运,致使扬清公路上营运的扬清公司车辆数高达 27~28 辆,每日开行于扬州至清江、扬州至高邮、扬州至邵伯、扬州至仙女庙的往返班车各有 4 班;开行扬州至淮安、扬州至宝应之间的往返班车各有 2 班;清江至淮安的旅客特多,故又增开两班区间车。若按大道奇 40 座,小道奇 30 座计,每日投入正常运行的车辆约为 17~18 辆,运送旅客每天当不少于 1500 人次。这在当时是很少见的。

早在淮海战役之前,章炎唐即预感到国民党战事不利,于民国 37 年 5 月即开始裁减员工,11 月清江面临解放,章炎唐即将营运班次和和车站次第裁撤,先将清江车站撤到宝应。随着扬清线城镇的陆续解放,初撤宝应,继撤邵伯、仙女庙,未及一月,扬清线因全线解放而停班。民国 38 年元旦刚过,章炎唐即将公司所剩汽车、轮胎、配件大部分连同人员一齐撤往上海,参与协作的中运汽车也随之撤回常州,扬清长途汽车公司遂告歇业。元月 25 日扬州解放,扬清线回到了人民手中,并成为国营扬州汽车分公司的骨干营运线路。

中华人民共和国成立后,里运河获得了新生。运河大堤曾经数次加固。1950 年,运河堤普遍加高 0.7 公尺。此后随着大运河的几次拓宽,特别是 1958 年和 1982 年两次京杭运河扩建工程,使运河经过了堪称是脱胎换骨的改造,里运河一跃而为国家三级至二级航道,疏浚的泥土使运河大堤愈加雄伟宽阔,宏敞顺直,大堤上的所有木质桥梁和闸坝均被改建为钢筋混凝土桥梁和闸坝,既提高了抗洪能力,又改善了路况。从 1992 年到 1996 年年初,淮江线(前称扬清线)的拓宽改造工程使大堤达到二级路以上标准,路面整洁,路拱适度,排水畅通,线型清晰,路缘整齐,大大提高了通车效率,截至 1999 年底,每日车流量已高达 2 万辆次。而今里运河大堤不但是母亲河的钢铁卫士,还是扬州腹部地区沟通南北的大动脉。

三、从低等级公路到县县通高速

扬州交通早期以水运为主,陆运为辅,公路发展极为缓慢。到 1949 年中华人民共和国成立时,扬州仅有公路 267.5 公里,能晴雨通车的砂石路唯有扬圩线的 14.5 公里,其余均为土路。新中国成立后,扬州公路事业得到了蓬勃发展。20 世纪 50 年代,扬州的公路建设以改善和养护为主,建筑新路为辅。土路多向简易沙石路过渡,等外公路向等级路改造。首先被摆上议事日程的,就是扬清线和仙(女庙)海(安)线(原民国年间的浦启线)从土路向沙石路的改造。扬清线于 1951 年 3 月动工,150 余公里的路面依靠人拉锹挖,硬是用人力

新中国建国初的筑路工具

于当年实现了晴雨通车。在扬清线备料阶段中,拆除了扬州、高邮、宝应、淮安四座城墙,另又动员沿线群众搜集砖瓦,同时搬走了扬州城内康山街附近堆积一二百年的碎砖瓦砾山,由此可见该项路面工程牵涉之广。而仙海线的晴雨通车对加强海防前哨,巩固国防具有重要意义。在此期间新筑的公路以高邮至兴化的公路最为艰巨。邮兴线地处里下河中心地带,地势低凹,河荡密布,历来靠船舶与外界联系,交通非常闭塞,于此筑路其难可知。邮兴线全长 49.6 公里,1955 年春开工,1957 年 4 月竣工通车,从此结束了水乡兴化因冬季冰冻而遭封闭的历史。邮兴线鉴于当时的物力财力和技术条件,工程棘手麻烦,仅 4 米宽的木桥就造了 20 座,木桥总造价竟占全部工程费用的 65%,水乡当时造路之难可以想象。

中国石油自给后,大庆油田的开发为祖国公路建设提供了沥青,从 1965 年开始,沥青路在扬州开始出现,扬州历时近半个世纪的砂石路始换新颜,公

路建设自此步入等级化、标准化行列。至 20 世纪 70 年代,干线公路上已基本上铺设黑色路面,一批低等级公路拓宽成等级公路。与此同时,大批县乡公路的兴筑使线路增多,里程成倍增长。截止到 1978 年,全市公路里程已达到 1404 公里,其中晴雨通车的里程已占 85% 以上,黑色沥青路面已达 30%。在当时 5 县市两区 147 个乡镇中,有 95 个乡镇通了公路,尚有 52 个乡镇没有通车,不通公路的乡镇占总数的 35.37%。

综观 1978 年扬州公路的现实,成绩虽然显著,但总体上仍处在不发达和不适应国民经济发展和人民生活需要的状态,公路里程密度仍嫌稀疏,等级偏低,桥梁绝大部分不符合等级公路要求,公路养护能力薄弱,筑路设备简陋。

中共十一届三中全会的召开,为扬州公路建设拉开了大干的序幕。从 80 年代开始,一批低等级公路拓宽成等级公路,公路桥梁又向永久化方向发展,一级路和水泥混凝土路面在区域内相继出现。进入 90 年代,扬州人民不失时机地抓住历史机遇,把公路交通建设当作发展国民经济的基础环节来抓,扬州公路出现了突飞猛进的变化。公路里程不断增多,县市级道路条件大为改善,扬州与长三角和全国的距离愈来愈小。如巨龙蜿蜒,彩虹飞舞,首先是宁通公路率先踏上高速的行列。紧接着南绕城高速、淮江高速紧随其后,高等级公路从无到有,特别是一批国省干道得到改造和升级,更为宽敞和便捷。

328 国道海宁线,是市境内的两条国道之一,原为民国时期宁启公路的一部分,从 1979 年至 1987 年经过一次新建和 4 次改造,从扬州仪征青山渡槽至江都界沟西全长 84.5 公里基本改造为一级公路。淮江线原为民国扬清线,由淮阴至江都,全长 160 公里,328 国道定名后,剔除与国道重复部分改称淮江线。扬州段北起宝应泾河,南止江都立交桥,全长 124.71 公里。1987 年,淮江线平均日交通量已达 7500 辆次,1990 年日交通量更超过万次。淮江公路大部分路段在京杭运河的东堤上,技术标准很低,其中仅高邮临城段 9.2 公里为一级路,邵伯至江都 14.7 公里为二级路,其余皆为三级和三级以下公路。因此从 1993 年 3 月,总计约 95 公里的路段按二级公路的标准进行改造。1996 年 10 月 18 日交工,1998 年元月 20 日通过竣工验收。此后又将邵伯至江都

328 国道仪征段（328 国道宁通高速公路复合线）

段 8.5 公里进行拓宽改造和完善。后又于 2001 年 6 月再次对淮江路 111.54 公里路面实行沥青改造，全工程至 2005 年 1 月 31 日交工。自此，淮江路全线达二级公路标准，内中宝应（11.77 公里）、高邮（8.64 公里）、江都（5.44 公里）临城路段达一级路标准。截至 2000 年底，全市公路总里程已达 6238 公里，由市公路主管部门管养的公路里程达到 2061 公里，其中高速公路 193 公里，等级公路 3906 公里，其中一级公路 79 公里，二级公路 465 公里，三级、四级公路 3398 公里，等外级公路 2103 公里，公路密度达 31.05 公里／百平方公里，4.63 公里／万人。全市 147 个乡镇全部通了公路。

宁扬一级公路是扬州最早建设的高等级公路。该路起始南京长江大桥北塊的泰山新村，止于扬州渡江南路老车站，全长 95.5 公里，内扬州段路长 38.68 公里。宁扬一级路原称 328 国道。最先施工部分为仪征—胥浦—十五里墩路段。该段有一部分老路原先穿过正在筹建的仪征化纤联合公司，乃由仪化出资 960 万元作为境内老路价款，余由省交通局投资 100 万元兴筑胥浦至十五里墩新辟路段。该段全长 11.726 公里，由扬州地区公路管理处路面工

328 路容

程队和仪征、邗江、江都三县公路管理站于 1978 年 11 月分段负责施工。但开工不久，即因党中央调整国民经济政策，仪化被缓建，筑路工程随之停顿。后于 1982 年 1 月复工，1983 年 11 月 16 日新线竣工通车。该线路基顶宽 23 米，路面分两块板，宽各 10 米，4 车道；中间设 1.5 米分车道，两侧为 0.75 米土路肩。其后属于宁通公路的组成部分，尚有扬州通扬桥至扬瓜公路叉道口 3.6 公里路段，仪征十五里墩至与六合县交界处的 5.74 公里路段，扬瓜公路叉道口至八字桥 8.6 公里路段，以及仪征境内的剩余部分计 13.45 公里路段分别完成，加上 1989 年年底完工的扬州车站路段的瓶颈改造工程，至此宁通公路一级路扬州段于 1990 年元旦全线贯通，修筑时间断断续续长达 10 年，时为华东地区最长的一条一级公路。当时开通之日，车日通过量已达万辆，扬州至南京的时间缩短了一半。

宁扬一级公路的建成使扬州公路建设部门依靠体力筑路成为历史，开始拥有如挖掘机、推土机、铲运机、装载机、大型压路机、沥青砼拌和机、运输车等大型筑路机械设备，工人劳动强度得到改善；同时通过一级路的施工实践，提高了工程技术人员和工人的技术水平，一支高素质的筑路建设队伍已然形成。

宁通高速公路的建成，实现了扬州高速公路零的突破。宁通高速公路由铁道部第一勘察设计院、交通部第一勘察设计院和中国公路工程监理咨询总公司设计。从南京至南通，全长 232 公里（其中南京段 46 公里，扬州市境 148 公里，南通市 38 公里）。宁通高速公路则是指南京至扬州一级公

宁通高速江都段

路的扬州段除外,专指从江都正谊至靖江西来的 87.8 公里路段和南通的 38 公里路段。内中宁通公路扬泰段江都(正谊)至泰兴(广陵)68.8 公里为 26 米宽的 4 车道全封闭全立交高速公路,也是国道主干线北京至上海和同江至三亚的共用段。

　　宁通公路需经过里下河地区,水网密布,地形复杂,仅大小桥梁即达 78 座,拆迁任务相当繁重。从 1992 年 10 月开始征地、拆迁、备土,扬州段共征地 1.4 万亩,拆迁 10.7 万平方米民房、1592 根电线杆、49 座铁塔、488 根邮电线杆和 596 根广播线杆,代之而起的则是全线耸起的平均 3.5 米高的路基。为此沿线三市的 32.5 万干部群众突击挑土 1590 万方,硬是用肩挑背扛垒起这条蜿蜒的长龙,在当时筑路机械和运输工具尚比较稀缺的情况下,这是多么壮观和感人的场面! 宁通公路于 1996 年 11 月 28 日建成通车,中国工程院院士沙庆林对宁通高速路的评价是:沥青路面平整度为 0.7 毫米左右,平整度、舒适性和沪宁高速一样;而水泥混凝土路面平整度大大低于 1.8 毫米的标准,达到了国内高等级公路的一流水平,而且在对桥头跳车这一世界性难题的解决,水

宁通高速路仪征段

平很高。

如果说宁通高速公路的建成体现了扬州人民不畏困难勇于奉献的精神，那么扬州南绕城高速路的建造则是一个深具匠心和远见卓识的创造。南绕城是为了解决扬州南大门交通瓶颈问题而建造的。南绕城高速西起宁扬公路八字桥互通立交，经扬瓜路、扬子江南路、古运河、京杭大运河，东迄廖家沟大桥，全长 18.1 公里，路基顶宽 26.5 米，工程总投资 6.1 亿元，其中有 2600 万美元为外资贷款。公路从 1996 年 10 月开始拆迁，至 1999 年 6 月 28 日通车，抢在宁通高速公路开通之前通了车，堪称时间短质量高。由于采取远距离运取郊区西湖乡、邗江杨庙乡和邗江林场等丘陵地带的土源，因而节省了近郊 2000 亩土地，同时使取土区的荒丘变成果蔬成行的 2000 亩可耕地，虽然花了一些钱，却一举两得，惠及子孙。另外，南绕城 18 公里的路程有长达 2.2 公里的高架桥路段，如果全部采用土基，必然将扬州市区与城南的高新技术开发区和以高旻寺为中心的旅游生活区像一堵墙似地隔断，这未免大煞风景。因此南绕城工程指挥部毅然采取平均高达 5.45 米高架桥的设计，这壮丽的一笔不但使扬州滨江的空间更为辽阔，而高架桥本身也为扬州城南增添了一道宏伟的奇景。

1996 年下半年沪宁高速公路建成后，江苏省委省政府及时作出了"挥师北上，加快苏北交通建设"的战略布署。全省交通建设的首要战役就是加快京沪高速公路（扬州段）的建设。京沪高速扬州段又称淮（安）江（都）高速公路，是江苏省"四纵四横四联"高速公路网中的"二纵"，它是国道主干线同江至三亚和北京至上海的共线路段，整条线路为沿京杭大运河通道的一部分。

扬州段北起宝应泾河镇,南至江都区正谊枢纽,与宁通公路的正谊至泰兴广陵段高速公路相接。京沪高速淮江段穿越宝应、高邮、江都三县(市)26个乡镇,公路主线全长112.409公里(含江阴至刁铺公路正谊互通二期工程1.9814公里),全线按全封闭、全立交高速公路标准建设,双向四车道,路基宽度28米。沿线设有互通立交8处,匝道收费站7处,服务(停车)区2处。京沪高速扬州段由江苏省高速公路建设指挥部负责建设,扬州市淮江高速公路工程建设指挥部负责工程实施。工程于1997年3月22日开工,2000年10月底建成通车,实际工期3年零8个月。总造价37亿元。京沪高速淮江段路面平整坚实,表面均匀抗滑,分项工程优良率100%,房建、绿化等工程各项指标均符合要求。2001年京沪高速(扬州段)荣获江苏省"扬子杯"优质工程奖。京沪高速公路穿越沿线多个历史文化名城,大大缩短了扬州与我国政治与经济文化中心北京的距离,形成了在长三角范围内一条串连南北政治经济的交通走廊,极大地支持了长三角南北两翼的联动发展。

扬州高速路立交雄姿

淮江高速路风采

淮江公路路容路貌

淮江高速公路由江苏京沪公司负责经营管理。公司以经营高速公路理念引领企业实现跨越式发展,取得了显著的社会效益和经济效益,被誉为是一条优质高效的争气路,一条财源滚滚的黄金路,一条富民强省的幸福路。2002年被评为中国首条高速公路文明样板路。

扬州西北绕城高速公路是江苏省原规划建设的"四纵四横四联"公路主骨架中"二联"的重要组成部分,也是扬州绕城高速公路的西北环线,同时还是南京通往苏中里下河地区的一条重要快速通道。该路东起京沪高速公路江都丁伙镇出入口,向西跨淮江公路、京杭大运河后,路线折向西南,跨越宁启铁路,止于扬州南绕城公路,与润扬大桥北接线相连,线路全长34.962公里。双向四车道,全封闭、全立交,路基宽度28米,设3米宽中央分隔带,计算行车速度100公里/小时。总造价为14.8亿元。扬州西北绕城公路沿线需要跨越8条重要河流,穿越11条主要公路和铁路,因此全线需建桥梁46座,其中特大桥5座,大桥24座,桥梁总长度达10.878公里,占路线总长度31.11%。其中京杭运河特大桥主跨120米,是目前已知为京杭运河上跨径最大的桥梁。同时,该路既要与已建成的京沪高速相衔接,又要与即将建成的润扬大桥北接线相配套,既要与有形的实体工程相结合,又要与无形的收费、通信等系统网络实现无缝对接,因此工程的要求是很高的。

西北绕城公路于 2001 年 10 月 12 日开工，2004 年 10 月 12 日建成通车。用了整整三年时间，比合同工期提前一年完成。其间曾遇到料想不到的"非典"疫情和百年不遇的洪涝灾害等诸多不利因素的影响，有效施工期颇短。但在建期间，由于施工人员坚持以人为本，着力打造利民工程，一是做到人性化拆迁；二是高度重视线外附属工程质量；三是方便使用，为驾乘人员提供全方位服务；四是最大限度地保护自然生态环境，顺应自然，服从生态，道路曲折因形就势，植被景观浑然天成，最终成功地营造了西北绕城高速路的一流生态景观，达到了主体工程与沿线自然景观交相辉映、相得益彰的双赢目标。经专家严格评审，扬州西北绕城高速公路以 96.45 的高分圆满通过了竣工验收。标志着扬州市在全省十三个地级市中率先实现了绕城高速公路的环式封闭，策应了江苏省委省政府提出的沿江开发的战略部署，有力地增强了润扬长江大桥对南北交通的沟通、辐射功能，极大地缓解了扬州市过境交通和城市出入境交通的压力，拓展了扬州城区的经济辐射功能，为促进扬州地区的社会经济发展和苏南、苏北区域经济的共同发展创造了条件。

扬州西北绕城高速公路

汤卸线公路路貌（汤庄镇到卸甲镇）

润扬大桥北接线高速公路是润扬大桥项目的重要组成部分,也是构建苏南苏北地区经济联系的通道。该路全长 10.279 公里,为全封闭、全立交,双向六车道。路基宽 34.5 米,设计行车速度 100 公里／小时。北接线工程由江苏润扬大桥有限公司委托扬州市长江大桥暨接线高速公路建设指挥部负责施工。施工过程中,多处采用新技术、新工艺和新材料以保证工程质量。采用高架桥方案以解决长江漫滩地基承载力差的矛盾,同时学习南绕城的施工经验,采用远运土方案,在扬庙乡丘陵地带取土,作为长江漫滩上的路基填料,既增加了杨庙乡新的可耕地,又节约了沿江地带稀缺的耕地。北接线高速公路于 2000 年 10 月 21 日开工建设,于 2004 年 12 月全线竣工。

润扬大桥北接线由于在施工过程中充分注意生态环境的保护和利用,通过精心构思和设计,正确处理景观和空间的关系,采用高低错落的层次培植树木,形成虚实开合的自然景观,运用借景手法,使路外自然风貌与公路的雄伟气势互相映衬,蒲苇与高树各展风姿,湿地与高架互显魅力,形成了新的旅游风光带,使初到扬州地面的游人耳目为之一新。

从 2002 年开始,江苏省委和省政府把苏中沿江开发作为推进江苏新世纪发展的重大战略举措,扬州市将此作为新的发展机遇,加快沿江开发,在全

周巷村道路貌

省率先启动江北沿江高等级公路的建设。江北沿江高等级公路扬州段基本与现今的宁通高速基本平行，它西起仪征市青山镇陈营村，与南京市沿江公路相接，向东经青山镇北侧、仪征化纤公司、润扬大桥，北互通瓜洲镇与扬州港北，然后跨京杭大运河，复经邗江区南部沙头、李典、头桥镇过夹江，经江都区大

京沪高速扬州段路貌

桥镇、嘶马镇北,与泰州市沿江一级公路相连,全长80.6公里。双向四车道,设计车速80公里/小时。2005年12月23日,扬州沿江高等级公路夹江特大桥连成,扬州沿江高等级公路全线贯通。2006年4月15日正式通车。沿江高等级公路被称为扬州及苏中沿江地区发展的"高速路",它的建成使南京、扬州、泰州"三市",南京二桥、润扬大桥、江阴大桥"三桥",南京港、扬州港、泰州港"三港"连成一线,开辟了扬州与南京、泰州、南通相联系的新通道,填补了江苏长江下游北岸无公路的空白。它为形成未来南京都市圈和加快培植苏中产业带无疑起着重要的支撑作用。

2005年8月,扬州市有史以来投资最多、规模最大的干线公路安大公路开工。安大公路(省道233)南起江都区大桥镇,北至宝应县西安丰,全长126公里,与淮江公路、京沪高速公路平行,沿线途经宝应、高邮、江都3县(市区)18个乡镇,为扬州市"八纵十横"干线公路网规划中"二纵"的重要组成部分,将港口、沿江高等级公路、高兴东公路、淮江公路、京沪高速等连接成网,加密了路网结构。安大公路于2011年12月26日历经7年全线贯通,这是一条串联起整个扬州里下河地区的一级公路,沿江产业带的辐射地可以达到3000平方公里,受益人口超过200万。从宝应出发到沿江港口缩短了至少一半时间,从宝应到扬州泰州机场仅需1小时,因而被誉为扬州的"金腰带"。

进入新世纪后,随着国力的增强,国家对交通的投资力度愈来愈大,扬州已逐步形成"五纵六横"共

安大公路开工典礼仪式

9条546公里的国省道干线公路网络,一个高效、快捷、安全的现代交通运输网络体系正在凸显。与此同时,从2003年开始,扬州市全面启动农村通达工程建设,截止到2010年底止,全扬州地区77个乡镇共1097个行政村全部通上

车逻村道

公路,公路总里程达10230.97公里。其中国道234.65公里,省道516.12公里,县道1325.88公里,乡道3617.45公里,村道4536.87公里。通达率100%。内中高速公路266.59公里,一级公路305.83公里,二级公路1218.02公里,三级公路894.94公里,四级公路6248.96公里。等外公路1296.67公里。昔日被称为"水乡的路水云铺,进庄出庄一把橹"的苏北水乡,如今进出已被汽车代替,"畅、新、绿、美"的水泥路面已通村达户,扬州农村公路已快速走向"混凝土时代"。

扬州利用改革开放的30年时间,顺利实现了高速公路从无到有,到县县通高速、环城通高速和干线公路改造升级的双重跨越。扬州不再"僻处一隅",正在迅速成为崛起苏北的排头兵和先行者,并沿着新世纪的坦途阔步前进。

四、从浮桥、旋转开合桥到润扬大桥

作为以舟楫往来的著名水乡,扬州道路常受河道制约,不得不造桥以利通过,因此扬州素以桥多闻名。"二十四桥明月夜,玉人何处教吹箫","入郭登桥出郭船","城锁东风十五桥"等等脍炙人口的唐诗,都使人想起扬州形态多样、长短高低各别的桥。

话说运河桥　中国人民的老朋友、著名的美国新闻记者、作家埃德加·斯诺初到中国之际,曾经在扬州留下了他的足印。虽然此事在他的著作《我在

旧中国十三年》中写得甚为简略，但是他在扬州看到的事物，却引起了扬州人的兴趣，值得我们去进行一番考察和研究。那是 1928 年底，23 岁的斯诺初到中国上海，协助《密勒氏评论报》主编约翰·本杰明·鲍威尔编辑该报的特刊"新中国"，这是一份专供"在中国的某些对中国怀有偏见的外国人看的刊物"。斯诺为了"用稿件和广告填满这个特刊的二百页篇幅"，除了如饥似渴地阅读大量东方学藏书而外，随后又在次年花了四个月的时间，沿着中国"八千英里铁路线可到之处"作了"一次大旅行"，从宁波到汉口，从南京到哈尔滨，从北京而长城而东北而朝鲜，以及"长江下游和大运河沿岸的所有历史上有名的地方"，这些城市包括杭州、扬州、苏州、南京、孔子和孟子的故乡曲阜和邹县，直至北京。对这些城市他都以极为简洁凝炼的语言表述了自己的观感，虽然每个城市不过寥寥数语甚至几个字，然而却简明扼要。他确实抓住了这些城市给外来人第一眼的显明特色。比如，他在杭州看到了"西湖的佛寺和宝塔"，在苏州看到"水道纵横，以其游船和歌女而闻名"。那么，他在扬州这座文化古城看到了什么呢？他说："（他看到了）扬州的优美渡桥和马可孛罗像，在忽必烈统治时期，马可孛罗管理扬州城达三年。"总共不过 33 个字，却给我们留下了两个谜团：即他在扬州看到了马可·波罗像和"优美渡桥"。撇开马可·波罗像不谈，这是斯诺记错了，因为扬州在民国年间从未有过马可·波罗像；但"渡桥"他说的不错。那么，斯诺当时看到的"优美渡桥"指的是什么桥？渡桥当时的确切位置在哪里？

　　《我在旧中国十三年》这本书是在 1973 年出版的，这两个问题当时就曾引起研究扬州地方文史工作者的注意，因未能展开讨论，也就不了了之了。众所周知，斯诺所写的事物是他在 80 年前在扬州所见到的，那时正是民国 18 年，斯时扬州的古运河上还没有一座桥梁。扬州运河上建造最早的桥梁首推平旋开启式的活动桥——通扬桥，但通扬桥是在民国 23 年（1934）建造的，后来人们看到的渡江桥、解放桥、跃进桥等则是新中国建国后的产物。因此当时运河上供人们来往的只有两种交通工具，一种是渡船，一种就是由渡船连接起来横贯运河的渡桥。自镇扬汽车公司于 1923 年开业以来，连接福运门与扬州汽车

站之间运河两岸的是渡船。唯有东关城门外行人最为繁忙,这里是人来人往
的热闹码头,为了让洼字街和曲江沙头东乡一带的农民进城卖菜和购物,便用
渡船拼接起来,上铺木板形成浮桥以沟通运河两岸,这较之渡船需两头来往要
便捷得多。一旦运河中有船只通过,即在浮桥中间撑开一两条船让船只暂时
通过,船过之后重又合拢,这便是所谓渡桥,古代称为"舟梁",属于临时性的
桥梁。斯诺当年看到的"优美渡桥"即是指此。作为一个初来乍到的外国人,
在古老的中国大运河里,看到这种原始而又不失为方便的"浮动桥梁",因而
发出"优美"的赞叹是可以理解的。

　　其实扬州古运河历史上并非没有桥梁,最迟在唐代,扬州城内的官河运
河上即出现了横跨的桥梁,而且不止一座。因为当时运河是穿扬州城中而过
的,运河被称为"官河",为便于两岸行旅,必须砌造桥梁。唐诗中的"夜桥灯
火连星汉,水郭帆樯近斗牛",当是斯时运河桥梁上壮观的景色和运输之繁忙
的真实写照。1978 年 3 月,在今天玉带河至广陵区政府的地段,发现了两座
同时修建样式一致的唐代木桥遗址,桥面全长 36 米,桥宽 7 米,为五孔支梁式
木桥,中间第五孔为通航孔,宽达 8 米。规模宏大,结构牢固。后来官河迁出

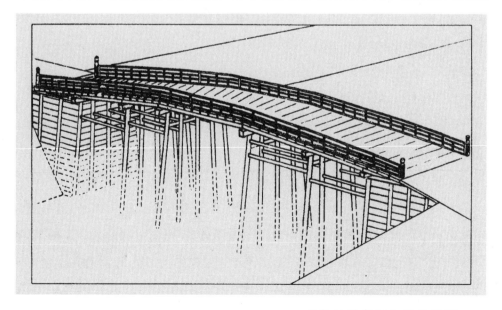

唐代扬州官河木桥复原图

城外,河面愈挖愈阔,加之战乱不断等多种原因,横跨古桥就从扬州古运河上消失了。这一中断,几近千年。为了弥补城内城外无桥的诸多不便,于是扬州运河上就出现了两种交通工具,即渡船和和斯诺看到的渡桥。

在扬州的古运河上,人们再次看到横跨的桥梁已是民国 23 年(1934)的事了。其时国民政府筹划开筑江苏的重要公路浦(口)启(东)线,是当时七省公路网中重要的省道之一,沿途需经廖家沟、石洋沟、董家沟、芒稻河等河道,需筑多道桥梁以供汽车行走,但这些河道都属淮河入江的泄洪水道,平常是闭塞的,没有行船的任务,唯有洪水期间才开坝或开闸放水,因此所造桥梁的高度没有过高的要求。唯有跨越流经扬州西南郊三湾处的古运河航道,桥上既要通车,桥下还要考虑密集的船只航行,同时还要考虑到洪水期也能使船只通过,就必须加高桥墩,这就需要铺设长长的引桥或者加长两岸的坡度,因为此处紧邻市区,不但取土困难还要提高桥梁的造价,资金拮据的江苏省政府拿不出这么多钱来。但浦启公路开筑在即,桥又得非造不可,经过方案比较,后来就造了一种我国桥梁专家茅以升称之为平旋开启式活动桥,简称为"开合桥"的桥,解决了这两个矛盾。所谓开合桥就是可开可合的桥,合时桥上走车,开时桥下行船,一开一合,水陆两便,这是一种很经济的桥梁结构。扬州此时筑的开合桥,称为"平旋式",即把两孔桥联在一起,在两孔之间的桥墩上,安装机器,使这两孔桥围绕桥墩,在水面上旋转 90 度,与桥的原来位置垂直,让出两孔航道,使船只上航下行。

扬州当时造的"通扬桥"堪称是这种桥的典范。通扬桥总长 74.28 米,桥面宽 6 米,载重量为 10 吨,共 8 孔,两侧各 3 孔是固定的,各长 24 米,中间旋转的两孔共长 24.40 米,两侧可通航的航道各 9.2 米。在中间桥墩的桥面与洪水期最高处的空间,建有钢筋混凝土筑成的如圆筒状般的机器操作室,墩径 6 米,以利在上部承装旋转体,内设每边长 6 米的方形托盘,托盘上设有圆形钢轨和滚轮。操作时由四人用人力摇动绞车钢丝绳使托盘旋转,桥面随之转动,转动至活动桥面与固定部分的桥面垂直而止,船只此时即于左右两孔中分道上溯和下行,一般 8 分钟—10 分钟即可开合一次。桥的机件在上海定制,次年秋即竣工通车。通扬桥于民国 25 年秋建成,耗资 43000 元(国币),是当时扬州地区最重要的公路桥。因系扬州运河上第一座桥梁,且是新式结构,在当时颇为轰动,一时前来参观者甚众。

1948 年国民党军队撤退时,曾纵火焚烧这座桥,但被市民抢救幸存,仅毁部分桥面,后被上海汤广记营造厂按原状修复。1967 年被拆除,现此处增高两岸斜坡被钢筋混凝土桥梁所代替。

扬州古运河上出现的第二座桥梁叫大荣桥,修筑时已临扬州解放的前夕,即 1947 年 10 月。位于今渡江桥东侧。其时扬州沿运河的几个城门,如东关、缺口、徐凝、福运、钞关五个城门中,终日熙熙攘攘,人、货交通十分繁忙,全靠摆渡过河,其中尤以福运门为最,在其北岸东侧设有代理镇江轮船公司(即由福运、招商、扬子、大达、兴泰、达通等)的数个客货轮船码头,在其南岸

民国建的通扬桥

民国东关城外浮桥

则是镇扬、扬清、利苏、合众等汽车站，大量旅客终日经此南来北往，渡船已无法满足需要，只好改用渡船连接的浮桥（即斯诺所称的"优美渡桥"）来过往行人，但依然拥塞。因为浮桥上没有栏杆，被挤落水乃之淹毙事件时有发生，民众甚为不满，建桥之事已刻不容缓，当局的舆论压力甚大。乃于1947年10月，由江都县政府组织建桥干事会，发文募捐，请求热心公益者赞助修桥。

任大荣是在上海经营理发业的一个普通扬州师傅，在上海勤恳劳作，省吃俭用，积攒了几个小钱，此时恰逢他由沪返乡回公道桥，在福运门河上被人流涌阻。目睹此景，任大荣公益之心顿生，乃致函江都县政府，其中有云："窃民虽离家多载，然一日未忘乡土……对地方公益，能不追骥？愿洗囊应募，计国币（法币）一亿元，捐为建桥工款。"他这一慷慨之举，使扬州人颇为感动，建桥一事得以实现。造桥费共三亿元，其余经费除在轮船、汽车客票中附加征收外，扬州钱业工会和人力车工会亦有所资助，桥由刘顺记瓦木工程处中标承建，次年3月3日竣工通车，于镇扬汽车站外广场举行竣工通车典礼，参加典礼的有江苏省建设厅长董赞尧、扬州专员公署专员林叙彝、江都县县长王景涛及各界代表一百余人，任大荣也应邀参加。桥上和桥端两岸，彩旗招展，鼓乐和鞭炮声交相呼应，围观群众有数百人。人们不忘大荣促成其事的义举，特取名大荣桥，以示表彰之意。

受到当时资金的限制，加之当时淮海战场吃紧，国民党政权已风雨飘摇，无心办理地方公益事业，故大荣桥实际上只是一座简易的木桥，桥的宽度仅容两辆板车交会，中段为活动板，可以掀起，让来往船只通过。可以看出这座桥两侧没有坡面，桥面的高度等同于两岸。大荣桥虽是一座木质简易人行便桥，却是扬州第一座通向市区、惠及行人的桥梁，对方便扬州解放前后的交通功不可没。此桥经历了五年风雨，于1953年被其西侧的钢筋混凝土的渡江桥取代，完成了历史使命。40年后的1987年，为编史修志需要，扬州汽车公司采访者曾在上海虹口区的一间不足20平方米的斗室中见到75岁的任大荣，上海解放后，仍以连家店形式经营理发业为生，生活颇为清苦，但他对当年捐资筑桥的义举却并不后悔，实在难能可贵。

　　而今扬州城区的古运河上已经筑有 10 余座跨河桥梁,随着扬州经济的日益繁荣,载重量不断加大,桥梁也越来越壮观美丽。作为进入扬州城的第一座桥,原解放后新建的渡江桥经数次重建后也变得愈益靓丽。而今的新渡江桥系在旧址上重建的一座跨越运河的廊桥,2005 年建成。一个主拱横跨古运河,两侧分别设 6 个小拱洞,具有传统石拱桥的典型特征。主桥东西两侧人行道上设木结构廊亭,古朴而新颖。四方亭将人行道悬挑,长廊对称布置于四方亭南北两侧,造型优美。在南北两侧桥台处,设有踏步坡道,与岸侧 5 米宽的滨河小路相连,可方便行人逗留观景。

　　早在 20 世纪 60 年代,扬州运河上最大最长的桥当为从湾头壁虎坝开挖至六圩江口的京杭运河新线上的扬州运河大桥。1959 年 2 月,由江苏省交通厅维修队施工,次年 6 月建成,耗资 136.4 万元。桥长 194 米,7 孔,中孔为净跨 50 米系杆拱,余为 20 米 T 梁。1979 年,鉴于该桥汽车日通过量已达 5000 辆次,且重型车辆不断增加,系杆拱多处出现裂纹,遂决定改建。1982 年春,决定于原桥南侧施工新建一桥,中孔采用山海关桥梁厂产净跨 50 米钢桁架,其余 6 孔为 20 米 T 梁。新桥建成后,原

1985 年建成的扬州大桥

搬迁扬州运河大桥

宝应运河大桥

桥系杆拱被拆除,1985 米 9 月 28 日,自重 660 余吨的系杆拱整体被浮运搬迁至宝应,经加固修整后架设在宝应运河上,成为第一座宝应运河大桥。在中国运河运输史上,运输整体搬迁宽达 9.1 米、高 12 米、长 55 米这样体大量重的物件堪称是有史以来第一次,在当时曾引起巨大的轰动。新扬州运河大桥宽 23 米,分上下行车道,桥头引道为一级路标准。

此后京杭运河上的桥梁越建越多,也越建越长。其中值得一提的是位于汤汪镇境内的扬州南绕城高速公路上跨越京杭运河的京杭运河大桥。该桥全长 716.16 米,主桥宽 30 米,引桥宽 26.5 米,双幅分离式布置,中间空 1.0 米。其中两端引桥为 18 孔 30 米跨预应力工字型组合简支梁桥,50+70+50 米主桥为预应力单箱室连续梁桥,肋板式桥台,柱式墩,钻孔灌注桩基础。大桥于 1997 年 3 月 15 日开工,1998 年 9 月 15 日竣工。该桥由铁道部第三勘察设计院设计,扬州市路桥总公司和交通部二局二处联合承建,是彼时扬州运河上最长的桥梁。然而时隔不久,进入 21 世纪之初,这个纪录便被京杭运河特大桥打破。

京杭运河特大桥位于扬州西北绕城高速公路泰安、槐泗两镇之间,东岸位于泰安镇小凤凰砖瓦厂附近,西岸位于槐泗镇江海砖瓦厂北侧,桥位正好处于京杭运河的太平河河口南侧和凤凰河河口北侧,桥跨布置为 4×50+5×50+（75+120+75）+6×30+7×30 米,桥梁全长 1118.2 米,主桥中墩采用空心薄壁式墩。京杭运河特大桥采用主跨 120 米预应力砼连续梁,在跨径上为江苏内河连续梁之最。该桥由中铁第十九工程局第二工程处中标承建,2001 年 10 月开工,2004 年 9 月通过交工验收。登临此桥,南可见大运河浩荡东去,千舟竞发,北可眺邵伯湖烟波浩渺,渔帆点点,近观蒲苇青青,鸥鹭翩飞,粼粼波光与大自然的绿色融为一幅和谐的画图。

而今仅扬州地区古运河上的桥和京杭运河上的桥即达 10 余座,它们各具风采,或如银练卧波,或如新月垂弯,彩灯如珠串闪亮,汽笛与车轮共鸣,运河桥已成为扬州一道古老与时尚交相辉映的风景。

入江水道桥　民国年间的浦启公路从扬州北上必须穿越几条河,有的河很宽,宽达数百公尺,如廖家沟,稍窄的也有一二百公尺,如芒稻河、石洋沟等,这就是从明清时开挖的淮河入江泄洪孔道。这些泄洪孔道平常是关闭的,为的是保持运河的水深,不让运河水下泄入江。但一到夏秋水涨,淮河洪流滚滚而至,为防运河水高堤溃,必须打开上述入江孔道的闸门,让其畅流入江。为了解决行旅通过的矛盾,就得造桥。可造在闸上,称为闸桥,也可专造供人通行的木桥。因为这些河道仅为泄洪而设,一般不通舟楫,因此对桥高的要求相应较低。

在扬州区域的淮河入江水道中,以廖家沟最为宏阔,它是由淮河入江水系中的凤凰河、新河和壁虎河等三条河流汇集而成,阔约 140 丈,洪水季节时水深流急,有"天下第一沟"之称,系淮河入江的主通道,旧时人们多依靠渡船过河,费时又不安全。清道光二十九年（1849）,扬州官民集资于廖家沟上筹建人行木桥一座,于咸丰二年（1852）建成。该桥位于现万福闸下游 100 余米处,全长 152 丈（约 502 米）,木面,木排架行人桥。桥中段两端离岸约桥长的四分之一处,各建条石砌就的石墩一座,称为"石矶",石矶的下端砌嵌在夯土中的木基桩上,上建木亭,可供人休息。两个石矶间及石矶至河岸间每隔 3~5 米建木架排墩一个,排架上搁木梁,木梁上铺木板,板上用土垫平,再铺以砖。另用条石纵向铺设可行走独轮手推车的车道三条,以防止独轮车轮箍损坏桥面,减缓桥面辗压和损耗。初建的万福桥以其少见的长度而称雄苏北。

民国年间的万福桥

万福桥建成后,通行未及一年即遭劫难。咸丰三年,太平天国军队与清兵江北大营于此数次交战,清军为阻滞太平军北上和东进,乃把新建的万福桥烧毁。同治六年(1867),太平军失败,社会渐趋稳定,扬州盐运使程桓生和扬州知府孙恩寿等为交通之便重建万福桥,重建的桥梁与咸丰年间所造大致相同,为增加稳定性又在两石矶间增添两座石矶,使万福桥有了四个桥墩,全桥由三孔增为五孔,五孔中仍建木排架支撑,架上搁设木梁,梁上铺板作桥。新建的石矶未建木亭,两座木亭仍建于原石矶上。在桥的两头各建形状一样的木质牌坊一座,上题金字"万福桥"。嗣后,清光绪六年(1880)、二十六年和民国初年、民国十四年(1925)万福桥又经过几次大修。直至民国十六年北伐战争,万福桥又遭焚烧,后略加修复,勉强通行,因木质年久朽腐,到浦启公路修筑时已接近倾圮,行人过桥时感危险。

1934年,浦(口)启(东)公路修筑,公路必须通过万福桥(廖家沟)、二道桥(石洋沟)、头道桥(董家沟)和新建江家桥(芒稻河)。鉴于原万福桥已近倾圮,桥墩内部业已腐败,故在原址上重新建造。考虑到建桥费用,最后竣工时万福桥结构上部为钢筋混凝土二梁式桥面,净宽 6 米,无人行道。下部构造为水泥砂浆砌条石桥台,钢筋混凝土双柱式桥墩。桥总长 445 米,共 45 孔,其中边孔一为 7 米,一为 8 米,其余中部各孔均为 10 米。为永久式桥梁,载重量

15吨。桥的东西两侧稍有坡面,桥下可通航小型船只。于1935年由中华兴业公司承建,中间曾因故暂停,又因汛期开坝停工,直至1937年5月17日才告竣工。1948年冬,万福桥遭国民党溃军破坏,桥面2孔及3个排架墩被炸毁。1952年修复。

1959年,为治理淮河入江水道,于万福桥上游兴建万福闸桥,设65孔,长466.8米,1960年建成通车。此是典型的闸桥,桥上可跑汽车,桥下设闸以控制洪流。老桥废弃而被拆除。桥梁初成时,气势宏伟,名扬省内外,被誉为苏北地区第一长桥。

1989年万福闸桥为其下游的廖家沟大桥超越而退居第二。廖家沟大桥五孔跨距为45+3×70+45(米),引桥每孔跨距为30米预应力简支"T"型梁,全长786.9米,桥面宽23.5米,由铁道部大桥工程局四处建造。

淮河的入江水道当然不只是廖家沟,在扬州往今江都区的路上还并列着石洋沟,上有二道桥,桥位于万福桥东约600米处,原桥为木桥,后于1936年重建,全长210.5米,为类似通扬桥的平移式开合桥。还有二道桥之东约1000米处董家沟上的头道桥,以及距江都区城镇仙女庙南1公里处芒稻河上的江家桥等。这些入江水道上的桥梁新中国成立后都经过重建,成为永久性的钢筋混凝土桥梁。

润扬大桥　在扬州诸多大小长短、形态各异的桥梁中,最令人魂牵梦萦而又造福桑梓的最大桥梁莫过于润扬长江大桥了。东汉黄初六年(225)十月,

润扬大桥

魏文帝曹丕行幸广陵故城，临江观兵，看到江南吴国防守严实，有"呜呼，固天所以限南北也"之叹。这是古人的无奈之叹。改革开放以来，扬州之所以难以真正融入以上海为主导的长三角的经济圈里，也是因为长江的阻隔，因此"一桥飞架南北，天堑变通途"，就成了扬州乃至苏北人的心结和企盼，同样也是苏南和镇江人的企盼。江泽民总书记曾经满怀深情地回忆："我小时候上学，看到老百姓过江很困难，就想，如果这里能建一座桥，那该多好呀，那真是为老百姓造福啊！"江泽民的话说出了扬州人民的心声。

终于，多年的企盼变为现实。1992年11月，江苏省交通规划设计院开始进行镇江扬州长江公路大桥预可行性工作；1998年3月，国家计委批复镇江扬州长江公路大桥项目建议书；2000年3月，国务院总理办公会议讨论通过了《镇江扬州长江公路大桥工程可行性研究报告》，与此同时，国家计委以计基础（2000）264号文下发了《印发国家计委关于审批江苏省镇江扬州长江公路大桥工程可行性研究报告的请示的通知》；2000年8月，交通部以交公路发（2000）411号文，正式批准了大桥的初步设计，同年10月，国家计委又以计投资（2000）1674号文批发了镇江扬州长江公路大桥开工报告，并各取镇江（古名润州）扬州两市一字，正式确定桥名为"润扬长江公路大桥"。10月18日，时任中共中央总书记、国家主席、中央军委主席的江泽民欣然为润扬长江大桥题写了桥名。

润扬长江大桥为国家重点工程，是江苏省"四纵四横四联"公路主骨架和跨长江公路通道的重要组成部分，它北联黑龙江省同江至海南省三亚、北京至上海国道主干线（沂淮江高速公路），南接上海至成都国道主干线（沪蓉高速公路）。润扬大桥的建成，对完善国家和省公路网络结构，改善扬州、镇江两市的交通运输条件，加强两市经济文化联系，促进沿江地区经济发展，加快实施以上海浦东为龙头的长江三角洲经济带的开发战略有着重大的意义。

润扬大桥开工典礼于2000年10月20日在北岸扬州举行，江泽民总书记亲临典礼现场，并为大桥奠基石揭幕培土。2004年5月1日，中共中央总书记、国家主席胡锦涛视察润扬大桥，对润扬大桥建设取得的成绩表示满意。6

月 1 日早晨 5 时,随着世业洲高架桥最后一跨箱梁浇筑完毕,南汊悬索桥和北汊斜拉桥顺利相连接,润扬大桥实现全线贯通。2005 年 4 月 18 日,润扬大桥主桥工程及其附属设施圆满通过交工验收。由省各有关部门代表组成的交工验收委员会一致认为:润扬大桥工程优良率 100%,工程建设总体达到国内领先、国际一流水平,集中体现了当前我国桥梁建设的最高水平。同日,润扬长江公路大桥通车典礼在扬州润扬森林公园滨江广场隆重举行。原中共中央政治局常委、全国人大常委会委员长吴邦国为大桥通车剪彩,原江苏省委书记李源朝主持通车典礼。润扬长江大桥总投资 58 亿元。该桥全长 35.66 公里,桥面平均宽 31.5 米,全线采用双向六车道高速公路标准设计,设计行车速度 100 公里／小时。大桥设计使用寿命为 100 年,为了达到此要求,施工者们首次在大桥施工中推广使用低碱水泥,以提高工程的耐久性,保证了混凝土的施工质量,使大桥的使用寿命得以延长。

润扬长江大桥北起扬州市南绕城公路,跨江飞越世业洲岛,南接镇江 312 国道和沪宁高速公路,由北接线、北汊桥、世业洲互通高架桥、南汊桥、南接线

润扬大桥

安大公路 233 线北澄子河大桥

及延伸段等部分组成。主桥（包括北汉桥、世业洲互通高架桥和南汉桥）长 7.21 公里，北引桥及北接线高架桥长 1.74 公里，北接线长 10.27 公里，南接线及延伸段长 16.44 公里。北汉桥为主双塔双索面钢箱梁斜拉桥，跨径布置为 175.4 米 +406 米 +175.4 米，倒丫型索塔高 146.9 米，钢绞线斜拉索，钢箱梁桥面；南汉桥主桥为钢梁悬索桥，索塔高 209.9 米，两根主缆直径为 0.868 米，跨径布置为 470 米 +1490 米 +470 米。其中南汉主桥采用单孔双铰钢箱梁悬索桥，主跨径 1490 米，其桥型被认为是江阴长江大桥和南京长江二桥的完美结合。桥长时为中国第一、世界第三，桥下最大通航净宽 700 米，最大通航净高 50 米，可通航 5 万吨级货轮。

交通部总工程师凤懋润称润扬大桥是中国桥梁工程的品牌，他说："这座大桥是我们中国应用自己的技术、自己的材料、自己的专家建成的零缺陷、零事故死亡率、无缝隙管理的一座世界级桥梁。"它创造了当时国内多个第一，如最大跨径，比江阴长江大桥主跨径还长 105 米；国内桥梁中最高索塔，南汉悬索桥塔高 215.5 米，相当于 73 层楼高；悬索桥主缆缠丝采用国内首次使用的"9"型钢丝，所用缠丝总长近 3200 公里，相当于北京至上海距离的 3 倍，两根主缆每根长 2600 米，为国内第一长缆。

五、扬汽集团的壮大和人性化车站的显现

1949 年 6 月，扬州地区第一个国营汽车运输企业苏北长途汽车公司于泰州唐家楼成立，后迁扬州，遂改名苏北长途汽车公司扬州分公司，即后来的扬州汽车运输总公司，亦即现在扬州汽车运输集团的前身。当时政府规定，干

道以公营为主,私营为辅。因此扬州分公司主要开行六圩至泰州、六圩至清江
两条干线。另有公私合营镇扬汽车股份有限公司有汽车 20 辆,仍以开行扬圩
线为主,后又增开扬州至陈家沟客运路线 13 公里和六圩至丁沟 53 公里线路。
1956 年 1 月,扬州地区实行社会主义改造,所有公私合营和私营客货车全部
纳入国营扬州汽车分公司独家经营,此时扬州汽车分公司拥有客车 100 辆,
2469 座;有货车 45 辆,146 吨位;有客运线路 16 条,营运里程 940 公里。当
年运送旅客 216.9 万人次,周转量 9462 万人公里。汽车货运量 7.26 万吨,周
转量 208 万吨公里。直至 1976 年“文革”结束,扬州汽车运输事业发展较慢。
在此期间,主要是农村公路运输线路的开辟和发展,承担零担货班和支农物资
的运输,它对沟通城乡信息,发展社队工业和农业生产发挥了重要作用。

从上世纪 70 年代后期开始,由扬州汽车分公司独家专营客货汽车的局
面开始被打破。一批县(市)办汽车公司应运而生,并以不可逼视的速度迅速
发展。最早兴办汽车客运的县级汽车公司是江都县汽车运输公司,于 1976 年
成立,有客车 6 辆,360 座;随之高邮县亦成立汽车运输公司,开行农公班车,
也有客车 6 辆。此后,泰兴、泰县、仪征、邗江、宝应、兴化等县的汽车公司相继
成立,并从事客货运。至 1980 年底,全扬州专区有专业客车 351 辆,19282 座;
有专业货车 337 辆,1661 吨位。当年共完成客运量 3728 万人次,完成货运量
88 万吨。其中仍以扬州汽车分公司客货车为最多,有客车 301 辆,16667 座;
有货车 115 辆,573 吨位。此外扬州市运输公司有货车 52 辆,334.6 吨位。

1984 年,在改革开放政策的指引下,政府大力提倡多家经营,鼓励竞争,
号召国营、集体、个人三者并举一齐上,开创多层次、多形式、多渠道运输的交
通新格局。在公有制经济发展的同时,一批个体汽车运输专业户出现。当年
从事汽车个体客运的有 6 户,有客车 6 辆;从事汽车货运的个体专业户有 134
户,有货车 125 辆。

由于竞争剧烈,从 20 世纪 80 年代中期开始,客运车辆不断更新,通道
客车渐被淘汰,代之以新型豪华舒适的客车,随着公路状况的不断改善和高
速公路的出现,长途跨区跨省的客运线路相继开辟,并出现日夜兼行的长途

卧铺客车。扬州汽车总公司(原扬汽分公司)的客车已北行至首都,西行至宜昌,南行至广州。所属旅游公司可租车至全国任何旅游胜地。定期零担货班车和集装车营运范围已北达长城内外,南及闽粤沿海。长途货车已辐射全国。

此后,随着改革开放的不断深入发展,扬州市率先在全省开通市际客运班车公交化的运营线路,成功实施了扬宁、扬镇、扬仪、扬邮、扬宝、扬天(长)、仪宁、仪镇、江镇等热点班线改造,全市县(市)际客运班线公司化经营率66.8%,所配置的车辆近85%为中、高级车型,旅客乘坐更为敞亮、舒适和便捷,其比例超过全省的平均水平。

1994年,扬汽总公司全面实行单车车值抵偿承包方式,同年11月26日,总公司所属九个县(市)的分公司划归属地管理。1996至1998年扬汽总公司先后兼并扬州交通实业总公司和客车服务公司,重组东方实业公司、集装箱联运公司,组建快客分公司,收回部分承包班线,启动公司化经营进程。又经过投资组建、收购、重组等方式,使企业不断壮大,乃于2008年经江苏省工商局核准,注册成立省级集团——江苏扬汽运输集团,成为扬州地区规模最大的公路客运龙头企业。经过60年的风风雨雨,传承创新,而今的扬汽运输集团下辖17个分公司,12个子公司,经营领域覆盖长途客运、公共交通、城市出租、商贸旅游、汽车维修、职业培训等多种产业,资产总值6亿多元。有各种营运车辆近900辆,经营公路营运路线125条,辐射全国14个省和直辖市,日发客运班次1000余班次,公路客运年发旅客720万人次。扬汽集团已成为服务优质,充满生机和活力的现代运输企业集团。

车站变迁 车站是交通运输的基地,也是旅客买票、候车和休息的地方,是展示城市经济发展和精神文明建设风貌的窗口,因此车站形象及服务的好坏,往往关系到一个运输企业乃至一个城市的声誉。

扬州最早的汽车站建造于1922年底,为扬州商办镇扬汽车股份有限公司所拥有。镇扬公司自行集资筹股于扬州福运门外,沿扬圩线设扬州、施桥、六圩和隔江对岸的镇江江边站四个车站。其中以扬州站为最大,距福运门约

150 米，濒临运河。扬州车站共有站房三大间，两间通连，为候车之所，一间为售票处，面积约数十平方米，四面围以栅栏。外观尚可，房屋可挡雨蔽日，但候车室内仅有木制长凳十余条，一到冬天，寒风侵袭，冷气刺骨，旅客唯有瑟缩其间，互挤御寒。施桥、六

民国年间的扬州车站

圩车站较之扬州车站，更为简陋，仅为可供汽车下客之篷屋，以茅草或铁皮遮顶。1946 年，一向在上海经营汽车运输业的章炎唐，取得扬州至清江公路为期一年的经营权，遂于扬州成立扬清长途汽车公司。初至扬州，立足未稳，当然不可能兴土木建车站，只能在镇扬公司扬州车站的西院高墩上搭房两间作营业处，院内平地上搭草棚三间作车站使用而已。那草棚一如董永栖身的寒窑，勉强做到聊避风雨。而与扬清公司同时出现的许多小汽车公司，则大多随车买票，属于"马路车站"。

1950 年，国营扬汽分公司清查扬州汽车业办公生产用房，总体用房为617.7 平方米，而车站用房仅 100 平方米左右。因此不得不在原镇扬公司车站的基础上进行扩充、修缮，使候车条件有所改善。冬天车站大门多悬有棉布厚帘，防止寒气侵袭，条凳多改为飞来椅，旅客可以依靠，必要时可躺倒休息。

20 世纪 60 年代初，扬汽分公司于渡江桥南扬圩线、扬清线和宁通线交汇处新建了扬州车站，窗明椅净，风雨不侵，但规模较小。

进入 20 世纪 70 年代，特别是"十年动乱"结束以后，国家加大了交通部门基建设施的投放，其中特别将车站、车场、货房、候车室等生产服务设施置于前列。

因此从 1976 年开始，一批新车站先后拔地而起，如高邮车站、邗江车站、

瓜洲货房等。高邮车站原坐落于大运河岸边,停车场窄小,行人络绎不绝,尤多拎篮售物的小贩穿梭其间,车辆交会、停歇非常不便,极易发生事故。1981年重建高邮车站,将站址移至高邮县城东侧,1983年完工,一改过去站房窄小低矮的旧貌,其停车场达2300平方米,为原车场的10多倍,车辆进出交会十分方便,并杜绝了小贩在站内穿梭叫卖的混乱现象,安全得到了保障。与此同时,多达数十计的集镇站房在这几年也被陆续修缮、改造或重建,农村集镇候车室从此告别风天一身土、雨天一身泥的窘境。

20世纪80年代的扬州车站

1986年按客运运距长短开征附加费,此后又征收运输货物附加费,作为交通基础设施和配套建设的专用资金。开征汽车客费附加费为建设汽车车站的资金增加了来源,扬州地区的车站建设自此步入了黄金时期,于是一批开放式、公共型、社会化的客运中心次第出现,其中以仪征、宝应等汽车站为代表。上世纪80年代的仪征汽车站设计新颖美观,宽敞明亮的候车室令旅客耳目一新。而由宝应县汽车公司和原扬汽总公司宝应支公司共建的宝应汽车站,在发挥车站设施功能的同时,还兼顾发展第三产业的效能,成为集办公、运输、商贸为一体的综合性建筑群体。然而最具代表性的当数被誉为规模宏大、设施现代的扬州客运汽车站。

扬州先期扩建的车站、车场,选址于扬州渡江桥南扬州客车厂北侧,系1965年筹建,占地9.9亩,1969年投入使用。当时站房面积为1272平方米,停车场面积3000平方米。进入80年代后,即感到面积明显偏小,车辆回旋余地不大,旅客进出拥挤,乃于1980年进行局部扩建。至1987年,每天进出车辆720辆次,日发旅客1.5万人,进出旅客3万人,站务人员200人。尽管有较大改善,但仍不适应需要。故于 1987 年又于原址重新拆建,1989 年 12 月 30 日交付使用。重建的扬州站气魄宏伟,设计新颖,规模宏大,主体工程为楼房 8 层,楼顶设有钟楼,底层设有地下室,车站辅佐设施一应俱全。站房总建筑面积 11339 平方米,其中主楼 4879 平方米,售票厅 2220 平方米,候车厅 1774 平方米,停车场 11000 平方米。票房开始微机售票。这堪称是扬汽公司站房一次脱胎换骨的变化,显示了改革开放带来的初步业绩。每天早晨 6 时,扬州人民都会随着扬汽钟楼晨钟的鸣响醒来,开始了一天繁忙而又有序的工作。聆听钟声,你会为此感到震撼和自豪。

　　进入 20 世纪 90 年代,国民经济进入大力发展市场经济和外向型经济的时期,为适应扬州市总体规划和经济发展对交通的需要,配合 328 国道临城段的改线,缓解和分流扬州车站高密度的车流,保证交通安全和站容站貌,扬州市政府决定兴建扬州西站,用以分流去南京和瓜洲渡江去江南的旅客。扬州西站建造工程于 1996 午 3 月 30 日破土动工,占地总面积 73260 平方米,其中主体楼建筑面积 13500 平方米,加油站、修理工间附属设施 2900 平方米。站内停车场 2000 平方米,站前广场及绿地 15000 平方米。车站为开放式、社会化、公用型,系集客运、商贸、餐饮、娱乐、金融、通讯多功能为一体的面向社会

扬州汽车西站

开放的公益型客运中心。应该说,扬州站的西迁是一着极富前瞻性的大手笔,它不仅大大改善了扬州站站址局限、车流密集的状态,且为今后东站的设置以及未来北站和南站的创设奠定了基础。

扬州西站按日发送量 2.5 万人次、日发车量 600~700 辆次、高峰小时滞留旅客 3500 人、滞留车辆 250 辆的规模设计。新西站以现代开放的构思建造,渗入洗练的斜顶风格,内涵扬州传统建设的文脉,与周围建筑群体形成鲜明的对比,凸现车站独特的形象。1997 年 7 月,一期工程竣工,并向社会开放,接纳个体户和过路车辆。扬州西站以发送西行南京和从瓜洲过江衔接沪宁高速公路的车辆为主,因而大大缓解了原扬州站的压力,使渡江南路的十字路口交通面貌有了重大改观,为车辆的进出和行人的安全提供了可靠的保证。当她初现姿容,即成为扬州西部景区的一大新景观,并且迅即带动了这一地区各项产业的发展。

扬州汽车东站

此后,扬汽集团又于 1997 年 9 月在扬州运河大桥西侧建立东站;加上先前建造的西门车站(后北称北站,专营扬庙、天长线路),至此扬州市区已有功能齐全的 4 个车站,车站全部使用微机联网售票,旅客乘车可按所居地域方便乘车,再也无须为一张车票而东奔西走。

2008 年,东站又进行了一次搬迁。新东站位于京杭运河东岸,占地 74.5 亩,总建筑面积 35000 平方米,其中建筑面积 14600 平方米,站房面积 11500 平方米,辅助用房面积 951 平方米,玻璃长廊面积 1658 平方米。二期工程还有 20000 平方米的商务大楼正在建造之中。21 世纪的东站突破了以往车站建设的模式,它以时尚、前卫和更为人性化的服务作为设计理念。因此当你步入东站之时,在惊诧和赞叹站房的典雅时尚、宽敞明亮和设计的科学合理之外,更应该赞赏那渗入人性化服务的细微之处,那一种以人为本的惓惓情怀。

仪征车站

比如那一条透明莹彻的玻璃长廊,这并非专为装饰和观景所设,而是到站旅客下车后的步行通道,通过长廊可以直接到达公交广场、出租车停靠点和售票大厅,随时转乘公交车和招唤出租车,或者重新购票转车,而无须担心廊外的雨大风狂,雷鸣申闪,实现了公交车和长途车的无缝对接,零距离换乘。而候车大厅里的婴儿床和助残车,这些设置花钱不多,然而却简便实用。如果说婴儿车松软洁净的盖被是爱心温馨的铺垫,那么将老人扶上助残车一直送上所乘车的车座无疑是人性化服务的体现和升华。

扬州车站从新中国建立后已经走过 60 年的风雨历程,但唯有今天她才如回春的少女,愈益显露出青春靓丽的容颜,展示着这个城市大气、时尚和文明的风采。

六、扬州的城市公共交通

公共交通　民国 25 年(1936)9 月 20 日,是扬州开行公交汽车之始。时由商办镇扬长途汽车公司经营,线路仅扬州—霍家桥 1 条,全长 9 公里,设扬州—徐凝门—宦家桥—高桥—霍家桥 5 站。但它并不从城中经过,实际是一条位于扬州市郊东南的农村公交线路。

江都县政府曾明文规定此线路为公共交通线路。为时仅一年,即因抗日战争爆发而中断。中华人民共和国成立时,扬州城市居民的交通工具主要为人力车,随后有三轮车和自行车。1951 年 5 月 5 日,苏北汽车公司扬州营业处为迎接在扬州瘦西湖平山堂举办的物资交流大会,曾临时开行福运门(今渡江桥)至平山堂的公共汽车,交流大会结束即叫停。1957 年 4 月 7 日,扬州汽车分公司曾开行扬州渡江桥至瘦西湖大虹桥假日游览车,全程 3.3 公里,沿

公交文明新风车

线设 8 个站点,数月后停开。后又于 1963 年 8 月 23 日,扬州汽车公司又开设假日公共汽车,起讫点仍为渡江桥至瘦西湖、平山堂,不久又停开。

扬州的公交事业正式创建于上世纪的 70 年代初。1970 年,扬州市基建局开始筹建公交公司,是年 7 月 29 日经扬州市革命委员会批准,成立"扬州市公共交通公司",办公地点暂设在基建局内,车辆临时停放在新北门外市政工程队机具站内,后于 1971 年 5 月迁至驼岭巷西方寺一侧空地。到 1972 年,公司建煤渣地停车场 300 平方米。1981 年 11 月,公司迁至友谊路 8 号新址,建有 1554 平方米办公楼两层。1988 年后,随着市区汽车站的西迁,公司的营运中心随之西移。1995 年 8 月,在汽车西站北侧,征地两公顷兴建公交西站停车场,1998 年 8 月公交西站停车场竣工,共建有 8300 平方米混凝土停车场地和洗车台、地沟等附属设施。后又在宝林家具装饰港、茱萸湾公园、江阳工

公交车停车场一瞥

业园等地扩建停车、回车场,至 2005 年底,公交总公司已拥有停车场地 3.7 万平方米。

1970 年 9 月 29 日,是建国后扬州真正由公交公司开行公共汽车之始。第一条线路由新北门开行至湾头轮渡码头,当时被称为 2 路公交车。1971 年底,扬州市公交公司有职工 36 人,公共汽车 4 辆,营运线路 3 条,全长 30 公里。开业 15 个月亏损 7462.9 元。1978 年,职工增至 215 人,有营运客车 28 辆,营运线路 6 条,全长 53 公里,年总客运量为 76.19 万人次,行驶里程 145.94 万人公里,基本已抑制亏损。到 1988 年底,公司职工增至 756 人,在册车辆 121 辆,其中营运车 80 辆,营运路线 11 条,总长 127 公里,站点候车棚 25 座。全年营业收入 426.44 万元,行驶里程 421.65 万公里,客运总数 1844.36 万人次,亏损 54.8 万元。1993 年公司职工已达 800 余人,有汽车 159 辆,其中大公共汽车 81 辆,中巴车 42 辆,实际营运车 123 辆,另有出租汽平 36 辆,营运线路 12 条,总长度 201 公里,客运总量仍为 1800 多万人次。1994 年 12 月 1 日,市公交公司率先在全省公交系统推出 8 条无人售票公交车,后经逐步推广,很快扩展至全市各条线路。

1995 年,市公交总公司营运大公共汽车已突破 100 辆。2000 年,市公交总公司已有大公共汽车 179 辆,小公共汽车 23 辆。2002 年,开始逐步淘汰小公共汽车,减少小公共汽车的营运线路,同年 5 月,公交公司与苏州金螳螂广告公司本着长期合作、实现双赢的思路,购进 12 辆双层公交车,结束了古城无双层公交车的历史。2001 年 7 月,为方便主要干道居民乘车,新辟 66 路晚班车,此为扬州有晚班公共汽车之始。2003 年,首次购进亚星公交车用于比较繁忙的公交 26 路线营运。2005 年,市区公交车已达 600 余辆,有线路(包括晚班车)34 条。总线路已达 505.7 公里。截止到 2008 年,扬州市区拥有公共汽车已达 826 辆,营运线路 64 条(含晚班车),线路总长 907.1 公里,基本覆盖了市区干线和郊区各乡镇。

进入上世纪 90 年代,扬州公交线路也开始向农村和邻近市县延伸,以方便农民进城和回乡。1992 年 3 月,7 路公交车由扬州汽车站延伸至甘泉乡;

同年 6 月,新辟 13 路公交线,也从扬州汽车站至杨庙乡；7 月,复将 3 路线延伸,由扬州汽车站行至黄珏镇；与此同时,又新辟 15 路公交线,由扬州汽车站开行至公道镇,线路长达 31 公里。1993 年公交公司进一步加大开辟农村公共汽车的力度。当年 4 月,调整原环城线的 1 路线,改由瘦西湖至汤汪乡；7 月,13 路线由扬州汽车站延伸至刘集,线路长 21.5 公里；1994 年 3 月,停开 1 路线,新辟 6 路公交线,由瘦西湖至六圩乡；12 月,7 路线延伸至杨寿镇,线长 23.5 公里。1995 年,扬州车站西移,公交公司中心在西移中也在开辟新线,1 月,新辟 16 路公交线,由瘦西湖至瓜洲镇,线长 21 公里；1996 年 2 月,新辟 18 路线,由汽车站至八里乡。2005 年 5 月,润扬大桥通车之后,经市政府批准,以扬州、镇江两市公共交通公司为基础,创建扬镇公交股份有限公司,专营扬镇城际公交专线,全长 55 公里,间隔 20 分钟为一班,票价 10 元。这也是扬州公交开辟最长的一条线路。

2001 年,市区行政区划经过调整,根据市政公用事业特许经营制度的要求,将公交客主体推向市场,培植不同经济成分的公交客运主体,实行线路特许经营、专线经营、公车公营为特征的公交经营体制整合改造,经调查摸底,至 2005 年正式启动实施。将 2004 年以前市区所有参加公交运营的企业和个

公交车的灯光站棚现貌

体业户整合为 3 家具有现代企业制度的公交客运公司,取消个体经营、挂靠经营,全部实施公车公营,扬州市公共交通总公司为龙头企业,另有 2005 年 1 月以社会资本整改招标组建的扬州金源巴士有限公司,以及同年 3 月 18 日以扬汽总公司和邗江公交整合组建的扬州时代公交有限公司。整合后,扬州公交总公司经营区域以建成区为主,并向沿江辐射,有 34 条线路;扬州时代公交有限公司以市区东南区域为主,经营路线 9 条;扬州金源巴士有限公司则以市区西、北郊区为主,经营路线 6 条。截止到 2010 年底,市区有公交车 1354 辆,公交线路 71 条,线路总长 1092.3 公里,市 162 个行政村开通公交车,全年公交客运总量 1.65 亿人次。并拥有新型的灯光站棚 166 座,停车场地 10.55 万平方米。

数年来,扬州市公交总公司坚持"乘客至上,质量第一"的宗旨,不断提高服务质量,为社会提供"安全、方便、迅速、舒适、经济"的乘车条件,端正行业风气,倡导精神文明,大力开展"文明新风线""文

公交车上的优良服务

明新风车""青年文明号""十佳服务明星""巾帼示范岗"等争创活动,创造了扬州"窗口"的崭新形象,受到了乘客的欢迎和赞赏。

出租车客运　扬州市市管县体制实行后,城区建设步伐加快,老城区逐步被改造,新城区不断扩大,城市人口迅速增长,市民收入增加,生活水平提高,因而对城市交通提出了新的要求,原固定路线的公共汽车已不能满足市民日常出入的需要,遂于 1981 年诞生了第一家出租汽车公司。

扬州第一家出租汽车公司隶属于扬州市公交公司,营运后很快显示出其

优越性。出租车可以在市区大街小巷穿梭行驶,招手即停、租价低廉、灵活便捷,深受广大群众欢迎。因而这一新生事物具有强大的生命力,在以后的 10 多年中得到了飞跃的发展,并迅速扩大到各个县城。

紧随扬州市出租汽车公司之后建立的有中江出租汽车公司和中北等出租汽车公司(旅行社)。进入 20 世纪 90 年代之后,出租汽车发展加速,并出现了出租汽车个体户。1995 年 8 月 15 日,扬州市政府提出大力发展出租汽车工作意见,并决定下调出租车起步价格,从此,扬州市区出租车客运市场发生重大变化,在 3—4 个月时间内,新增各类客运出租车 400 辆。在这一年底,车辆数达 626 辆,较 1993 年底的 186 辆猛增 2.36 倍,城区客运结构发生变化,机动车数首次超过非机动车数。1995 年 7 月,市政府组织实施市区客运市场综合整治,确立逐步淘汰人力客运三轮车、限制中巴车、发展出租车、扶持公交车的目标,城市公共交通运力结构得到调整,促使出租汽车行业迅速发展。市区、郊区、邗江三地共有出租车企业 24 个,个体户出租车 101 辆,到年底出租车合计达 961 辆,且有强劲发展的势头。与此同时,城市客运主管部门加大了对出租汽车的管理力度,对所有出租车计价器进行计量检定,并将过去纯依靠违章罚款的做法改为从加强职业道德教育入手,进行行风整顿,取得了较好的效果,出租车的服务质量有较大的提高。

1996 年,扬州市区、郊区、邗江区出租车企业 46 个,有汽车 1264 辆,加上个体户车辆,总数达 1388 辆。市政府根据市区出租汽车行业发展状况提出总量控制、规范经营的原则,出台扶持和促进出租汽车行业发展的意见,出租汽车发展出现机遇。1998 年,市政府废止以行政审批方式增加发展计划的做法,明确以后由市场需求调控。此后出租车除车型达标更新而外,还要求服务设施实行“五统一”,即:统一使用固定顶灯、统一使用识别颜色、统一使用税控管理计价器、统一使用座垫套、统一使用防劫装置。明确车型为桑塔纳、捷达、富康等专用车型。1999 年末,扬州市注册营运的出租汽车公司计 46 家,共有各类车辆 1613 辆,其中微型车、轿车 197 辆,普通型轿车 1223 辆,标准型轿车 183 辆。拥有 50 辆以上的出租车公司共有 7 家,以邗江出租车公司拥有量最高,达 102 辆。另有个体户营运的出租车 237 辆。个体户出租车占总数的 14.7%。

2001 年末,扬州市区注册的达标出租汽车已达 1531 辆,占全部营业车的 93.8%。2005 年,市区出租车企业为 35 家,343 户个体,拥有 1842 辆出租车。随着私人自驾车的逐渐增多,此后出租车拥有数未见上升。截止到 2010 年,扬州市注册出租车为 1838 辆,隶属于近 30 家出租车公司。基本由企业对外承担经济、法律责任,向承包人员收取管理费,承包车主自负盈亏,自我经营。

随着改革开放的深入,百姓钱包逐渐鼓起,人民生活水平不断提高,从新世纪开始,汽车已日益进入千家万户,成为许多家庭的代步工具。从 2007 年到 2012 年的 6 年间,扬州新增汽车 241893 辆,较 2006 年底增长了两倍多。汽车上牌量也逐年上升,从 2010 年到 2012 年,每年的上牌量都保持在 5 万多辆的高位。

数据显示:2012 年中国正式进入汽车社会,每百户家庭汽车拥有量超过 20 辆。2012 年扬州统计年鉴的数据显示,2011 年末扬州全市人口 409.1 万人,全市户数 1532388 户。扬州市私人汽车拥有量 28.39 万辆内,私人轿车 19.36 万辆。扬州平均每 100 户家庭的汽车拥有数,已经达到 22.97 辆,市区更接近 30 辆,超过全国平均水平。截止到 2012 年 12 月 31 日,扬州拥有的机动车数量为 352041 辆,其中市区 122580 辆。

三轮车客运　双人后座的三轮车出现颇迟,系由上海三轮车公司于 1942 年 2 月研制而成。因用脚力踏动而非用人臂力牵拉,富有人性化而受到欢迎,随即被推广开来。1947 年 1 月,因抗战胜利后就业困难,扬州人力黄包车骤增,多达 1200 辆,运力明显过剩,竞争剧烈,致有车夫因生活无着而自杀者,故而国民党江都县政府明令"不得继续装置或修理人力车",并要求"设法开拓人力车夫转业的可能途径"。 此时适有居民倪姓和高姓为"改善工具计","特从上海购来三轮车 2 辆",要求政府登记和发给牌照。江都县政府为了提倡三轮车客运,除了"发给临时执照,以资提倡"外,还免收其捐税。这是扬州有三轮车客运之始。

新中国成立后,三轮车客运较人力车方便文明,且又快速,故得到大力提倡。1952年,扬州市搬运公司首先购进三轮车11辆,作为市区短途载客之用。1956年增至18辆。1960年又猛增至74辆。1963年又增至119辆,这是扬州"文革"前客运三轮车发展的最高年份,此后即开始下降。从1968年到1971年,扬州三轮车一直保持在97辆左右,基本上由扬州市运输公司三轮车队经营。此后由于机动车和250小客车的兴起,特别是公共汽车的开行,使三轮车客运受到影响,扬州市区的三轮车从1979年降至45辆。1981年回升至90辆。1982年达到107辆(不包括城郊公社的15辆和邗江集镇的68辆),已达饱和状态,故加以限制。1984年降至71辆,1987年复降止45辆。

但随着改革开放的深入和交通运输业的全面放开,大批农民工涌入城市,他们和一些下岗职工也选择三轮车为职业,故扬州市区三轮车又呈猛增趋势。1989年,扬州市区三轮车上升至328辆。其中,属扬州市运输公司客运处的为98辆,个体户(含城郊)为50余辆,其余一半属街道办运输站经营。至1992年,注册经营的三轮车已达811辆,1993年底更高达1217辆,显然已超过需求。随着人们消费生活的增长和出行的需要,以及市容市貌的要求愈来愈高,出租车行业的有序发展和个人私家车的不断增加,一批客运三轮车和机动车被逐步淘汰,1995年核定扬州市年末三轮车为300辆,由以此为职业的人员经营,并统一车型、漆色和雨篷。

进入新世纪后,三轮车经营得到进一步规范,三轮车的功能被定位为旅游观光车,定点排放,自主经营。自此扬州市三轮车走街穿巷,成为旅游者的"兼职导游"和老弱病残市民门到门服务的好帮手。截止到2010年,扬州人力观光三轮车为240辆。

第七章 从运河牌、663型
到新能源汽车

　　1958年3月扬州汽车修配厂的建立,标志着扬州有了汽车维修骨干企业。"运河牌"货车、JT663型客车的制造使扬州首先步入制造大型客车制造的城市行列,并一度带动多种汽车配件行业的发展,使汽车制造成为扬州的支柱产业。今日他们将在新能源汽车的制造上再铸辉煌。

扬州在新中国成立前,基本无汽车工业可言,仅为扬州、镇扬等民营汽车公司修配的简单工场,设备简陋,技术工人稀缺。1958年3月扬州汽车修配厂的建立,标志着扬州有了汽车维修骨干企业。同年底,扬州汽车修配厂生产的三轮汽车和2.5吨六轮"运河牌"货车面世,实现了扬州生产汽车零的突破。JT663型客车的制造使扬州首先步入制造大型客车制造的城市行列,并一度带动多种汽车配件行业的发展,使汽车制造成为扬州的支柱产业。然而由于未能在竞争激烈的市场中抓住先机,扬州亚星客车集团未能跨上客车市场王者的宝座。然而,知耻者后勇,今日他们将在新能源汽车的制造上重铸辉煌。

一、从修理到修造并举的扬州汽车工业

扬州的汽车修理业最早可追溯到20世纪20年代中期,其时镇扬汽车公司已建造了修车工间,有汽车修理工数人,主要从事本公司汽车的修理与保养。此后直到中华人民共和国建国时,扬州汽车修理一直未曾中辍,但多为小型的修理工场,规模不大。

国营苏北汽车运输公司成立后,于1951年9月成立保修厂。1956年,为适应当时汽车运输生产发展的需要,经扬州市人民政府批准同意,在市区渡江桥南四岔路口东南处购地30余亩,将扬汽分公司保养场扩建为汽车修理厂。建厂之初,人员不多,厂房和设备简陋,多靠手工操作,主要承担本公司的汽车保养和小修任务。1956年对私改造,扬州地区一批从事汽车修理和汽车零件生产的私营企业,如扬州华兴铁工厂等及个体手工业者纳入,因而增加了一批技术工人和部分设备。是年5月,该厂直属省交通厅领导,除承担原有的生产任务外,还负责扬州、南通、淮阴、盐城等地区汽车运输企业和社会车辆的修理、改造任务。至年底,已有职工300人,平均技术等级3.6级。可进行汽

车大修、中修和小修,以及货车车身制造。

1957 年,扬州汽车修理厂得到较大发展。是时因为又要承担无锡、镇江两地交通部门的营运车辆、社会车辆以及徐海地区部分车辆的大修任务,年大修车辆由 300 辆的指标增至 500 辆。省交通厅投资 71.5 万元,扩展厂房 2335 平方米,建造水塔和增设相应的动力设备,是年底,该厂已经有生产厂房 5131 平方米,管理用房 673 平方米,生活用房 1099 平方米。

考虑到省内应该有一个设备较为完善的汽车修配厂的实际情况,1958 年 3 月,经南京军区后勤部汽车拖拉机管理部与江苏省交通厅商定,报请省政府批准,将江西上饶的 304 厂搬迁到扬州,与扬州汽车修理厂合并(304 厂的前身是华东空军上海基地司令部汽车修理厂,其装备和人员大都来自原国民党空军修护连),合并后定名为"江苏省扬州汽车修配厂"。到 1958 年底,该厂职工已达 600 余人,平均技术等级为 4 级,月生产能力大修汽车 70 台以上,成为苏北地区汽车修配力量最强的工厂和省属交通部门维修骨干企业。

1958 年春,扬州汽车修配厂基建结束,4 月调整生产工艺路线,由修理始逐步转为制造。其时适值南京汽车修理厂试制南京牌 2 吨三轮汽车成功(南京厂生产发动机,扬州厂生产底盘)。当年 6 月 22 日,扬州汽车修配厂生产出第一台三轮汽车,下半年又生产出 1 台载重 2 吨的三轮汽车,终于实现了扬州人汽车制造零的突破。至年底,通过自我武装,开展群众性的技术革新活动,领导、技术人员、工人三结合,用 300 吨磨擦压力机分段压制汽车大梁,自制生产发动机的专用机具和设备,攻克了加工汽缸体和偏心轴的技术难题,先后试制成功 2.5 吨六轮货车 2 辆,发动机功率约为 52 千瓦,最高时速 70 公里,命名为"运河牌载重汽车"。运河牌汽车的试制成功,为以后批量生产汽车和汽车配件创造了条件。

1960 年,江苏省计划经济委员会决定扬州汽车修配厂批量生产运河牌汽车,并采取协作生产方式,由南京汽车修理厂(后改为金陵汽车制配厂)生产发动机。1960 年上半年,扬州汽车修配厂通过技术革新,制造出多种专用设备和加工机床 100 多台进行自我武装,先后生产出 72 辆运河牌载重汽年,正

扬州客车厂厂貌

式揭开了扬州乃至江苏制造汽车历史的崭新一页。1960年10月24日，省交通厅召开会议，贯彻全国交通工作会议精神，总结"大跃进"的经验教训，明确交通系统的工厂仍应贯彻"先维修，后制造"和"以修为主，修造并举"的方针，要求加强维修，压缩制造，开始大力制造汽车配件，满足修车需要。

扬州汽车修配厂在贯彻"以修为主，修造并举"方针、发展汽车齿轮生产的过程中，于1964年与南京汽车制造厂协作生产跃进牌汽车变速箱。学习"南汽"的先进加工技术后，既提高了本厂工人素质，又增加了企业经济效益，为工厂以后制造汽车作了技术和设备储备。

1962年6月，上海汽车修理厂试制出新型全金属客车，该产品在造型、结构、自重、强度等方面都优于工厂以前制造的平头客车，定名626型。1963年，交通部组织江苏、上海、辽宁、湖南、广东、江西、山东等交通厅（局），在总结各地用解放牌货车底盘改制全金属公路客车经验的基础上，联合设计了用解放牌货车底盘改制的公路客车，命名为"JT-660型"。该样车由上海汽车修配厂试制，扬州汽车修配厂批量生产。当年扬州汽车修配厂即生产626型和JT-660型等3种客车7辆，1964年改制660A型客车86辆。

二、在全省协作条件下的扬州汽车工业

20世纪60年代后期，江苏公路运输企业在运输经营中，运力与运量的矛盾始终比较突出，一批上世纪三四十年代进口的车辆如大道奇、雪佛莱、丰田

等仍在干线公路上勉强行驶。其时运输状况是车辆少，配件短缺，许多车辆带病行驶，常年失修。1969年，国家军用分配给江苏40辆解放牌汽车，作为交通运输部门更新改造营业车辆之用，结果分到交通口的只有20辆，不敷使用。在此情况下，江苏省交通厅于是年下半年在六合召开全省交通工作会议，提出应先搞一部分汽车配件总成，以解决当前配件匮乏的燃眉之急。然后再以生产大协作的方式"分散生产配件，集中装配汽车"，即由本省交通系统所属单位协作生产载重量为4—5吨的运货汽车。其时，正值全国第二次掀起"制造汽车热"之际，乃于1970年初，成立了省汽车生产领导小组。省局考虑到扬州汽车修配厂各方面条件比较具备，1960年曾批量生产过"运河牌"汽车，以后生产配件，齿轮加工能力较强，曾和南京汽车制造厂联手生产过跃进牌汽车变速箱和后桥，有一定的造车经验，故将制造江苏牌JS-140型载重汽车的总装任务及后桥、车架、驾驶室、变速箱总成等几大件的生产任务交给扬州汽车修配厂，并由金陵汽车配件厂担负发动机总成制造，自此拉开了省协作制造江苏牌载重汽车的帷幕。

最后确定下达1970年全省生产江苏130型2吨半载重汽车500辆，试制并小批量生产江苏140型5吨载重汽车50辆的生产任务。

扬州汽车修配厂接受这一任务后，以敢于面对困难的勇气和严肃认真的科学态度，首先抓组织落实，把一大批在"文革"中被冲击的干部和工程技术人员解放出来，以发挥他们的组织才能和技术骨干作用，合理调整劳动组合，以适应生产的需要。同时扩建厂房，大搞设备自我

扬州客车厂厂貌

武装。在省计经委、交通局领导下,克服各种困难,共同努力,建起了几条生产流水线,主要有 140、130 型变速箱线,140 型车架线,140 齿轮流水线、前桥流水线、后桥流水线,铸造流水线,驾驶室流水线等。当年就生产出江苏 130 型载重汽车 503 辆(由南京汽车制造厂提供发动机、前桥、后桥三大总成,扬州汽车修配厂生产驾驶室、车架、车身及变速箱总成,组装成车)。试制成功江苏 140 型载重汽车并小批量生产 50 辆。至此制造汽车首战告捷。

江苏 140 型汽车的质量,经省交通局组织有关部门进行抽样检查,一般行驶在 20 万公里以上才大修的为数不少。在同时参加试验的 14 个单位的同型车辆中,是质量较好的一种。

江苏 130 型、江苏 140 型载重汽车的生产一直持续到 1979 年后才停产,对江苏省交通运输业以及工矿企业的运力增长起了很大的作用,缓解了当时运输工具紧缺的矛盾,产生了明显的社会效益和经济效益。同时,通过制造汽车,各协办工厂的技术和管理水平得到提高,逐步建立起标准化的生产工艺,培养和锻炼了一批干部、工人和技术人员,同时使有关工厂的基建规模和设备能力均有不同程度的增长,尤其为扬州汽车修配厂之后转向客车制造创造了条件。

三、确立为扬州支柱产业的车辆修造工业

80 年代初,扬州汽车修造厂在交通部公路局和省交通厅的组织支持下,研制成功我国第一辆新型公路长途客车 JT663 型。JT663 型客车专用底盘采用半承载式结构,系根据客车性能要求选择参数进行设计而制造的,这就从根本上改变了以往采用货车底盘改制的不合理状况。其安全性、舒适性和经济性,以及动力均比解放牌系列为高。经过江苏省第二汽车运输处客车 8 队长达 240 天的营运和 45000 公里的走合后,1981 年 12 月 11 日至 16 日,江苏省交通厅受交通部公路局、科技局委托,在扬州汽车修造厂对该车进行基层级的技术鉴定。一致认为:"JT663 型公路长途客车的设计和试制是基本成功的。"该车外型美观大方,结构牢固耐用,乘坐舒适,驾驶轻便,行驶平稳,安全

可靠,密封性能好,噪音振动小,"达到了交通部下达的设计任务书和定型鉴定大纲的要求"。

1982 年,江苏省交通厅下达给扬州汽车修造厂年产 JT663 型客车 500 辆的生产任务,该厂从此

扬州客车厂生产的 663 客车

进入客车专业化生产的新阶段。月产量达 70—80 辆。在省汽车运输公司组织下,全省各地汽车运输企业承担了生产 JT663 型长途客车的协作配套件任务。1984 年 11 月,扬州汽车修造厂生产的 JT663 型公路客车获省优产品称号。1985 年 11 月又通过部级鉴定,并荣获交通部优秀产品称号,获交通部科技成果一等奖,国家科技进步三等奖。1985 年,该厂正式改名为扬州客车制造厂。

1984 年,扬州市成立汽车工业领导小组和汽车联合筹备处,除抓好客车制造的生产发展外,又组织了省重点项目——江阳汽车厂 KS-141 型 5 吨平头柴油机载货汽车的会战,致使一批原以修理汽车和农机配件为主的小厂抓住机遇,从仪征、江都、邗江等地脱颖而出,相继开发出黎明硬顶吉普车、女神面包车和扬子旅游客车。其中最具代表性的就是仪征汽车制造厂。江苏仪征汽车制造厂前身为仪征商业机修组,于 1971 年由 5 人创业起家,隶属供销部门。初期经营汽车维修,兼营汽车专用机具制造。1985 年开始生产轻型汽车。在国家没有投资一分钱的情况下,该厂走自主经营、自我积累、自我改造、自我滚动发展的道路,从一个名不见经传的小厂一跃而成为江苏省的明星企业。该厂所生产的黎明牌轻型客车开发出 YQC6541、YQC6460 两个系列共 108 个品种,被国家公安、水电、农牧、邮电、交通、地矿等 22 个部级系统所选用。而邗江县的扬子旅游车厂,原是一个生产水泵的小厂,1984 年开始与沈阳第二农用车制造厂联营,生产双排座汽车,1985 年根据国内汽车市场行情,试制仿丰田"考斯特"19 座 KS-630 轻型客车,1986 年 10 月通过省级鉴定,

仪征汽车制造厂及其生产的黎明牌吉普车

正式批量生产。产品以质优、价廉、适用而受到个体户的欢迎。至 1990 年底，该厂已年产轻型客车 400 辆。七五期间，当国家计委投资 5000 多万元对扬州客车制造厂进行技术改造的项目竣工后，扬州大中型车的生产规模和工艺装备水平已处于国内领先地位。1990 年全市共生产长途客车，微型、轻型客车，轻型、重型载货汽车，越野车和专用车等共 8810 辆，年产值 3.98 亿元，分别为 1985 年的 13.5 倍和 6.2 倍，汽车工业开始成为扬州的一个重要行业，并形成了自己的优势和特色。

　　20 世纪 90 年代前期，扬州客车制造厂、江苏仪征汽车制造厂、扬子旅游车厂、江阳汽车厂进一步加大技改投入，形成了更大的生产规模。其中发展最快的是仪征汽车制造厂，从 1985 年生产汽车以来至 1992 年的 7 年间，累计投入 2.8 亿元，形成了年产 3 万辆汽车的生产能力，拥有全国最大的国产硬顶吉普车生产线 2 条，包括冲压、焊装、涂装、总装四大工艺生产流水线，一条引进日本的整车检测线以及各种性能测试设备和总成件台架测试设备。江阳汽车厂与美国 KIC 国际控股公司、江苏省外运公司共同投资兴办了中美合资的扬州通华半挂车有限公司，年产半挂车 2000 辆以上，为了提高产品的市场竞争力,该厂先后开发了 1170 型 9 吨载重汽车等 7 种新车型,并且投资 6000 万元兴建了万辆载重汽车生产线的厂房。江扬船舶集团公司微型汽车厂根据市场需求,引进开发 JWC1010 型微型汽车,形成批量投放市场,可作为家庭用车。截止到 1993 年底,全市公路客车、轻型客车、轻型载货汽车、微型汽车和各种专用汽车的年产量已达到 5.05 万辆,实现工业产值 26.25 亿元,完成销售 22.66 亿元,实现利税 3.1 亿元,汽车工业的产值、利税及规模居全省第二位(仅次于南京)。扬州汽车制造厂和仪征汽车制造厂已分别建成全国最大的大中型客车生产基地和硬顶吉普车型轻型车生产基地。

进入 20 世纪 90 年代中后期,企业的装备水平和开发能力进一步增强,被江苏省科委评为"示范工程"的亚星集团技术开发中心建成不到半年,即完成了 7—8 米客车系列车型和 11 米低地板双层客车的设计开发,其中双层客车获北京国际公用工程专用车辆设备技术展览会"优秀推荐产品奖"。

江扬船舶集团特种车辆厂与重庆交通科研所合作研制开发的高等级 JT5140VC(重)型"吸扫式"路面清扫车,是"八五"期间国家重点攻关项目。该车适用于高等级公路及飞机场、城市街道、广场的清扫作业,首次采用驾驶操作系统和微机控制系统,清扫速度可达每小时 2—20 公里,与国外先进的 KOHNSTON600 清扫车(英国)和 SCH00INE 清扫车(德国)相比较,具有动力好、成本低的特点。整机的主要性能达到了国外 90 年代同类产品的水平。1996 年获国家级新产品称号。1997 年,已形成年产 100 辆的生产能力,并且成功地进入北京、贵州、山西等市场。其中销往北京的即达 40 辆,首批车辆承担了长安街的清扫任务。1997 年"7·1"期间,20 辆江扬产的清扫车同时在天安门广场进行清扫作业,取得了良好的经济效益和社会效益。此后,特种车辆厂又开发出 YXT5060GXC(轻)型吸扫式清扫车,同样获得国家级新产品称号,投放市场后已被沪宁高速公路采用。此外,特种车辆厂在此期间还与邮电部设计院合作,开发出邮政专用车,被邮电部确认为定点产品;1998 年 3 月,该厂开发的 JT140TQZ 清障车等系列产品在扬州通过国家鉴定。该车具有托举、起吊、牵引、托拖运输、拖拽等多项清障作业功能,并可抢救肇事车内人员,其机械国产化率达95%,价格仅为同类进口产品的1/4,具有强劲的竞争力。

与整车制造同步迈进的是汽车零部件的制造。一批老企业通过技术改造和引进,提高了产品档次,增加了品种,扩大了规模,生产出轿车塑料燃油箱、专用柴油发动机、活塞环、汽缸套、水油散热器、铅酸蓄电池、粉末冶金件等全国知名产品,出现了扬州汽塑件公司、仪征活塞环厂等一批小巨人企业。扬州汽塑件制造公司是生产、研制、开发汽车塑料燃油箱和汽车配件的专业公司,先后从德国克虏伯—考特斯公司、贝鲁马蒂克公司和大众汽车公司引进关键设备、模具和部分检测设备,组成年产20万只能力的油箱生产线和20万套能力的汽车管道生产线,其中研制生产的桑塔纳和标致两个系列的燃油箱,分别于1990年、1992年通过中汽联和省计经委主持的投产鉴定,被认可为1992年国家级新产品,为国内轿车国产化的配套提供了保证。1994年11月25日,该公司再次扩大汽车燃油箱等产品生产规模的项目投产,使公司形成年产桑塔纳、标致、捷达、富康等7种车型燃油箱35万套,以及45万件注油管、20万只油量传感器、60万件特种精密汽车塑件的能力。仪征活塞环厂前身原为仪征农机修造厂活塞环生产车间,后从农机修造厂分出,1990年改名为江苏省仪征活塞环厂。1992年,与新加坡合资经营成立"仪征星维活塞环制造有限公司"。该厂主要生产工程农机、汽车、摩托车、空压机、冷冻机等内燃机活塞环,有40个系列124个品种,1992年已形成年产6000万片活塞环的生产能力。自1987年以来,产销一直居全国同行业之首。

仪征活塞环厂生产的系列活塞环

在此期间,还形成了以高

邮为重点的摩托车生产基地。高邮电器厂从 1991 年为沈阳军工企业组装摩托车起步,1993 年加入金城集团,带动了该地区摩托车发动机和零部件的生产,新建了高明摩托车发动机厂,具备“125”中冲程摩托车发动机 15 万台的生产能力,摩托车综合把手、电缆接插件、制动器、电子稳压器,总产量居行业第一位。

自改革开放后至 1998 年底,扬州全市汽车工业技改投入已达 22.8 亿元,内整车企业投入 15.6 亿元。其中仪征汽车制造厂为 7.3 亿元,形成年产 6 万辆轻型客车的生产能力;亚星集团公司投入 3.48 亿元,形成年产大中型客车 8000 辆、底盘 1.2 万辆生产能力;扬子旅游车厂累计投入 1.4 亿元,形成年产 1.2 万辆轻型客车的能力;江都汽车总厂(女神集团) 累计投入 1.6 亿元,形成 1.5 万辆轻型客车的生产能力;江苏通运集团江阳汽车厂和通华半挂车公司分别投入 6000 万元,形成 1 万辆载货汽车和 5000 辆半挂车的生产能力;江阳船舶集团公司特种车辆厂投入 4300 万元,形成 2500 辆半挂车、特种车的年生产能力。汽车发动机和汽车零部件企业累计投入 5.1 亿元,其中扬州柴油机厂投入 2 亿元,扬州汽塑件公司和仪征活塞环厂各投入 1 亿多元,扬州水箱厂和扬州缸套厂投入分别为 5000 万元和 2000 万元,有效地推动了全市汽车零部件工业的迅速成长。摩托车及零部件企业累计投入约 2.1 亿元,主要集中在高邮市,初步建成了以摩托车整车为龙头,以摩托车发动机为核心,以摩托车零部件为支撑的,具有适度经济规模的摩托车生产基地。技改投入的加大必然大幅度地提高工艺水平和产品技术水平,因而到 1998 年全市即形成了年产 12 万辆汽车、20 万辆摩托车、10 万台汽车发动机、35 万只汽车塑料燃油箱的生产能力,出现了一批名牌产品。1997 年,亚星牌公路客车、三叶牌水油散热器、精佳牌摩托车制动器、五亭牌汽缸套、高明牌摩托车发动机等 5 个产品获取江苏省名牌产品称号,有的产品已连续几年榜上有名。

1998 年,全市 60 家汽车、摩托车及零部件生产企业实现工业总产值 62.55 亿元,实现销售收入 47.15 亿元,实现利税 3.1 亿元(其中利润 1.29 亿元）。产值、销售、利税指标分别占全市工业的 12.6%、11%、13.6%。90 年代，由于加快了招商引资的步伐，随着合资企业的增加，出口呈现逐年增加的态势，每年有 20 多家企业的产品远销欧美、东南亚和非洲地区，产品主要有集装箱半挂车、客车、客车底盘、粉末冶金件、蓄电池、活塞环、汽车散热器、气缸套、起动电机、汽车坚固件、钢板弹簧等，年出口交货值近 3 亿元。其中通华公司产品 50%供出口，华扬蓄电池公司产品 70%出口，保来得公司 1997 年被美国通用汽车公司定为其汽车粉末冶金结构件无条件选择厂家，1998 年完成出口货值 1.5 亿元。

在此期间，随着改革的进一步深化和市场的激烈竞争以及迎接加入 WTO 的需要，资产重组和股票上市取得了重大进展。首先是仪征汽车制造厂加入上海汽车工业（集团）公司。由于双方在市场、产品、技术、管理方面具有较大的互补性，仪征以资产划拨的形式，从仪汽净资产中界定出 67%的股份，无偿划拨给上汽集团，由其与拥有其余资产的仪征汽车公司共同组建上海汽车工业（集团）公司仪征汽车制造有限公司，上汽占注册资本比例为 67%，仪征 33%。仪汽自此成为上汽集团中继上海大众、上海通用之后的第三轿车和乘用车生产基地。1999 年 4 月，又以无偿划拨方式，将重组后原仪汽 67%的股权，转让给上汽集团控股经营，开发投产轻型商用车。1999 年 12 月 21 日，由江都市政府与广东亿安集团签约合作，亿安科技公司、清华大学企业集团共同租赁女神集团闲置的约 2 亿元资产，成立扬州亿安电动车有限公司，项目总投资 3 亿元，规划 5 年后形成各类轻型电动车 100 万辆的生产能力。1999 年 7 月 22 日亚星客车股份有限公司 6000 万流通 A 股股票在沪上网发行，成为扬州第一股，上市融资 3.8 亿多元。

1999 年，全市汽车、摩托车工业 60 家企业，剔除仪征汽车制造厂等不可比因素，按同口径统计，全年实现工业总产值 55.2 亿元，比上年 50.76 亿元增长 8.74%；工业总产值（价）47.54 亿元，比上年 46.63 亿元增长 1.97%：工业增加值 10.9 亿元，比上年 9.78 亿元增长 11.45%；产品销售收入 46.06 亿元，比上年 43.99 亿元增长 4.71%；实现利税 3.52 亿元，比上年 3.1 亿元增长

17.61%，其中实现利润 1.62 亿元，比上年 1.278 亿元增长 25.87%；出口交货值 3.59 亿元，比上年 2.95 亿元增长 21.47%。

1999 年，6 家整车生产企业整车产量为 15892 辆，比上年 17701 辆，减少 1806 辆。汽车零部件行业生产汽车塑油箱总成 25.45 万套，缸套 303.1 万只，散热器 28.77 万只，复合材料箱体 585 台套，汽车电机 3.07 万只，汽车弹簧 4010 吨，铅酸蓄电池 35.05 万 KVAH，粉末冶金 3722 吨，活塞环 1.187 亿片，以及农用车前后桥总成、支承、轮胎、装饰件、电器件、涂料等 18 种产品，比上年均有不同程度的增长。

1999 年，生产摩托车 7.56 万辆，蝶刹装置 4.78 万付，摩托车油箱 8.56 万只。

至此，汽车工业作为扬州的支柱产业的地位得到确立。进入新世纪后，扬州市汽车发动机及汽车零部件企业继续保持较高的市场知名度和较强的配套能力。扬州是中国四缸轻型柴油发动机重要生产基地，扬州柴油机公司为国内众多汽车集团配套生产发动机，2008 年柴油发动机销售近 10 万台，完成工业总产值 10.11 亿元。作为全国最大的活塞环生产销售基地，仪征双环活塞环公司仍然是世界十强活塞环企业，2008 年活塞环销售 1.01 亿片，完成工业总产值 5 亿元，实现利税 8484 万元。而由亚普公司生产的各类轿车油箱一直是畅销不衰的名牌，2008 年销售达 150.64 万只，完成工业总产值 10.78 亿元，实现利税 1.40 亿元。

2010 年，扬州全市汽车及零部件工业规模以上企业实现工业总产值 330 亿元，占全市工业总量的 5.6%。其中仪征双环活塞环有限公司获评 2010 "最具竞争力" 汽车零部件百强，并成为行业内唯一发动机零部件十强企业，以及国内唯一连续七届获评全国百强汽车零部件供应商的企业；新扬柴公司生产的 4DA1-30 型柴油发动机获 2010 年度 "绿色动力" 十大柴油机品牌奖；亚普汽车部件公司销售油箱 339.9 万只，完成销售收入 23 亿元，并在是年 3 月亚普在成都经济技术开发区设立的分厂奠基。

四、新型客车的研制和亚星客车集团有限公司的诞生

在整个 90 年代,江苏省扬州客车制造总厂(1996 年改名为江苏省亚星客车集团有限公司),始终把技术改造和技术创新作为企业发展的动力,紧紧围绕"提高客车设计和制造水平"和"高档客车生产线"两大项目,加大技改投入力度,于 1996 年 11 月 30 日通过了"八五"技术改造项目国家级验收,该项工程总投资 1.8 亿元,其中技改专项投资 1.52 亿元(至 1998 年累计技改投入3.48 亿元)。新建厂房及附属建筑物面积 4 万平方米,新增工艺设备 7345.3万元。"八五"技改项目的投产,使亚星客车集团工艺水平处于国内同行业领先地位,客车工艺总体上达到国际先进水平,形成单班年产客车 6000 辆和客车底盘 8000 台的生产能力。

1995 年 11 月 30 日,江苏省重点支持发展的 10 大集团之一、国内大中型客车行业第一家省级集团——江苏亚星客车集团暨江苏亚星客车集团有限公司宣告成立。该集团的核心企业是由扬州客车制造总厂改制而成,它包括特种车辆厂等 8 个紧密层企业,堡城汽车装饰配件厂等 11 个半紧密层企业,以及 48 个协作层企业。该集团的成立有利于以市场为导向,优化产品结构,合理配置生产要素,发挥集团的整体优势,形成规模效应。

1996 年 9 月 16 日,江苏亚星客车集团有限公司又与德国梅赛德斯—奔驰股份公司在北京举行了合资建立亚星—奔驰有限公司签字仪式。亚星客车集团公司经过"七五""八五"期间的技术改造,在客车开发和制造技术方面已达到国内领先水平,其产品商标"亚星"成为国内著名商标,而梅赛德斯—奔驰公司在世界上是最早的汽车制造公司之一,拥有世界先进的汽车生产技术,其客车产量居世界首位。因而这两家公司的合作具有极大的优势与互补性,被誉为中德汽车业的"巨人握手"。合资新建的亚星—奔驰有限公司由双方对等投资,投资总额为 9550 万美元,注册资本为 6010 万美元,合营期限 30 年。该公司将开发、生产和销售长 7—12 米客车及客车底盘,产品分别使用"亚星"商标和"梅赛德斯—奔驰"商标。项目投产后,形

成年产 8000 辆整车和 1.2 万台底盘的生产能力。亚星—奔驰公司于 1997 年 3 月 1 日开始试运行，顺利完成了国有体制向合资体制的转变，实现了国有经营方式向合资经营方式的转轨。10 月，首批奔驰原型客车作为许可技术投入亚星—奔驰公司，并对其技术进行了接受、消化、试验、鉴定和国产化工作，开始小批量工作化生产。1997 年 11 月 28 日，亚星—奔驰公司在扬正式开业。1998 年 6 月 18 日，亚星与奔驰合作的首批奔驰许可产品 YBC6120H 等豪华大客车顺利下线，该车采用德国奔驰公司先进客车制造技术，时速 118 公里以上，是高速客运和旅游运输的理想用车，它标志着我国客车水平已达到国际 90 年代先进水平。1999 年 7 月 17 日，江苏亚星客车集团最新研制开发的 JS6770H、JS6985 型和 JS6110H 型 3 个系列共 9 个城市公交客车新品种，一次性通过定型鉴定，正式投放市场销售。与此同时，由交通部组织扬州亚星客车股份有限公司和中国公路车辆机械总公司等单位联合设计、亚星股份公司生产的 JT6890 型中型亚星客车研制成功，填补了我国中型高速高档客车的空白，达到国内领先水平，沪、浙、粤、桂等省市用户订货踊跃，产品供不应求。

截止到 1998 年底，江苏亚星客车集团已拥有员工 4734 人，各类专业技术人员 800 多人，总资产 17.87 亿元，占地 87 万平方米。当年生产和销售各类客车 1.4 万多辆，其中中型客车 6268 辆，国内市场占有率为 37.5％，主要经济指标连续 7 年居全国同行业首位。1999 年亚星客车集团生产整车 11279 辆，工业总产值 142013 万元，实现销售收入 145974 万元。亚星集团生产的"亚星""奔驰""扬子"牌客车，已形成大、中、轻型，高、中、普档 27 个系列 150 多个品种，产品覆盖全国 31 个省、市自治区，初步形成了集公路客车、旅游客车、公交客车和各类客车底盘以及客车关键零部件生产为一体的客车生产企业集团。

然而令人遗憾的是，由于亚星公司上市时未能很好提升中高档客车的档次，产品附加值偏低，盈利能力不强，因而在新世纪初剧烈的市场竞争中不敌国内上市公司的宇通客车和厦门金龙客车。近年来亚星集团已经认识到自已的不足,乃于 2007 年结束了与亚星—奔驰公司的合资,同时回购了格林柯尔拥有的亚星 1.15 亿元(原占亚星客车总股 60.67%)的股权,成为国有独资控股型集团公司,任命了新的董事会成员和管理层,并满怀信心地推进实施一系列的调整措施,如建设计算机集成制造系统(CIMS),实施 TX—CIMS 工程;建成企业资源计划管理系统(ERP),实现生产经营从粗放型向集约型跨越;加强技术中心建设;实施产品优化战略,调整产品结构,使处于成长期的产品迅速进入成熟期,淘汰一批性能落后、已进入衰退期的车型。2010 年 4 月 18 日,扬州亚星有 6 款新能源客车上路亮相,它们分别是 JS6126GHV、JS6116HV、JS6106GHV 混合动力城市客车和 JS6126GHBV、JS6116GHBV、JS6106GHBV 纯电动客车。这 6 款客车采用亚星公司专门为迈"全面小康"市县而设计的"康帅"造型,方基洞大侧窗结构,显得风格独特,个性鲜明,内饰和谐统一,驾乘区域处处体现出以人为本的设计理念,车身和底盘均采用低碳环保材料,整车回收利用率大于 98%,混合动力客车所匹配的发动机均达国家(IV)排放标准,是江苏大力发展新能源客车的推广车型。也是亚星五年来致力于新能源客车研造的成果。

2012 年 3 月 23 日—25 日于南京召开的第十二届国际客车及零部件展览会上,扬州亚星精心挑选 YB L6125H 全承载系列公路客车、JS6127GHBEV 纯电动客车和 JS6111SH 系列双层旅游观光巴士三款客车参展,JS6127GHBEV 纯电动客车获年度最具影响力新能源客车奖和年度十佳新能源大巴客车企业奖,YB L6125H3QJ 全承载双挡风高三级大型豪华公路客车获年度客车亚军奖,昔日领军人物的雄风又重新归来。亚星汽车负责人雄心勃勃地表示,渡过当前"二次创业"的阵痛时期,调整好产品结构,他们的 JS6127GHBEV 大容量纯电动客车、JS6126GHEV 混合动力客车为代表的新能源系列,将跨越 10 米、11 米、12 米长度区间的新能源产品系列和谱系,成为未来环保生态城市的宠儿,亚星汽车将重现王者风范,再创辉煌。

第八章　新世纪飞速发展的立体交通

　　21世纪是一个崭新的世纪，也是扬州立体交通的开始。宁启铁路的开通，扬州百年铁路梦终于梦圆成真。波音737和A320空客飞机从扬州泰州机场凌空而起，向中国和世界昭示扬州空港时代的到来。扬州交通正随着现代科技的飞速发展不断展现着日新月异的辉煌。

　　21 世纪是一个崭新的世纪,也是扬州立体交通的开始。2004 年 5 月 1 日宁启铁路正式开通,扬州百年铁路梦终于梦圆成真。2010 年 3 月 18 日,扬州民用机场——扬州泰州机场于江都区丁沟镇隆重奠基,2012 年 5 月 8 日,数架波音 737 和 A320 空客飞机从扬州泰州机场凌空而起,向中国和世界昭示扬州空港时代的到来。扬州交通正随着现代科技的飞速发展不断展现着日新月异的辉煌。

一、百年铁路梦始圆

　　早在黄河北徙、漕运断绝,运河成为区域性河道之后,造铁路以通大江南北就成为扬州人的一个好梦。然而从梦始到梦圆却整整走了一个多世纪,直到 21 世纪之初,这个梦才成为现实。

　　自从英国人斯蒂芬逊修筑第一条铁路,1825 年 9 月 27 日在英格兰北部小城达林顿举行通车典礼,火车这个交通利器一出现,即以其强大的运输能力为世界所瞩目。从 19 世纪 30 年代开始,欧美各国先后兴起修筑铁路的热潮,甚至连列强的海外殖民地也有了铁路,这自然引起中国有识之士的关注。光绪六年(1880),刘铭传入觐,上疏呈请修建铁路,他认为面对外患日益紧逼的情况下,"自强之道,练兵造器,固宜次第举行。然其机括,则在于急造铁路。铁路之利,于漕务、赈务、商务、矿务、厘捐、行旅,不可殚述,而于用兵尤不可缓"。而且他认为当务之急是修两条铁路:南路,由清江(今淮安)经山东,由汉口经河南,俱达京师;

刘铭传

北路由京师东通盛京(今沈阳),西达甘肃。若未能同时并举,可先修清江至京师一线。这可能是苏北地区最早修筑铁路的动议。但守旧派官僚列举出所谓修铁路的三大弊:一为资敌;二为扰民;三为失业。此议即被搁置,十余年无人愿意提起。

　　然而铁路在交通上的巨大优势是无法否认的。事过十几年之后,又有左宗棠请修通州到清江浦的铁路,曾纪泽请修北京到镇江的铁路。这些铁路距扬州愈来愈近,但都因这样或那样的原因被搁浅。光绪二十二年(1896),以写《老残游记》小说而闻名的学者、镇汀人刘鹗,凭借其曾在湖广总督张之洞幕下筹办卢汉(卢沟桥至汉口,即京汉线)铁路的经验,上书直隶总督王文韶,要求修筑以天津为起点,镇江为终点的津镇铁路,为王文韶所同意,复经朝廷批准,筑路资金则向国外借款。这本来是一件发展家乡经济、便利扬镇交通的好事,不料却遭到一些在京镇江籍官员的反对。原来是家乡保护主义思想在作怪,他们认为鉴于火车彼时还不能越过大江,终点站必然设在瓜洲,这样就会使镇江丧失地利和商业上的优势,故而对刘鹗群起而攻之,甚至扬言要开除他的乡籍。然而更不可思议的是,据说反对的不仅仅是镇江籍官员,还有一部分扬(州)、高(邮)、宝(应)、淮(安)、清(江浦)籍的在京官员也跟着起哄,他们出于一己私利,生怕筑铁路会毁坏他们的庄园、田地和祖茔,以"铁路造成,洋人易入"为借口,阻挠津镇铁路的开筑。1898年曾纪泽和容闳再次上书清政府,曾任驻美副公使、现为江苏候补道的容闳在文中说:"由天津经山东德州至江苏之镇江府,为南来北往孔道,必宜专筑一路,以为便民兴利之图。"还说:"自修津镇铁路,实为抵制(列强)之方……拟即纠合富商巨贾,集成巨款兴筑。"在张之洞等大臣的推动下,清政府允准容闳筹集"商股",修筑津镇铁路。但为时不久,即因义和团运动的兴起而告夭折。但近据扬州学者考证,真正迫使清政府改变津镇铁路计划的原因,根据罗振玉《五十日梦痕录》所载:"上书请筑津镇铁路,当道颇为所动。事垂成,适张文襄(之洞)公请修京鄂线,乃罢津镇之议。"但不管怎么说,津镇铁路的搁置和以后的改道,使苏北地区失去了一次早日经济开发的机遇则是个不争的事实。

津镇铁路后被修改为津浦铁路,于1912年全线通车,使扬州人目睹淮河之滨的蚌埠一跃而为新兴的工业城市,而镇江后来虽有沪宁铁路通过,但因失去了苏北这一物产丰饶的腹地而在经济上落后于苏常锡地区,扬镇人民反思当日非议兴筑津镇铁路的失误,只好自己吞咽这枚苦果了。

在此期间又发生了最早关于开筑"仪泰"铁路的消息。《申报》光绪三十三年四月十五日(1907年5月26日)刊载了这样一篇消息:《仪泰铁路将次开筑》。内中说:"泰州至仪征十二圩一带,日内张季直(謇)展撰,劝令绅商认股,集款开筑铁路,以便转运。业已筹议定妥,所聘洋工程师业已到圩。俟勘定路线,即日开工。"但后来经过调查,发现此举"徒多周转,无裨商情"而被中止。

辛亥革命为扬州人盼望修筑铁路带来了第二次契机。孙中山先生曾主张在苏北兴筑瓜洲至清江浦的铁路,作为沪宁铁路的支线,以便北连陇海,西接津浦,并于民国元年(1912)10月亲临镇江视察,无疑这对镇扬人民来说是个福音,一时兴建瓜清铁路的动议传遍了大江南北。民国二年,由江苏都督程德全批准,准备招股募款,积极筹办。然而好事多磨,就在上马之际,时任两淮盐务总理的张謇却力排此议,主张"与其取道瓜清,不如改线清通(州)。"即在清江浦至南通之间筑一条铁路,以连接滨海各盐场,可收淮东区域的鱼盐米棉之利。此议不啻是在扬、镇二市头上泼了一盆冷水,因为此议如果实现,不但扬州商业更为萧条,镇江的码头也会随之冷落,这当然是二市商人都不愿看到的。于是首由镇江绅商奔走呼号,率先反对瓜清铁路改道,继由扬州人闻风响应,推举郑元伯为首,于是年7月2日在大同歌楼(今萃园饭店)召集本城区各居民代表开会,力陈反对清通铁路的理由,获得与会者的赞同,乃推选丹徒人包黎先生著文,将张謇改线不当之由据理驳斥,公布各处,并呈报政府备案。后来因为张謇当上了熊希龄内阁的农工商部长,通清铁路既未兴筑,瓜清铁路亦被搁置。扬州人第二次铁路之梦复又破灭。故而镇扬汽车公司经理卢殿虎当年在创办镇扬汽车公司并拟兴筑公路呈文江苏督军和省长时,即有"清季有商办瓜清铁道之成议,不久中寝,地方惜之"的感叹。

这一搁置，又是 40 年。转眼间到了新中国成立后的 1958 年，为了大炼钢铁，又曾有从扬州筑铁路深入六合冶山矿区运输铁矿砂的动议，这虽然是一段不长的小铁路，但仍然燃起扬州人修筑铁路的热情，然而行动尚未实施，随着所谓钢铁元帅的很快下马，铁路之议也就烟消云散。

虽迭遭挫折，扬州人始终不曾放弃筑铁路的好梦。随着共和国的脚步愈走愈为稳实和坚定，扬州铁路之议重又提上议事日程。距 1958 年 40 年之后，扬州人终于抓住了机遇，1998 年 4 月 23 日瓜熟蒂落，扬州、南京、泰州、南通四市计划委员会联名向江苏省计划委员会提交建设宁启铁路的规划，并迅速于 1999 年 1 月于南京召开了宁启铁路预可行性研究报告研讨会。2000 年 2 月 17 日，扬州市政府成立筹备工作领导小组，市长苏泽群任组长。此后宁启铁路的初测资料收集工作，铁道部专家组对宁启铁路沿线的踏勘调研工作次第展开。2001 年 8 月 13 日，宁启铁路南京至南通（东段）建设获国家批准，国家发展计划委员会批准立项。宁启铁路是国家"八纵八横"铁路主通道之一宁西通道的组成部分，由西安至南京，是我国"九五"重点项目，也是国家跨世纪铁路建设中又一条贯穿我国东西的铁路干线。宁启铁路位于中国江苏省中部，自南京林场站，途经六合、仪征、扬州、江都、泰州、姜堰、海安、如皋、南通至启东，系宁西铁路延伸的重要部分。宁启线在海安县站西与新长铁路连接，过海安经如皋至南通，南京站至南通站全长约284 公里，设计时速为 120 公里。

1919 年，孙中山先生在《建国方略》之二的《实业计划》中，曾设想建设以北、东、南三大港为中心的扇形辐射铁路线，以南京为干线起点联结苏北的有三条，其中吕四港至南京线，就是从吕四港西行至通州，转西北行到如皋，再西行泰州、扬州、六合、南京，与今日之宁启线大致相同。自此宁启铁路扬州段的兴建工作紧锣密鼓地展开，扬州人的铁路梦如今真的拉开了帷幕，其激动与欢乐的心情可以概见。现择其开筑期间大事记之要者，可以让我们深切感受到中央领导和省市级领导对宁启铁路的重视和关怀，以及宁启线上那火热的施工脉搏与繁忙场景。请看下列的时间表：

1998年10月8日，宁启铁路扬州段工程建设领导小组和工程建设指挥部成立。由季建业任组长，潘湘玉任总指挥。

12月4日，上海铁路局和江苏省铁路有限责任公司在扬州召开第一次股东会，正式组建宁启铁路有限责任公司，召开一届一次董事会和一届一次监事会。选举傅钦华为董事长，马俊钦、张军为副董事长，毛新淮为监事会主席。董事会聘任江良渡为总经理，张恒庆为副总经理，张明德为总工程师，莫鹤云为财务负责人。

2002年1月23日，宁启铁路开工动员大会在扬州市城北乡瓦窑村召开。铁道部副部长蔡庆华主持大会，铁道部部长傅志寰和江苏省委书记回良玉为宁启铁路奠基石揭碑。傅志寰宣布宁启铁路正式开工。

4月2日，扬州市政府召开宁启铁路扬州段征地拆迁动员大会。截至4月30日，两批拆迁任务顺利完成。

2003年2月28日，宁启铁路南京至扬州段铺架工程开工仪式在南京林场举行。5月28日，海安至扬州段铺架工程开工仪式在海安火车站举行。两头同时向扬州并进。

4月5日，江苏省副省长黄卫、扬州市委书记孙志军、副市长纪春明等全程配同铁道部部长刘志军检查宁启铁路，现场踏勘扬州站站场、京杭运河特大桥施工工地。确定把扬州建成苏北铁路客运中心，始发至北京、上海、广州、武汉、西安5条黄金线旅客列车。

8月15日，宁启铁路南京至扬州段铺轨工程在仪征市陶庄垭口进入扬州境内施工，9月30日进入扬州客站；与此同时，海安至扬州段跨过界沟河，进入江都市郭村施工。10月30日顺利到达接轨点Dk101+100处，比预定工期提前62天。

11月11日，宁启铁路京杭大运河特大桥梁吊装成功。

12月2日，宁启铁路轨道全线铺通。完成正线轨道铺架201.5公里，站线铺架21.1公里。累计架深517.5孔。

12月7日，江苏省委书记李源潮在省委副秘书长、省铁办主任张大强、扬州市委书记孙志军、市长季建业、宁启铁路有限公司总经理江良渡陪同下察看即将封顶的扬州客站站房工程。要求狠抓工程质量,确保施工进度。并要求美化沿线车站和路基边坡,形成点线结合,层次多样,功能完备的铁路绿色长廊,使铁路绿色通道与周边生态环境、城市绿化融为一体。

2004 年 3 日 20 日,扬州火车站主体工程和供电、供水等配套工程竣工。

4 月 1 日,经铁道部和江苏省宁启铁路林场段工程验收委员会验收,宁启铁路林场至扬州段设计符合规范,三电工程合理,环境保护符合要求,档案资料齐全准确,消防、劳保和卫生设施达到要求,且铁路路基稳宓,桥涵稳固,轨道平顺,具备开通营运条件。铁道部副部长陆东福、江苏省副省长李全林在《工程验收报告》上签字,林(场)扬(州)段通过工程验收。扬州市市长季建业、副市长纪春明等参加了验收会。

4 月 18 日,扬州火车站开通试运行。上午 9 时,第一列载有 100 名金婚夫妇老人的火车从扬州站开出,驶往上海。下午 2 时 47 分,火车站迎来第一批客人,西安至扬州的客人。随后,下午 3 时零 2 分、4 时 55 分、7 时 53 分、8 时 18 分,分别载有扬州 100 名新婚夫妇、100 名离退休老人、100 名科技代表、100 名先进代表分赴广州、西安、北京、汉口观光旅游。扬州市领导朱泽民、张

扬州火车站外貌

厚宝、纪春明、祝庭龄等到车站送行。

5月1日，宁启铁路宁扬段举行正式开通仪式，中共中央总书记、国家主席胡锦涛和中央政治局候补委员、书记处书记、中央办公厅主任王刚出席火车开通仪式。胡锦涛总书记为江泽民同志题写的"扬州站"站牌揭幕并考察了火车站。中共江苏省委书记李源潮主持开通仪式。

宁启铁路扬州段从仪征陶庄垭口进入扬州市，途经仪征、邗江、维扬、江都两市两区，在江都郭村界沟河出境，市内全长81公里。扬州段建设投资约11亿元。

扬州火车站客站设在邗江区杨庙镇境内，货站设在城北乡境内，江都、仪征均设有客站和货站。扬州客站位于扬州新城西区文昌西路北侧，距市中心7公里，按照苏北的铁路客运中心、始发30对旅客列车的规模建设，总建设面积21315平方米，其中铁路站房11900平方米，为宁启线最大的客运站。建设总投资9366万元，其中铁道部投资7153万元，扬州市投资2213万元。扬州火车站房主体二层局部三层。高度23.5米，总长204.2米，总宽54.4米。站房顶部采用新型曲面网架结构，覆以椭圆形香槟色金属屋面，菱形天窗，外立面为大面积玻璃幕墙，显得庄重凝练，宽敞明亮。整体设计简约流畅，建筑主体雄踞高台之上，上有白云掩映，旁植芳树花草环绕，绿色生态环境令人赏心悦目。既是全国生态型环保车站，也是扬州市地标性建筑。

自此，扬州第一条铁路宁启铁路扬州段正式交付使用。扬州人魂牵梦萦的百年火车梦得以实现，扬州人终于插上了火车这样高速、大功率运输的翅膀，在21世纪之初的康庄大道上呼啸前进！

2009年12月，宁启铁路复线及电气化复线工程正式开工。2010年10月23日，扬州仪征龙河大桥架设了首孔梁，标志着宁启铁路复线电气化工程正式进入铺轨架梁阶段，由此，宁启铁路复线扬州段的建设全面展开，至2011年5月3日，宁启铁路复线铁轨已铺至扬州火车站，这说明宁启线仪征至扬州城区段已全线贯通。2010年，宁启铁路扬州站发送旅客136万人次，到站旅客130.54万人次，实现客运收入2.69亿元。

扬州火车站内景

　　宁启铁路让扬州人圆了铁路梦,解开了长期郁集的心结,结束了百年"地无寸铁"的历史。宁启铁路的开通改变了扬州的区位格局,使其城市地位和经济发展发生了巨大的变化,由此扬州不再是边缘和盲点,堪称是一个时代和空间的跨越。从此扬州可以以扬州港为依托,成为亚欧大陆桥沿桥地带新的出海口,中西部地区可以利用扬州港"借船出海"。扬州人由此往中国西部有了一条便捷的大通道。但扬州人还有一个心愿,即融入中国经济最活跃的长三角腹心——上海,而今却需要绕道南京,无疑在时间和速度上慢了半拍,因此如果从苏北腹部修筑一条可以与京杭运河平行纵贯淮扬地区,从扬州穿越跃过长江直接在镇江与沪宁线接轨的铁路,直接接受上海的辐射,其作用将更大,扬州地区受益亦将更为明显。

　　早在2008年10月,淮扬镇铁路项目即已纳入国家《中长期铁路网规划》。2010年3月12日,扬州市委书记王燕文、镇江市委书记许津荣、苏北人民医院院长王静成等10余名扬州、镇江和淮安的人大代表,联合提出了《关于加快淮扬镇铁路建设推动苏北经济快速发展的提案》的建议书,提请国家铁道部抓紧项目的工可研究,尽早安排对工可方案的审查,同时提出淮扬镇铁路建成后,应尽可能地向南延伸以连接宁杭铁路。根据规划,淮扬镇铁路北起淮安,沿京杭运河南下。经扬州市所属的宝应、高邮、江都,与宁启铁路交汇后,向南跨大江至镇江与苏南铁路网相连接,形成连接苏北、苏中、苏南地区的南北纵向中轴铁路主通道,为江苏省铁路网规划七大通道之一,线路全长210公里,以高架桥为主,扬州境内为22公里。初时设计时速为250公里,发展时速为300公里。为运行动车组的城际客运铁路,并在长江镇扬河段下游五峰山处以一座公路、铁路两用桥形式跨越长江,进入镇江市境后西折设横山站(丁卯西南方向)。

该路建成后不仅可以缩小长三角区域差距,因淮扬镇铁路已计划与连淮铁路相接,因此于2010年下半年改称连扬镇铁路,可构成宁连快速通道,将连云港、淮安、扬州、镇江、南京五个城市串联,拉动苏北苏中经济发展。建成后扬州到上海仅需1小时。

淮扬镇铁路将在2013年开始兴筑,2018年建成。届时江苏铁路便可交织成网,苏北城市对接至南京都市圈和长三角将更加快捷,从而实现江苏南北经济的大交融。

二、晴空一鹤排云上
——扬州空港时代的到来

21世纪是一个新的世纪,也是一个信息化的时代,地球变得愈来愈小,如何更快地走向和融入世界,扩大扬州接触的半径,与世界人民同一个脉搏跳动,与全球化接轨,愈来愈引起人们的关注。当扬州从运河时代、长江时代、迈向"高铁时代"的同时,"空港"时代又在向扬州人民招手。2010年4月,扬州江都市丁沟扬州泰州机场的兴建,意味着扬州立体交通的开始。

扬州人并非没有飞翔梦,所谓"腰缠十万贯,骑鹤上扬州",大概是与扬州人有关的意欲飞翔的最早典故。虽然有人说这个扬州乃是指六朝时的金陵,然而后来却已成为与扬州密不可分的故事而为人们所津津乐道。还有一件历史事实令扬州人永远不会忘记的,那就是抗战时期,从中国扬州临时军用机场起飞的中国空军健儿,浴血奋战誓死保卫祖国抗击日寇的英勇事迹,虽然为期甚短,却至今激励和鼓荡着扬州人民的爱国主义精神。

1937 年 7 月 7 日之后,日本帝国主义开始全面侵略中国,为了夺取制空权,想一举歼灭中国空军的实力。为了粉碎侵略者的迷梦,同年 8 月 13 日,中国航空委员会在南京下达《空军作战命令第一号》,以抗击敌人的入侵。

其时为了备战需要,早在 1935 年,国民政府即在华东地区多处地点秘密修造军用机场以防止敌寇的侵犯,扬州西郊(今蜀冈西峰原农科所所在地)的大校场和石桥的周边地区即是被选择为军用机场的基地之一。这块基地东自葛庄以西、经家圩

抗战初期机场内的中国"霍克式"战斗机群

以东(西湖乡张庄),南起谢庄(今公路北),北至大烟墩下的蒋庄,基本为一正方形地块,四边各长约一公里,计土地 1360 亩。机场占地 960 亩。其土地包括当时的冯庄乡、七里甸乡、西门镇、雷塘乡、司徒乡。可停歇军用飞机 30 架。从机场特地专修有一条水泥路直通大虹桥和西门。一年后即 1936 年夏初突击完工交付施用。当时负责机场筹建的是原任江苏省建设厅厅长王柏龄、江都县长马镇邦。1937 年 8 月 2 日,中国空军第五大队由大队长丁纪徐率第 24、25 两个中队的霍克 -3 型战机 18 架由南昌青云浦机场转飞扬州驻扎此机场。

1937 年 8 月 14 日凌晨,中国空军各部奉命出击,正式开始对日作战。3 时 30 分,第 24 中队长刘粹刚首率霍克 -3 型驱逐机从扬州起飞,沿长江向东搜索,于川沙县白龙港发现敌舰 1 艘,中国飞机迅即发起攻击,副中队长梁鸿云击中敌舰尾部,使敌舰起火冒烟。9 时许,丁纪徐率驱逐机 8 架再

抗日烈士阎海文

次出击,在南通附近击中敌驱逐舰 1 艘。梁鸿云因背部腹部多处中弹英勇殉国。

此后扬州机场空军数次主动出击,以配合地面部队作战。8 月 17 日,第五大队第 25 中队副队长董明德率霍克机 8 架从扬州出发,攻击上海日军陆战队司令部。该队飞行员阎海文 2510 号战机被敌高射炮弹击中,被迫跳伞落入敌阵地,被敌人包围,阎海文拔出手枪,毫无惧色,连续击毙 5 名日军,高声吼道:"中国无被俘空军!"然后从容自尽。阎海文的牺牲,令敌军都为之敬佩,日本海军在上海大场特意为阎海文建墓,并在墓碑上刻写"支那空军勇士之墓"。阎海文用自己年青的热血塑造了一座民族不朽的丰碑。

8 月 21 日 5 时许,敌机 6 架偷袭扬州机场,第五大队将士奋勇迎战,一举击落敌机 3 架,机场上停放的我方飞机两架被毁、1 架受伤,飞行员藤茂江牺牲。8 月 22 日,为加强南京空中力量,中国空军第五大队之 24、25 两个中队奉命离扬。1937 年 12 月 14 日扬州沦陷,扬州机场沦入敌手,后被汪伪集团所接收。

就在这个机场上,1945 年 8 月 20 日上午 8 时,还发生了由汪伪航校飞行主任蔡云翔(周致和)、原飞行少尉于飞(黄哲夫)、张华(赵乃强)、顾青(管序东)以及机械员田杰(黄文星)、陈明秋(沈时槐)6 人,驾驶汪伪政府专机"建国号"(日制九九式双发动运输机)从扬州机场出发,飞向延安,成为弃暗投明、飞向人民怀抱的第一架飞机。20 日晚在王家坪八路军总司令部,朱德总司令和叶剑英参谋长、罗瑞卿、杨尚昆、胡耀邦等首长,亲切接见了起义人员。后此机改为 820 号,以纪念飞机起义的日子,并直属八路军总部。

是的,斯时在全国这块名不见经传的扬州军用机场上,却创造了全国的两个第一,即:中国第一架主动抗击日寇的飞机由扬州起飞;二是蔡云翔、顾青等 6 人在扬州驾机飞往延安,使人民军队有了第一架飞机。这些曾经被尘封的历史,使中国空军史将永远铭记扬州地域闪光的一页。

　　时隔 50 多年之后,扬州邗江县施桥农民造机场,开发"空中旅游"这一新鲜事,也曾在扬州乃至全省和全国引起轰动。那是 1993 年年初,施桥镇政府与江南航空公司签订协议,共同合作开发中国扬州施桥机场的旅游项目。注册公司为邗江旅游公司,施桥房地产公司作为投资方,投入 60 多万元建设机场基础设施,由江南航空公司提供两架国产运 5b 轻型客机,并配有专门的飞行员。当年 3 月机场破土动工,占地面积约 100 亩,仅用了一个多月,即铺设了以灰土压就的专用飞机跑道。4 月 16 日,中国扬州施桥机场正式开业。四乡八镇的人都跑来参观,好多人看见过从天上一掠而过的飞机,但真正乘坐过的人毕竟是少数,而今目睹停留在机场上的庞然大物都很稀罕和兴奋,极想一乘为快。

　　机场刚开业时生意确实很火爆,票价每人 28 元一次,人们可挑选两条空中航线旅游:一条是扬州城区游,可在 300—1000 米的空中观赏 12 分钟后飞回;一条是扬州镇江游,可在空中鸟瞰大江的雄姿和镇江风光。飞机场共营业了 3 年时间,前后共有 3 万多人登机观赏。扣除各项费用,略有盈余。但从 1995 年开始便陷入困境,亏空日益加大,作为民营机场,日不敷出,只好关闭。原来的机场时隔不久复又成为良田。这当是扬州建造机场史上一个小小的有趣插曲。

　　可以说,多少年来扬州人始终没有放弃重新建造机场的梦想,能在扬州以最快的速度飞向蓝天,始终是扬州人民的企盼。因此早在 20 世纪 90 年代七届全国人大会议期间,扬州的代表委员就曾写有建议和提案:扬州要建机场。时任扬州副市长的祝志福三次进京申报此事,并曾咨询有关专家,从地质条件等方面论证,扬州能建机场,并拟在仪征靠近邗江的后山区建筑机场。但因这样和那样的原因,机场项目未能走完应有的程序而被搁置,这一搁便是10 年。

　　然而扬州建造机场既是历史发展的需要,也是扬州区位和经济发展的需要,更是 21 世纪时代的需要。扬州人从未泯灭拥有机场的决心。鉴于江苏已有 7 个地级市建有机场,苏北地区已有徐州、连云港、盐城、南通拥有机场,扬州如想单独建造机场是困难的。为此扬州市委和市政府领导改变思路,提出与泰州市政府"联合共建"的设想,得到国家民航总局的肯定,被认为"思路很好,这在全国是唯一的,是一种创新"。2006 年 1 月 5 日,扬州、泰州联合向省政府发出《关于恳请将苏中机场列入国家"十一五"规划的请示》。2008 年 1 月,扬州泰州机场被纳入国务院审议通过的《全国民用机场布局规划》。同年 11 月,南京军区空军和江苏省政府签订协议,同意在扬州新建扬泰机场。这是因为:扬泰机场位于江苏腹部的两个重要中心城市之间,市场潜力大,预测到 2020 年,旅客年吞吐量可达 150 万人次;二是扬州和泰州边缘地区的里下河地区,离南京禄口机场距离较远,要 3 个小时才能到达;同时苏中机场服务的半径 100 公里范围内,人口已超过 2000 万,且对里下河地区具有明显的拉动作用;三是扬泰机场的建设有利于加强国防战备,提高抢险救灾和应对突发事件的能力,有利于推进长三角地区的一体化进程。正是基于这三个必答题的回答,2009 年 10 月 21 日,机场项目顺利通过国家发改委会议审查,同年 12 月 23 日,扬泰机场经国务院常务会议研究通过;紧接着 2010 年 2 月 9 日,国务院和中央军委批复同意在扬州新建扬泰机场。于是在 2010 年 2 月 13 日,春节除夕,扬州人听到了新华社发布的振奋人心的消息:"位于中国东部江苏扬州江都市内的扬泰机场将于春节后开工奠基,计划于 2012 年正式通航。"多年的希冀终于化为活生生的现实!

扬州泰州机场区位图

2010 年 3 月 18 日，扬州泰州机场于江都丁沟隆重奠基。省委书记、省人大常委会主任梁保华出席奠基仪式并为奠基石揭幕。中国民航局局长李家祥、江苏省省长罗志军、总参谋部作战部副部长孟国平分别在奠基仪式上讲话。南京军区空军副司会员李克文，省委常委、常务副省长赵克志，中国民航局副局长王昌顺出席奠基仪式。

扬州泰州机场奠基石揭幕

扬州市委书记王燕文主持仪式，泰州市委书记张雷致词。出席奠基仪式的还有国家发改委、中航油集团、中国民航局、总参作战部以及省有关单位领导和扬、泰两市四套班子的领导。

　　扬、泰两市共建的机场已正式定名为扬州泰州机场（其中扬州市出资 80%，泰州市出资 20%），为国家规划建设的国内中型机场，是一个与连云港、徐州、南通同等级规模的机场。场址位于江都区丁沟镇，那是经过环境和区位以及地质和空域条件的多次比对后都优于其他选址后确定的地点。丁沟镇距扬州主城区直线距离 30 公里，距泰州 20 公里。项目共征地 3489 亩（红线内占地 2291 亩），总投资约 20.74 亿元。其中飞行区占地 119.93 公顷、航站区占地 11.27 公顷，投资 16 亿元。机场飞行区按 4C 级标准设计，预留 4D 发展空间，工程近期（2020 年）按满足旅客吞吐量 150 万人次、货邮吞吐量 1.8 万吨的目标设计，站坪机位 9 个；主要建设 2400 米 ×45 米的跑道和 1.66 万平方米的航站楼，其中航站楼总建筑面积 31305 平方米（内中包括国际功能区面积 8000 平方米），配套建设通讯、导航、气象、供电、供水、供油、消防救援及辅助生产设施。项目总投资 9.74 亿元，2011 年底机场工程建设基本竣工。苏中机场建成后,初期计划将开通北京、沈阳、大连、重庆、成都、西安、广州、厦门、三亚等9条航线。扬泰机场将和正在建设中的江海高速公路、安大公路、宁启铁路复线及电气化改造、扬州港扩容以及规划建设中的淮扬镇高速铁路和过江通道等重大基础设施项目一起,构建和完善扬州乃至苏中地区的现代化的综合交通运输体系,全面提升城市综合竞争力。机场的建设,还将大大提高里下河广大腹部地区的对外开放和产业发展水平,促进江苏区域经济的协调发展;有利于优化华东地区机场布局和航空资源配置,完善长三角民航机场布局,加快推进长三角经济一体化进程。同时,对发展地方旅游业、提高国防战备能力等也有重大意义。

经过近两年的努力,机场建设进展顺利。2012年2月18日上午9时40分,扬泰机场迎来一架来自北京的名为3583塞斯纳型的小型飞机,这是一架"校飞"飞机,它来此的目的是按照民航行业标准,对机场跑道、导航设备、助航灯光设施及飞行程序等进行全方位检测,收集通讯导航、气象、空管等数据,为试飞做准备。3月11日,扬州泰州机场对外正式宣布,扬州泰州机场民航专业工程已顺利通过验收,工程合格,总体质量良好,验收委员会一致同意通过竣工验收。本次民航专业竣工验收的内容主要包括:飞行区场道、助航灯光、机坪照明和机务用电、消防及附属设施等;空管工程包括导航工程、气象工程、有线通信工程及空管工艺工程,航站区、货运区弱电及民航专业设备工程和供油工程。其中值得一提的是,扬州以水兴城,因此航站楼的设计选择波浪造型,其波浪起伏的波屋面富有韵律和动感,远远看去,犹如粼粼波光,道道涟漪。航站楼的屋顶采用镂空设计,共有21个天窗,具有三维动感立体视觉效果,白天不开灯也很明亮,绿色环保。到了晚上,灯光又可从镂空屋面反射出去,形成独特的亮化效果,人们从远处即可看到航站楼的美丽壮观。

3月15日下午2时55分,扬州泰州机场迎来了正式通航前的"最后一考"——试飞。一架中国东方航空公司名为A320可载客158人的空客飞机划破云层,矫健地降落在机场,多次降落起飞,获得圆满成功,标志着机场于正式通航又走出了坚实的一步。

　　4月12日,扬州泰州机场正式接受民航华东管理局的行业验收和机场使用许可证颁证前检查,并于4月13日下午通过行业验收。检查组成员周栋亮宣布:"机场工程质量符合国家行业现行的有关标准规范,主要设施设备试运转正常,满足机场安全和生产生活需要,原则同意通过行业验收!我提议祝贺扬州泰州机场通过行业验收……"全场响起热烈的掌声,标志着机场符合要求,为5月份正式开行亮了绿灯。在此期间,开往机场的三条"机场大道"——扬菱路、文昌路东延、江六高速公路也紧锣密鼓地加紧施工,且进展顺利,其中快车道和辅道相结合的城市主干道扬菱路于2012年4月底完成,是连接扬州泰州机场的主要通道。在此期间,扬州泰州机场已与国航、东航、南航、深航等多家航空公司达成协议,确定北京、广州、深圳、西安、厦门、沈阳、海口、成都、大连、昆明、台湾等11条开行航线。机型以波音737、空中客车A320系列为主。

　　2012年5月8日,扬泰机场正式通航。省委书记罗志军和中国民用航空局长李家祥在机场为前中共中央总书记江泽民题写的"扬州泰州机场"揭牌,

扬州泰州机场揭牌仪式

罗志军宣布首航班机起飞，民航华东管理局为机场颁发民用机场许可证。省长李学勇，全国政协人口资源委员会副主任江泽慧，解放军总参作战部副部长孟国平，南京军区空军副司令员常宝林等领导，以及国家有关部委、部队、江苏省委、省政府有关部门负责人出席。扬州市委书记谢正义介绍了机场建设情况。活动由泰州市委书记张雷主持。首航当日开通5条航线，首航班线于通航当天上午11时零6分，江苏省委书记罗志军一声令下，飞往北京的CA1842号班机起飞，首航任务由中国国际航空股份有限公司承担，机型为波音737，于12时27分到达北京。11时20分许，第二班飞往西安的东航MU7366号飞机随之一飞冲天，13时15分到达西安

扬州泰州机场

机场鸟瞰

机场试飞成功

咸阳，由东方航空公司执飞，机型为150座空客A320。12时50分第三班航机飞往成都，15时到达，机型为空客A320型，由四川航空股份有限公司执飞，13时30分第四班航机飞往深圳，15时40分到达，机型为波音737，由深圳航

机场客机雄姿

空有限责任公司执飞。14 时 30 分第五班飞往广州,16 时 50 分到达,机型为空客 A320 型,由中国南方航空股份有限公司执飞。此次首航成都、深圳、广州采用的是包机形式,因此机票价格十分"亲民",一般 400 元到 500 元起售。至此,扬泰机场正式通航,揭开了扬州航空历史崭新的一页。扬州人乘着幸福吉祥的银色扬州鹤——波音 737 翱翔蓝天。"晴空一鹤排云上,便引诗情向碧霄。"扬州人不再是民国年间囿于苏北一隅的弃儿,而今在新的世纪将成为遨游世界、拥抱世界的骄子!

主要参考书目

［1］郦道元.水经注［M］.长沙：岳麓书社,1995.

［2］阿克当阿.嘉庆重修扬州府志［M］.扬州：广陵书社,2006.

［3］本书编纂委员会.京杭运河（江苏段）史料选编［M］.北京：人民交通出版社,1997.

［4］本书编纂委员会.扬州交通志［M］.北京：人民交通出版社,1992.

［5］姚汉源.京杭运河史［M］.北京：中国水利电力出版社,1998.

［6］陈桥驿.中国运河开发史［M］.北京：中华书局,2008.

［7］徐从法.京杭运河志（苏北段）［M］.上海：上海社会科学院出版社,1998.

［8］扬州市政协和学习委员会.扬州古运河［M］.北京：中国文史出版社,2006.

［9］宋应星.天工开物［M］.扬州：广陵古籍刻印社,1997.

［10］李文治,江太新.清代漕运［M］.北京：中华书局,1995.

［11］吴琦.漕运与中国社会［M］.武汉：华中师范大学出版社,1999.

［12］邱树森,束方昆.江苏航运史［M］.北京：人民交通出版社,1989.

［13］陈克天.江苏治水回忆录［M］.南京：江苏人民出版社,2000.

［14］王虎华.运河名城——扬州［M］.北京：中国文史出版社,2009.

［15］商办镇扬长途汽车公司报告书［M］.北京：商务印书馆,民国.

［16］张纪成.江苏省公路交通史［M］.北京：人民交通出版社,1989.

［17］黄汴,憺漪子,等.天下水路历程,客商一览醒迷,天下路程图引［M］.太原：山西人民出版社,1992.

［18］武同举.江苏水利全书［M］.南京：南京水利实验处,民国版.

［19］佶山.嘉庆两淮盐法志［M］.扬州：扬州书局,同治九年.

［20］本书编纂委员会.扬州建设志［M］.扬州：广陵书社，2009.

［21］鞠继武，潘凤英.京杭运河巡礼［M］.上海：上海教育出版社，1985.

［22］本书编写组.淮河纪行［M］.上海：上海教育出版社，1985.

［23］高晓军，时平.民国空军的航迹［M］.北京：北京海潮出版社，1992.

后 记

　　作为一个长期从事扬州交通运输工作的老职工,一个有着 25 年交通史志主要编纂人员经历的扬州交通史志工作者,为家乡扬州写一本《扬州交通史话》应该是义不容辞的事,所以当扬州市有关部门把这项任务交给我时,我就毫不犹豫地接受了。

　　然而当我开始动笔,才发现事情远非想像的那么简单,因为扬州经过 30 年的改革开放,已经不是单单的水运和陆运所能包容的,它还包括铁路和航空,以及造船和汽车制造等部门,涉及好多单位和企业,需要翻阅、采集、梳理大量的资料和数据。一句话,扬州已经由一个因水运而兴的城市变成一个立体的全方位交通的城市。扬州正在每天不断地改变着交通面貌,以崭新的风姿融入现代都市的洪流,她与世界的距离越来越小。因此如何生动、全面、立体地以史话这一种较为通俗的写作方式,反映扬州二千五百年特别是近 30 年扬州交通的巨大变化和人们的精神面貌,笔者即感到力不从心了。

　　幸而从扬州市委宣传部、扬州市文联到扬州市交通运输管理局,到扬州市档案局、地方志办公室和扬州图书馆,以及扬州市公路管理处、扬州市航道管理处、扬州市客运管理处、扬州市公交公司和我曾经工作过的扬汽集团都对我予以鼎力支持和帮助,他们不厌其烦地向我提供各种资料和图片,我始终难忘那些为我提供各种帮助的笑脸,才使我有可能写成这本史话。倘能因此反映扬州交通巨大变化之万一,为今后关心扬州交通的人们提供一点历史资料,我就深感欣慰了。谨在此向所有关怀、帮助和支持此书写作的领导、单位、编者和作者深致谢意!

　　笔者学养浅薄,加之受视野和篇幅所限,疏漏和差错之处定然难免,尚希专家和读者们不吝指正。

李保华
2013 年 7 月